TEORIA PLURIVERSALISTA DO DIREITO INTERNACIONAL

TEORIA PLURIVERSALISTA DO DIREITO INTERNACIONAL

Anderson Vichinkeski Teixeira

SÃO PAULO 2011

Copyright © 2011, Editora WMF Martins Fontes Ltda.,
São Paulo, para a presente edição.

1ª edição 2011

Acompanhamento editorial
Helena Guimarães Bittencourt
Revisões gráficas
Renato da Rocha Carlos
Ana Paula Luccisano
Edição de arte
Katia Harumi Terasaka
Produção gráfica
Geraldo Alves
Paginação/Fotolitos
Studio 3 Desenvolvimento Editorial

Dados Internacionais de Catalogação na Publicação (CIP)
(Câmara Brasileira do Livro, SP, Brasil)

Teixeira, Anderson Vichinkeski
  Teoria pluriversalista do direito internacional / Anderson Vichinkeski Teixeira. – São Paulo : Editora WMF Martins Fontes, 2011.

Bibliografia
ISBN 978-85-7827-398-9

1. Direito – Filosofia 2. Direito internacional 3. Direito – Teoria 4. Filosofia política I. Título.

11-02653   CDU-341

Índices para catálogo sistemático:
1. Direito internacional   341

Todos os direitos desta edição reservados à
Editora WMF Martins Fontes Ltda.
Rua Conselheiro Ramalho, 330 01325.000 São Paulo SP Brasil
Tel. (11) 3293.8150 Fax (11) 3101.1042
e-mail: info@wmfmartinsfontes.com.br http://www.wmfmartinsfontes.com.br

ÍNDICE

Apresentação IX
Prefácio do autor XV
Agradecimentos XXV

PARTE I
GLOBALIZAÇÃO VS. SOBERANIA

Capítulo 1. **Compreendendo a globalização nos seus diversos contextos** 3
1.1. As condições históricas e sociais para a afirmação de uma ideia de sociedade global ocidentalizada após a Guerra Fria e o fim da bipolarização política do mundo 5
1.2. O debate quanto à dimensão económica da globalização 11
1.3. A globalização política 26
1.4. As guerras na sociedade global 38
1.5. A globalização como fenómeno cultural e educativo após a informatização das relações sociais 57

Capítulo 2. **Conceito de soberania e o seu tácito processo de relativização** 69
2.1. O princípio de soberania na formação do Estado moderno europeu 71

2.1.1. O contexto político-jurídico da consolidação do Estado moderno como *suprema potesta superiorem non recognoscens* 71
2.1.2. Os fundamentos da soberania no contratualismo político: Thomas Hobbes (1588-1679), John Locke (1632-1704) e Jean-Jacques Rousseau (1712-1778) 88
2.1.3. Revolução Francesa, direitos do homem e o princípio de soberania 109
2.2. As modificações da noção "territorialista" de soberania própria do *jus publicum Europaeum* 118
2.2.1. As necessidades de reformulações teóricas impostas pela concepção de *mare liberum* 118
2.2.2. Os efeitos da conquista dos céus no século XX: a soberania como onipotência sobre a terra, o mar e o céu 125
2.3. A tácita relativização da soberania: um subproduto da globalização 130

PARTE II
PLURIVERSALISMO *VS.* UNIVERSALISMO

Capítulo 1. **Os fundamentos político-jurídicos das relações internacionais nas principais propostas de universalismo jurídico** 149
1.1. A *Peace through Law* de Hans Kelsen 151
1.2. O pacifismo cosmopolita de Norberto Bobbio 171
1.3. O constitucionalismo global de Richard Falk 181
1.4. A democracia social global de David Held 195
1.5. O neocontratualismo de John Rawls 205
1.6. O cosmopolitismo de Jürgen Habermas 218

Capítulo 2. **Por um globalismo pluriversalista articulado em espaços regionais de Estados-nação** 231
2.1. Sistema e ordem nas relações internacionais 231

2.2. Identidade cultural (*e reconhecimento*) *versus* voluntarismo político nas relações internacionais: o significado das tradições histórico-culturais na ordem internacional.. 247
2.3. A função dos espaços regionais na ordem político-jurídica internacional.. 271
    2.3.1. A teoria schmittiana dos "grandes espaços" (*Grossräume*)... 272
    2.3.2. Do grande espaço (*Grossraum*) ao espaço regional... 282
2.4. A função do direito supranacional mínimo na ordem político-jurídica internacional........................ 292

Bibliografia 307

APRESENTAÇÃO

Este livro de Anderson Teixeira merece ser lido e discutido, seja pela inquestionável atualidade dos problemas que enfrenta, seja pelas interessantes propostas que introduz, seja, enfim, pelas questões que suscita e que, inevitavelmente, restam abertas.

A obra aborda os problemas que dizem respeito às relações políticas internacionais, à função do direito e das instituições internacionais e supranacionais, em particular, ao tema das condições político-jurídicas para a realização de uma ordem mundial que supere a atual desordem global. Os autores nos quais Anderson Teixeira se inspira ao enfrentar tais temas são em particular dois: Hedley Bull e Carl Schmitt. De uma célebre obra do primeiro – *The Anarchical Society* [*A sociedade anárquica*] – Teixeira herda uma abordagem que não seria exagerado chamar de "anticosmopolita". Trata-se da rejeição à ideia kantiana e neokantiana, desenvolvida pelos ditos *Western globalists*, segundo a qual a paz e a justiça nas relações internacionais poderão ser obtidas somente quando for abolida a soberania dos Estados nacionais. A paz e a justiça internacional triunfarão quando a totalidade do poder político (e, portanto, também militar) for concentrada em um único órgão supranacional: uma sorte de governo mundial tendo à disposição uma polícia internacional e uma Corte penal internacional. Bull refutou energicamente essa filosofia cosmopolita, reivindicando a função dos Estados nacionais e das suas soberanias e denunciando os graves perigos que a concentração do poder internacional nas mãos de uma sorte de "Estado mundial" teria comportado: antes de tudo, o problema do pluralismo dos povos, das suas tradições e das suas culturas. A concentração do poder internacional nas mãos de um diretório de potentíssimos burocratas mundiais teria inevitavelmente posto em perigo a diferenciação social e funcional, bem como a complexidade do mundo. Bull propunha, como alternativa, a ideia de uma "ordem política mínima", respeitosa das diversidades, não concentrada de fato no Ocidente, empenhada em reduzir a violência e o derramento de sangue nas relações internacionais sem, todavia, cultivar a ilusão de uma paz estável e universal que vá além da justiça distributiva, do desenvolvimento econômico, da contenção do crescimento demográfico etc. Em suma, uma visão realista e liberal-democrática das relações internacionais, não moralista e não idealista.

O outro autor em que Teixeira se inspira é Carl Schmitt. Deste celebérrimo e contestado teórico da política e do direito, Teixeira compartilha a polêmica diante do universalismo humanitário – sustentado, antes de tudo, por Hans Kelsen, de quem Schmitt é um crítico muito severo – e a proposta de uma ordem internacional fundada não sobre o cosmopolitismo, mas sobre um "pluriversalismo" constituído por uma multiplicidade de "grandes espaços", isto é, de áreas continentais ou subcontinentais caracterizadas por uma própria autonomia cultural e política. "Quem fala 'humanidade' busca te enganar" é a famosa máxima que Schmitt propõe já em 1927, no *Der Begriff des Politischen* [*O conceito do político*], para exprimir a sua discordância diante da ideia de um "Estado mundial" que compreenda toda a humanidade, anule o "pluriverso" (*Pluriversum*) dos povos e dos Estados e suprima a própria dimensão do "político". E com a maior razão Schmitt se opõe à tentativa de uma grande potência – a referência óbvia são os Estados Unidos – de apresentar as próprias guerras como guerras conduzi-

APRESENTAÇÃO   XI

das em nome e em proveito de toda a humanidade. Se um Estado combate o seu inimigo em nome da humanidade, sustenta Schmitt, a guerra que conduz não é uma guerra da humanidade. Aquele Estado busca simplesmente se empossar de um conceito universal para poder se identificar com este à custa do inimigo. Monopolizar esse conceito no curso de uma guerra significa tentar negar ao inimigo qualquer qualidade humana, declará-lo *hors-la-loi* e *hors-l'humanité*, de modo que possam ser usados em relação a ele os métodos mais impiedosos, chegando até a extrema desumanidade. Neste sentido, o termo "humanidade" – a referência aos Estados Unidos é aqui também óbvia – trata-se de um *slogan* ético-humanitário particularmente idôneo às expansões imperialistas.

São estas as premissas filosófico-políticas que induzem Schmitt a avançar nos últimos parágrafos do seu *opus magnum*, *Der Nomos der Erde* [O nomos da terra], uma severa denúncia do belicismo imperialista dos Estados Unidos. Ele formula a hipótese de que sob a retórica humanitária do universalismo wilsoniano estaria oculto, além da lógica expansionista do capitalismo industrial e comercial, o projeto de uma hegemonia mundial que teria inevitavelmente levado a uma guerra global "humanitária", conduzida com armas de destruição em massa sempre mais sofisticadas e mortíferas. Schmitt havia percebido lucidamente, desde os seus escritos da década de 1930, a dimensão planetária e poliédrica do projeto hegemônico estadunidense. No *Der Nomos der Erde* ele se mostra convicto de que a superpotência americana estava se impondo como um império global, sobretudo porque dispunha de um potencial bélico avassalador. E a supremacia militar a colocava acima do direito internacional, compreendido o *jus belli*, atribuindo-lhe o poder de interpretar as normas segundo as próprias conveniências, ou de ignorá-las por completo.

Teixeira compartilha as teses centrais desses dois autores anticosmopolitas e antiuniversalistas, mas empenha-se em uma tentativa de mediação entre as posições globalistas da tradição kantiano-kelseniana e o "pluriversalismo" de Bull e de Schmitt. Apropriando-se da (e reelaborando a) noção schmittiana de "grande espaço" (*Grossraum*), ele propõe uma ideia de "espaço regional" com base no qual elabora uma perspectiva de "globalismo pluriversalista", um evidente oxímoro que ele tenta motivar e justificar. O "espaço regional" é apresentado por Teixeira como uma entidade política dinâmica e flexível, não estritamente territorial, a ser entendido como uma instância intermediária entre os Estados-nação e a ordem supranacional. É um "espaço" muito distante dos nacionalismos estatais, mas que não rejeita a possibilidade de coexistência do Estado-nação com determinadas formas de instituições supranacionais.

A proposta teórica de Teixeira é seguramente original e por certos aspectos se aproxima de algumas teses que há cerca de dez anos eu mesmo sustentei, como, por exemplo, a ideia de um "direito supranacional mínimo" – ao qual também Teixeira faz expressa menção –, isto é, de uma ordem jurídica internacional que esteja em condições de coordenar os sujeitos da política internacional segundo uma lógica de subsidiariedade normativa diante das competências dos ordenamentos estatais. Tratar-se-ia de um ordenamento internacional que concederia uma quantidade mínima de poder propriamente supranacional a órgãos centralizados e permitiria um recurso mínimo a intervenções coercitivas que não fossem vez por vez autorizadas pela comunidade internacional com base no princípio da "igual soberania" de todos os seus membros.

A minha ideia de "direito supranacional mínimo" – inspirada em *The Anarchical Society* de Hedley Bull – aplicava uma lógica federalista à relação entre as competências normativas dos Estados nacionais e às competências normativas de órgãos supranacionais. Esse direito teria deixado um amplo espaço às funções da *domestic jurisdiction*, sem pretender substituí-la ou sufocá-la com organismos normativos ou judiciários supranacionais. Em outras palavras, a "ordem política mínima" – precisamente por restar tal como é, ou seja, "mínima" – deveria se fundar em uma sorte de "regionalização policêntrica" do direito internacional, em vez de sobre uma estrutura hierárquica exposta aos riscos do centralismo autocrático e do hegemonismo neoimperial das grandes potências.

Há um tempo me afastei dessas minhas teses, sem, todavia, renegá-las por completo, por uma razão muito simples: elas propunham um padrão de relações internacionais demasiadamente vago, como de resto muito vaga é também a ideia schmittiana de *Grossraum*. É um padrão que deixa de analisar a relação entre o direito internacional com as suas elevadas ambições normativas, por um lado, e, por outro, a duríssima realidade das relações econômicas, políticas e militares que hoje dividem o mundo no contexto dos processos de globalização. Contudo, em tempos de *global terrorism* e de crescente recurso das grandes potências ocidentais – *in primis* os Estados Unidos da América – às guerras de agressão que produzem sob os nossos olhos massacres de centenas de milhares de pessoas inocentes, faz-se necessário, antes de tudo, compreender se o direito internacional pode ainda ter alguma função normativa, e se podem tê-la as instituições internacionais mais ou menos globalistas, como desejaria Teixeira.

Fenômenos como as guerras de agressão, o terrorismo internacional, a supremacia hegemônica dos Estados Unidos, o massacre de inocentes como no caso recente da tragédia de Gaza, a pobreza extrema de mais de um bilhão de pessoas, a morte por fome de milhões de crianças, o fenômeno não menos trágico das migrações continentais, o desastre ecológico sempre mais incumbente anunciam o advento de uma insopitável e terrorística desordem internacional. Antes de desenhar fascinantes e tranquilizadores projetos de uma ordem internacional baseada no direito e na coexistência entre as civilizações e as culturas em nome de valores como a democracia, a liberdade e os direitos humanos, deveríamos tentar compreender como será possível, nas próximas décadas, não digo eliminar a guerra, o ódio, o terror e o derramamento de sangue, mas pelo menos reduzir minimamente o absoluto desprezo pela vida humana que hoje caracteriza os processos de globalização e as estratégias hegemônicas das grandes potências. Somente depois disso terá provavelmente sentido repensar, se não por certo a "paz perpétua" de Kant, ao menos a ideia de uma menos grave discriminação mundial entre ricos e pobres, entre fracos e fortes, entre cidadãos privilegiados e migrantes desesperadamente em busca, ao preço da própria vida, de uma vida melhor.

Florença (IT), setembro de 2009.

DANILO ZOLO
Professor Emérito de Filosofia do Direito Internacional
da *Università degli Studi di Firenze* (IT).

PREFÁCIO DO AUTOR

Neste livro buscamos enfrentar o tema dos fundamentos políticos e jurídicos da ordem internacional. Para tanto, a perspectiva por nós escolhida parte da dialética entre globalização e soberania nacional, dado que estes são os dois conceitos que representam com clareza o conflito entre a ordem interna – protegida pelo princípio de soberania – e a ordem internacional – que dia após dia encontra nos diversos processos de globalização os meios para tornar a própria ideia de ordem internacional, sobretudo de sociedade global, um fenômeno real e não somente uma ideia abstrata. A absolutização do princípio de soberania significaria a rejeição a qualquer processo de globalização; de outra sorte, os diversos processos desse fenômeno, caso sejam absolutizados, resultariam no fim do Estado-nação e, por consequência, da soberania nacional. Foi a partir da descrição destes dois conceitos e, em seguida, da análise do conflito efetivo entre eles (veja-se a Parte I, 2.3, *infra*) que desenvolvemos a Parte II da presente pesquisa.

A maioria quase absoluta do pensamento político-filosófico jusinternacionalista, ao considerar o tema dos fundamentos da ordem internacional, adota uma posição cujas propostas passaram a ser chamadas "universalistas", pois apresentam respostas e soluções baseadas em um ponto de vista ocidental, judaico-cristão e individualista, como se este conjunto pudesse ser considerado uma fonte inesgotável de soluções universalmente válidas, em condições de ser recebidas por parte de todos os demais povos e culturas do mundo. A dialética entre *soberania nacional* e *globalização* é o nosso ponto de partida porque entendemos que o conflito entre esses dois conceitos ilustra com precisão o dilema da ordem internacional: o particular, que busca manter a sua própria estrutura interna, contra o universal, que busca derrubar as fronteiras e consolidar uma verdadeira "sociedade global".

Aquilo que o abade de Saint-Pierre e Immanuel Kant chamavam de "paz perpétua" tornou-se, no século XX, muito mais do que um ideal: um bem a ser almejado por todos os povos; um bem que toda a humanidade deveria sempre tutelar. E a busca desse bem possibilitou ao universalismo iniciar o século XXI como uma grande ideologia dentro da qual existem diversas correntes jusfilosóficas que discutem somente os meios para tornar efetivos os princípios, sem dar grande relevância à discussão sobre a legitimidade e validade de tais princípios supostamente universais. Todavia, as guerras humanitárias, a crescente desigualdade entre os Estados pobres e as grandes potências, a falência moral de instituições internacionais como as Nações Unidas, após a segunda guerra contra o Iraque, além da condição de insegurança coletiva que passou a vigorar nas relações internacionais desde os atentados de 11 de setembro de 2001, permitem-nos questionar se existe, na realidade, uma verdadeira "humanidade". Neste contexto, somos forçados a admitir que é cada vez mais atual o pensamento de Carl Schmitt, em particular quando ele afirmava que a humanidade "é um instrumento ideológico particularmente idôneo às expansões imperialistas e é, na forma ético-humanitária, um veículo específico do imperialismo econômico"[1]. A humanidade, entendida como um conceito absoluto e abrangente, foi mais útil a todo Estado que desejava se

---

1. Carl Schmitt, *Der Begriff des Politischen* (1927), Berlin, Duncker & Humblot, 1963, trad. it. *Le categorie del politico*, Bologna, Il Mulino, 1972, p. 139.

apropriar desse conceito e, por consequência, apropriar-se do mundo, em vez de ser considerada causa da formação de uma comunidade de destino universal entre povos que defendem a ubiquidade da "paz perpétua". Parafraseando C. Schmitt, o que se vê é que, de fato, "quem fala em humanidade quer levá-lo ao engano"[2].

Quanto à estrutura da presente obra, encontra-se dividida em duas partes e quatro capítulos, de modo que a Parte I (*Globalização* vs. *soberania*) trata dos conceitos elementares que tornaram possível desenvolver com maior segurança a Parte II (*Pluriversalismo* vs. *universalismo*).

O Capítulo I da Parte I (*Compreendendo a globalização nos seus diversos contextos*) destina-se a fazer uma análise do plurívoco conceito de globalização. Porém, antes de tudo, faremos uma brevíssima descrição do processo histórico que levou ao fim da Guerra Fria; a queda do Império Soviético permitiu à ideia de sociedade global expandir-se rumo a confins nunca antes atingidos, deixando o caminho aberto, do ponto de vista ideológico, ao desenvolvimento dos diversos processos de globalização. Em seguida, estudamos as características mais significativas da globalização econômica, a qual é, talvez, o âmbito da globalização que apresenta os mais controvertidos problemas. A tendência atual à formação de um globalismo político vemos no ponto seguinte; encontra-se após o item sobre a globalização econômica porque o condicionamento de uma agenda política supranacional ocorre, em diversas situações, de acordo com os interesses dos agentes detentores do poder econômico, em vez de ocorrer segundo os interesses dos povos que compõem a comunidade internacional. Mais adiante chegamos ao ponto que trata das mudanças que o tradicional conceito de guerra moderna sofreu em decorrência do advento da globalização; como resultado, ver-se-á que já é possível sustentar que essas mudanças produziram uma profunda alteração no conceito em questão: a guerra mo-

---
2. *Ibidem*.

derna perdeu grande parte das suas características essenciais, cedendo espaço ao conceito de guerra global. Enfim, encerramos o capítulo tratando dos reflexos da globalização no âmbito cultural, seja no sentido de formação de uma sociedade global, seja no sentido de difusão da informação e da criação dos meios para um melhor aperfeiçoamento humanístico, acadêmico e profissional dos indivíduos.

O Capítulo II da Parte I (*Conceito de soberania e o seu tácito processo de relativização*) tem como objetivo principal definir e contextualizar historicamente o termo soberania. O capítulo foi dividido em três partes: inicialmente analisamos a dimensão e o significado do princípio de soberania na formação do Estado moderno europeu, começando desde os períodos precedentes a este, até chegar à influência da Revolução Francesa e da doutrina dos direitos do homem sobre o princípio de soberania; a segunda parte do capítulo trata das modificações da noção "territorialista" de soberania típica do *jus publicum Europaeum*, bem como do seu processo de adaptação aos novos elementos factuais (mar e céu) diante dos quais o princípio de soberania deverá se fazer presente; a terceira parte, que trata da relativização tácita da soberania nacional, é onde tentamos demonstrar como os influxos dos diversos processos de globalização – em particular, da globalização econômica – sobre o Estado-nação originaram um processo de relativização da soberania em benefício de agentes não estatais. Concluiremos essa terceira parte e, assim, o segundo capítulo, ressaltando a importância de uma relativização *expressa* e democraticamente *acordada* da soberania nacional em proveito das estruturas político-jurídicas supranacionais que defenderemos na parte final do último capítulo deste livro[3].

---

3. O tema da relativização da soberania já foi por nós desenvolvido, ainda que sob outro enfoque, em "Globalização, soberania relativizada e desconstitucionalização do Direito", *in* Anderson Vichinkeski Teixeira; Luis Antônio Longo (orgs.), *A constitucionalização do direito*, Porto Alegre, Fabris Editor, 2008.

O Capítulo I da Parte II (*Os fundamentos político-jurídicos das relações internacionais nas principais propostas de universalismo jurídico*) é o momento de transição da nossa argumentação. Depois de termos concluído a análise da relação entre soberania nacional e globalização, passaremos a uma crítica das mais significativas propostas de universalismo político-jurídico que tentaram apresentar soluções àquela relação excludente entre soberania e globalização. Realizar uma abordagem crítica dessas propostas será fundamental também para definir "negativamente" a nossa posição no que concerne ao argumento em exame, ou seja, para delimitar as propostas e posições que não podemos compartilhar. O primeiro autor que escolhemos é Hans Kelsen, dado que o austríaco, com o seu pacifismo jurídico, exerceu uma grande influência sobre o pensamento jusinternacionalista após a Segunda Guerra Mundial. Foi ele quem introduziu a ideia kantiana de paz perpétua (*Zum ewigen Frieden*) no pensamento jurídico com maior autoridade. Em sequência, nos concentraremos também na proposta de pacifismo cosmopolita de Norberto Bobbio, pois esse filósofo italiano foi um dos mais conhecidos e estudados filósofos da segunda metade do século passado, não somente na Europa, mas também nas Américas. A terceira proposta, o constitucionalismo global de Richard Falk, é uma das alternativas para democratizar o sistema internacional que, nas últimas décadas do século XX, produziram grande repercussão acadêmica e política[4]. A quarta proposta, a democracia social global de David Held, assemelha-se muito à de R. Falk, porém existem diferenças e peculiaridades que merecem ser enfrentadas com a necessária atenção. O quinto, o neocontratualismo de John Rawls, é por nós analisado não tanto em virtude das influências políticas que gerou, mas, em especial, por se tratar de uma proposta que nas

---

4. A abordagem ao constitucionalismo global de Richard Falk que fizemos aqui já foi preliminarmente desenvolvida por nós em "Aporias do global constitutionalism de Richard Falk", *in Revista Direitos Fundamentais e Justiça*, 3 (2008), pp. 201-14.

Américas encontra diversos simpatizantes no âmbito acadêmico. E, por fim, o sexto pensador estudado é Jürgen Habermas: o filósofo alemão nunca escreveu um tratado sobre a filosofia do direito internacional, mas o seu cosmopolitismo foi desenvolvido em diversas obras suas que se dedicam aos mais variados temas internacionalistas.

Com o Capítulo II da Parte II (*Por um globalismo pluriversalista articulado em espaços regionais de Estados-nação*) esperamos apresentar argumentos para basear uma alternativa a esta multidão de propostas universalistas que atualmente se encontram no centro das atenções. Iniciamos esse capítulo com a tentativa de conceituar as ideias de sistema e ordem nas relações internacionais, pois a partir destes dois conceitos é que a parte final da nossa proposta foi desenvolvida. Devemos referir que optamos por fazer tais definições conceituais somente nesse momento, em vez de fazer já no início quando falávamos sobre a globalização, para tentar manter a estrutura e a continuidade argumentativa desta obra, impedindo que objetos claramente internacionalistas, como sistema e ordem, fossem analisados juntamente a conceitos puramente sociológicos, filosóficos e econômicos, como os abordados no curso do capítulo sobre a globalização. Já na segunda parte do último capítulo, consideramos as ideias de identidade cultural e reciprocidade (reconhecimento) como alternativas ao tradicional voluntarismo político que prepondera nas relações internacionais. O objetivo dessa parte é enfatizar a significância das tradições histórico-culturais na ordem internacional. Na terceira parte deste capítulo introduzimos o conceito de "espaço regional" e a sua função na ordem politico-jurídica internacional. A partir da teoria schmittiana dos "grandes espaços" (*Grossraumlehre*), desenvolvemos a noção de "espaço regional" como conceito central do *globalismo pluriversalista*[5]. Enquanto as comunidades regionais possuem

---

5. Sintetizamos um conceito de pluriversalismo no nosso "Elementos para um possível conceito de pluriversalismo", *in* Anderson Vichinkeski Tei-

o território dos Estados dando as suas medidas, sustentamos que o conceito de espaço corresponde mais a uma realidade dinâmica e flexível – como a realidade apresentada pela globalização – do que o conceito de território, de modo que o "espaço regional" será, por natureza, a instância intermediária entre os Estados-nação e a ordem supranacional. Enfim, a última parte trata do nível acima dos espaços regionais, isto é, do "direito supranacional mínimo" e a sua função na ordem político-jurídica internacional.

Nesse sentido, desejamos chegar ao final desta obra em condições de introduzir os elementos epistemológicos e fundantes de uma proposta alternativa, seja ao universalismo de matriz kantiana, seja aos regionalismos (e nacionalismos) que negam a possibilidade de coexistência do Estado-nação com qualquer sorte de instituição supranacional. Não obstante o fato de que, mesmo do ponto de vista conceitual, *globalismo* e *pluriversalismo* sejam conceitos *a priori* opostos e excludentes entre si, a ideia de globalismo pluriversalista tenta compatibilizar o tradicional Estado-nação com os diversos processos de globalização que são cada vez mais abrangentes e presentes dentro das sociedades que compõem as ordens estatais.

A doutrina constitucionalista e jusinternacionalista tem tentado encontrar, nas últimas décadas, meios teóricos para adaptar a ideia de soberania nacional às características dos processos de globalização. Existem inúmeros exemplos de releituras do conceito de soberania aos quais a nossa proposta de globalismo pluriversalista se mostra absolutamente compatível, como a reconsideração teórica, apresentada por András Jakab, que propugna a necessidade de uma *new comprise formula*[6] capaz de "neutralizar" a questão da sobe-

---

xeira; Elton Somensi de Oliveira (orgs.), *Correntes contemporâneas do pensamento jurídico*. São Paulo, Manole, 2010, pp. 382-402.

6. András Jakab, "Neutralizing the Sovereignty Question. Compromise Strategies in Constitutional Argumentations about the Concept of Sovereignty before the European Integration and since, *in European Constitutional Law Review*, 2 (2006), pp. 377-8.

rania mediante o fortalecimento da integração europeia[7]; por outro lado, à noção de "soberania temperada", introduzida por Maurizio Fioravanti, a ideia de espaços regionais pode se apresentar como um eventual modelo institucional alternativo de "forma política mais ampla"[8].

Sem ter a mínima pretensão de se apresentar como uma solução definitiva aos problemas da ordem internacional, a presente proposta de uma teoria pluriversalista do direito internacional possui o escopo de se colocar como uma alternativa auxiliar compatível com muitas outras propostas existentes para a ordem internacional. É precisamente por essa razão que não enfrentamos neste livro o tema do conteúdo substancial dos direitos humanos: o nosso objetivo é tentar definir uma estrutura dentro da qual cada espaço regional possa desenvolver o próprio "catálogo" de direitos humanos, de modo que competirá, em sequência, à ordem político-jurídica supranacional a tarefa de recolher os elementos em comum entre todos os espaços regionais.

Como veremos, um globalismo político-jurídico não universalista poderá ser defendido mediante a inserção dos "espaços regionais" como instâncias de regulação internacional capazes de manter a figura do Estado-nação – e o seu princípio de soberania, agora relativizado ou "tempera-

---

7. "Então, como podemos resolver em um âmbito legal o conflito entre integração europeia e soberania nacional? Qual deveria ser a nossa resposta à questão concernente ao problema da soberania na União Europeia? Meu ponto é, exatamente, que é um equívoco que ainda tenhamos de responder a essa questão. A real tarefa do jurista (como temos visto analogicamente em diferentes ordenamentos constitucionais) é neutralizar essa questão. Existem épocas em que respostas diretas são necessárias – como nos séculos XVI e XVII. E existem épocas em que respostas diretas não são necessárias – como agora." András Jakab, op. cit., p. 397.

8. "É necessário começar a pensar em uma *soberania temperada, que existe somente dentro de uma forma política mais ampla*." Maurizio Fioravanti, "La forma politica europea", in Mario Bertolissi; Giuseppe Duso e Antonino Scalone (orgs.), *Ripensare la costituzione*, Monza, Polimetrica, 2008, pp. 38-9; também em id., "A Constituição europeia para além do Estado soberano", in Anderson Vichinkeski Teixeira; Luis Antônio Longo (orgs.), op. cit., pp. 157-71.

do", segundo M. Fioravanti – como forma de organização política interna dos povos, enquanto considera o conceito de espaço regional como ponto central da estruturação institucional da ordem internacional. Ou seja, sustentamos um globalismo baseado em um *pluriversum* de espaços regionais.

Por fim, devemos referir que por ser predominantemente em língua estrangeira a bibliografia utilizada na pesquisa doutoral que originou esta obra, optamos por traduzir para o português todas as passagens citadas, tanto no corpo do texto quanto em notas de rodapé. Para algumas das obras citadas que contam com edições em português colocamos a referência completa entre colchetes, ao lado do original, na Bibliografia, mesmo que não tenhamos necessariamente consultado essas edições.

Porto Alegre, abril de 2010.

AGRADECIMENTOS

Em uma pesquisa longa, como a que deu origem a este livro, há sempre diversas pessoas que deveriam receber os devidos agradecimentos. Limito-me, todavia, somente aos que envolvi em uma colaboração direta a este projeto.

Antes de tudo, serei sempre grato ao professor Danilo Zolo por ter me recebido como orientando no Doutorado e por me guiar rumo a níveis de profundidade nos estudos sobre a filosofia do direito internacional que de outra forma não me teria sido possível alcançar.

Desejo agradecer, de modo muito especial, ao professor Paolo Cappellini e ao dr. Vincenzo Durante, que me acolheram muito amigavelmente logo após minha admissão no concurso de seleção do Doutorado, tendo ambos sempre estado presentes nos momentos em que precisei de um suporte institucional do Departamento Teoria e História do Direito da Universidade de Florença.

Agradeço ao professor Maurizio Fioravanti por ter me orientado com muita atenção durante todo o Capítulo II da Parte I desta obra; quanto a esse Capítulo, reconheço também a influência dos perspicazes comentários do professor Luca Mannori.

Ao professor Luigi Ferrajoli sou grato pelas críticas precisas que opôs, durante o início desta pesquisa, ao Capítulo I da Parte II e pela sua gentil amizade.

Sou muito grato também ao professor Yves-Charles Zarka pela sua muito receptiva acolhida acadêmica em Paris e por me apresentar alguns dos elementos de natureza filosófica sem os quais as conclusões e os desdobramentos finais deste livro jamais teriam sido produzidos da forma como agora posso expor.

Agradeço ainda ao professor Eugênio Facchini Neto por ter me dado o impulso decisivo, quando eu havia recém--concluído o Mestrado em Direito, para me fazer crer que seria possível ir a Florença e lograr sucesso no percurso até este resultado final. Ao professor Luís Antônio Longo expresso o meu profundo agradecimento pela amizade e pelo constante estímulo em busca do aprimoramento acadêmico e profissional. Ao amigo Paulo Torelly sou grato por haver discutido comigo diversos pontos desta pesquisa em conversas tão profícuas quanto longas.

Enfim, agradeço de coração aos meus pais, João Osório Teixeira e Elaine Vichinkeski Teixeira, e a minha mulher, Camile Balbinot, pelo amor que sempre tiveram por mim.

Esta obra é dedicada aos meus pais, a minha esposa Camile e ao professor Zolo.

PARTE I
Globalização *vs.* soberania

Capítulo 1
Compreendendo a globalização nos seus diversos contextos

Pensar para além das próprias fronteiras geopolíticas e tentar alcançar os limites do globo terrestre não são eventos recentes na história da Humanidade, pois desde Genghis Khan e Alexandre Magno podemos encontrar personagens que conduziram suas ações políticas a partir de objetivos expansionistas e imperialistas. Todavia, o componente inovador apresentado pela globalização é que o agente ativo, isto é, o conquistador, não se mostra presente – pelos menos claramente – e faz com que o fenômeno tenha a característica de representar uma série de processos de integração econômico-social que vão além dos confins dos Estados-nação e de toda a estruturação político-jurídica existente[1]. A informatização das relações sociais e econômicas, ocorrida nas últimas duas décadas do século passado, permitiu que a "sociedade global" fosse finalmente percebida – ainda que de modo incipiente e controverso – no mundo: o fato de que qualquer indivíduo, em qualquer lugar do mundo, possa entrar em contato e estabelecer relações interpessoais com qualquer outro indivíduo do mundo, esta-

---

1. No mesmo sentido, referimos Danilo Zolo, *Globalizzazione. Una mappa dei problemi*, Roma/Bari, Laterza, p. 3; e Ulrich Beck, *Was ist Globalisierung? Irrtumer des Globalismus, Antworten auf Globalisierung*, Frankfurt, Suhrkamp, 1997, trad. it. *Che cos'è la globalizzazione? Rischi e prospettive della società planetaria*, Roma, Carocci, 2001, p. 13.

belece um ponto de referência para o real surgimento da globalização. Pelo fato de se apresentar como um fenômeno capaz de produzir uma aproximação intercultural nunca antes vista no curso da evolução humana, a globalização é hoje um dos conceitos mais problemáticos no universo acadêmico, seja na Economia, na Ciência Política ou no Direito, e ainda no âmbito político, em razão da forte tendência de ideologização que ocorre em alguns países pobres e em outros em via de desenvolvimento.

Muitas vezes a complexidade de uma estrutura conceitual fragmentada em diversos subsistemas internos vem representada por uma palavra mágica que parece significar o todo e as partes ao mesmo tempo. É como se todas as particularidades e a própria dinâmica interna que cada subsistema possui não significassem nada em termos contextuais, uma vez que tudo se resume a um único e aprioristicamente elucidativo conceito. Uma confusão conceitual como esta pode ser encontrada em relação à palavra "globalização". A partir do momento em que entrou no léxico do mundo empresarial e econômico-financeiro, no início da segunda metade do século XX, e se afirmou nas ciências sociais e também no uso comum das pessoas, na última década do mesmo século, podemos ver uma única palavra ser empregada em diversos contextos: globalização dos mercados, globalização do trabalho, globalização cultural etc. Em virtude de todos os significados que a mesma palavra incorporou ao mesmo tempo, somos conscientes de que um estudo que se proponha analisar questões concernentes à globalização deve, antes de tudo, definir em qual âmbito a pesquisa será desenvolvida e com qual suporte epistemológico trabalhará, sob pena de se perder na vagueza e na imprecisão.

Assim, começaremos tentando descrever como a globalização se desenvolve nos seus diversos âmbitos de atuação, para, em seguida, precisar com clareza as razões que fizeram com que tenhamos escolhido os aspectos políticos e jurídicos da globalização como pontos de partida argumentativos.

Para abordar o tema em um modo mais fácil ao leitor, analisaremos, em um primeiro momento, (1) como o fim da Guerra Fria contribuiu para tornar possível a afirmação da noção de "sociedade global"; nos seguintes tópicos procederemos ao estudo dos diversos contextos nos quais a globalização se desenvolveu com maior significância: (2) econômico, (3) político, (4) militar e (5) cultural-educacional.

1.1. As condições históricas e sociais para a afirmação de uma ideia de sociedade global ocidentalizada após a Guerra Fria e o fim da bipolarização política do mundo

Até o início da Segunda Guerra o centro econômico e político do mundo era a Europa, possuindo colônias por todo o mundo, sobretudo nas Américas e na África. O imperialismo europeu fazia com que quase a totalidade do mundo ocidental e grande parte dos países orientais possuíssem alguma relação (de subordinação e dependência, via de regra) com o Velho Mundo. Mesmo os países que não haviam sido conquistados ou dominados por alguma potência europeia não conseguiram fazer frente à superioridade do sistema político-econômico, da organização e da tecnologia provenientes da Europa[2]. Porém, a vitória dos aliados na Segunda Guerra Mundial significou o fim da hegemonia mundial das tradicionais potências europeias e a vitória de dois países que representavam duas ideologias[3] diametralmente opostas: de um lado os Estados Unidos da

---

2. Cf. Eric Hobsbawm, *The Age of Extremes. The Short Twentieth Century (1914-1991)*, London, Viking Penguin, 1994, pp. 199-200.

3. Para um conceito de ideologia, reportamo-nos ao caráter absolutizante, de "verdade suprema" (*vérité suprême*), ressaltado com precisão por Raymond Aron, *Les désillusions du progrès. Essai sur la dialectique de la modernité*, Paris, Gallimard, 1996, p. 201: "Nós chamamos ideologia uma *interpretação mais ou menos sistemática da sociedade e da história, considerada pelos militantes como a verdade suprema.*"

América, referência universal do capitalismo e do liberalismo, e de outro a União das Repúblicas Socialistas Soviéticas, berço do comunismo marxista. Enquanto a Europa Ocidental se reconstruía, retomava o desenvolvimento e caminhava para constituir uma comunidade internacional única, o enfraquecimento econômico da União Soviética, produto de uma economia fechada e com gastos militares elevadíssimos, produziu uma lenta transformação política, ideológica e econômica na União Soviética e nos demais países comunistas. Diante da insatisfação popular e da falência econômica e ideológica do regime, Mikhail Gorbatchev, Secretário-Geral do Partido Comunista da União Soviética (PCUS), iniciou, em 1985, um processo de abertura política. Tal processo deu-se por meio de um programa político-econômico com o objetivo de alterar o quadro antidemocrático existente na União Soviética, permitindo que a *glasnost* (transparência) aproximasse o Estado soviético do seu povo. Já no campo econômico foi implantado um plano que viria a ser denominado *perestroika* (reestruturação). Tratava-se de uma reforma radical do sistema econômico soviético que deveria conduzir a economia a uma abertura ao capital privado internacional, mas que na realidade colidia com o elevado grau de burocratização instaurado na União Soviética, com a oposição conservadora e com o antigo paradigma socialista de Estado centralizador, autossuficiente e totalitário. Todos esses óbices terminaram por inviabilizar o sucesso do referido plano e precipitar a dissolução da União Soviética[4].

Apenas assistindo ao Império Soviético ruir, os Estados Unidos assumem, então, a condição de grande potência

---

4. "O que levou a União Soviética com rapidez crescente para o precipício foi a combinação de *glasnost*, que equivalia à desintegração da autoridade, com uma *perestroika* que equivalia à destruição dos velhos mecanismos que faziam a economia mundial funcionar, sem oferecer qualquer alternativa; e consequentemente o colapso cada vez mais dramático do padrão de vida dos cidadãos. Foi uma combinação explosiva, pois solapou as raras fundações da unidade econômica e política da União Soviética." Eric Hobsbawm, *op. cit.*, p. 483.

mundial. O fim da bipolarização também produziu conclusões exageradas e míopes, como a de Francis Fukuyama, o qual chamou este processo histórico de "fim da História"[5], ou seja, seria o triunfo derradeiro da democracia liberal sobre todos os demais sistemas e ideologias que com ela já ousaram concorrer. A sua condição é, talvez, sem paralelo na história porque o chamado "império americano" não é um império territorial. Alexandre, o Grande, dominou praticamente todo o espaço geopolítico conhecido, Napoleão estendeu seu domínio por quase toda a Europa, parando apenas nas fronteiras da Rússia, enquanto a Inglaterra foi a nação "onde o sol nunca se punha", pelo fato de seus domínios se espalharem pela Ásia e pela África. Já os Estados Unidos são o quarto maior país do mundo e não têm pretensões de aumentar seu território. Em vez de terras, possuem domínio sobre os mais diversos campos, seja econômico, militar, cultural, político ou tecnológico.

A primeira manifestação de poder estadunidense, após o declínio da União Soviética, foi a Guerra do Golfo. Em agosto de 1990, Saddam Hussein invadiu o seu vizinho Kuwait, sob o argumento de que este país pertencia, historicamente, ao Iraque. Como reação, o então presidente estadunidense George Bush liderou uma força multinacional contra Hussein, com o objetivo de obrigá-lo a retirar suas tropas do Kuwait. A presença dessa força militar deu aos Estados Unidos absoluta predominância no território. Ao atacar o Kuwait – um grande exportador de petróleo cujo principal comprador era os Estados Unidos –, o antigo aliado estadunidense tornou-se uma ameaça para toda a ordem econômica mundial, pois, logo após a invasão, o preço do barril de petróleo estava atingindo cotações cada vez mais altas.

Num primeiro momento, o fim da União Soviética parecia ser a solução de grande parte dos problemas estadu-

---

5. Francis Fukuyama, *The End of History and the Last Man*, New York, Free Press, 1992.

nidenses na esfera internacional, pois a Guerra Fria já era parte do passado e nenhum país poderia concorrer com o amplo e diversificado poder estadunidense. Entretanto, com a passagem do século XX para o XXI, a maximização deste país sobre a economia e a política mundial, a disseminação da sua cultura pelos quatro cantos do mundo e, sobretudo, o seu papel de líder inconteste exercido na ONU fizeram com que todas as atenções se voltassem para os Estados Unidos. Os grupos paramilitares – via de regra, fundamentalistas islâmicos[6] – que confrontavam a União Soviética e o eixo comunista, além dos Estados Unidos e seus respectivos aliados, agora passaram a ter um único alvo a atingir: a América.

Originalmente, o fundamentalismo islâmico não era terrorista, mas sim um movimento de natureza exclusivamente religiosa que preconizava o respeito ao Corão. A "Irmandade Muçulmana", surgida no Egito, em 1929, foi um dos primeiros grupos que marcaram o surgimento do fundamentalismo islâmico com atividades terroristas[7]. Por um lado, a "Irmandade" oferecia resistência armada ao colonizador britânico; por outro, desenvolvia campanhas de alfabetização e de assistência médica à população mais carente do Egito. Os fundamentalistas queriam reconstruir sua identidade nacional com base nos fundamentos da religião islâmica, em oposição aos valores políticos e culturais do colonizador. Entretanto, a "Irmandade" passou a ser perseguida pelos reis egípcios, estes que se encontravam submetidos à Coroa Britânica. Mesmo após a instauração da Re-

---

6. Alguns dos principais são: Organização Abu Nidal (Líbano), Grupo Islâmico Armado (Argélia), Hamas (atua nos territórios palestinos ocupados por Israel), Hezbollah (Líbano), Al-Jihad (Egito), Jihad islâmico (territórios ocupados por Israel), Frente Popular para a Libertação da Palestina (territórios ocupados por Israel), Al Qaeda (oriundo do Afeganistão, mas atua em todo o mundo). Ainda que tais grupos tenham tido como causa a insatisfação com problemas regionais, o fundamento último de revolta é sempre contra o capitalismo estadunidense.

7. Cf. Walter Laqueur, *No End to War: Terrorism in the Twenty-First Century*, London, Continuum Publishing, 2003, p. 31.

pública no Egito, em 1953, o grupo continuou a ser perseguido e mantido na clandestinidade.

O fato é que o terrorismo[8] sempre existiu, ao longo da história, como prática de exceção de que governos e grupos revolucionários se valiam em momentos extremos. Atualmente, diante da completa inexistência de Estados que manifestamente se oponham aos Estados Unidos a ponto de praticarem ataques militares contra este, o terrorismo foi adotado como prática militar oficial de grupos paramilitares que se insurgem contra a hegemonia estadunidense. Além de a exceção ter se convertido em regra, a ameaça se tornou invisível, pois tais grupos paramilitares não possuem base geográfica fixa ou representatividade política reconhecida internacionalmente.

A realidade do início do século XXI viu os Estados Unidos se proclamarem "xerife" do mundo, estando acima de todos os demais países e da própria ONU. A partir dos ataques de 11 de setembro de 2001 a Nova Iorque e ao Pentágono, a indiferença e o desprezo subliminar que os Estados Unidos historicamente alimentaram pela comunidade internacional, mormente pela ONU, deixaram de ser subliminares para se tornar expressos. Em outubro de 2001, a guerra contra o Afeganistão foi a primeira demonstração dessa indiferença, que veio a se explicitar com a invasão ao Iraque.

Depois de uma deliberação[9] do Conselho de Segurança da ONU, ocorrida em 13 de março de 2003, contra a in-

---

8 Para um conceito genérico de terrorismo, indicamos Noam Chomsky, o qual define terrorismo como "a ameaça ou uso de violência para intimidar ou coagir (geralmente para fins políticos)". Jay M. Shafritz et al. *Almanac of Modern Terrorism*, New York, Facts on File, 1991, p. 264. Já Danilo Zolo, *Terrorismo umanitario. Dalla guerra del Golfo alla strage di Gaza*, Reggio Emilia, Diabasis, 2009, p. 29, entende que uma noção básica de terrorismo "é tal se é animada por motivações ideológicas, religiosas ou políticas, e é caracterizada pelo uso indiscriminado da violência contra uma população civil com a intenção de difundir o pânico e coagir um governo ou uma autoridade política internacional".

9. Após analisar um projeto de resolução autorizando a invasão do Iraque, o Conselho de Segurança da ONU decidiu por rejeitá-lo, impedindo, assim, qualquer invasão legítima.

vasão ao Iraque, os Estados Unidos contrariaram tal decisão, formaram uma aliança internacional com os países que o apoiavam (Inglaterra, Itália, Espanha, entre outros) e, em 19 de março de 2003, iniciaram a invasão ao Iraque sob o argumento de que este país fabricava armas de destruição em massa e apoiava grupos terroristas. O resultado disso é algo notório: em todas as buscas no território iraquiano nada foi encontrado, e a própria CIA admitiu publicamente não ter tido certeza, no momento da invasão, de que realmente fossem verídicas as referidas acusações.

A guerra no Iraque e a inércia da ONU diante do desprezo dos Estados Unidos pelas deliberações do Conselho de Segurança geraram a desmoralização daquela organização no contexto das relações internacionais, uma crise em instituições fundamentais do direito internacional e a afirmação do poder estadunidense sob o resto do mundo num patamar que nenhum outro império jamais conseguiu atingir em toda a história da Humanidade. Atualmente restam abaladas desde noções fundamentais do próprio Direito até o inter-relacionamento entre as diversas culturas existentes no mundo.

Paralelamente a este processo de desmoralização das instituições e do direito internacional, o final do século XX viu surgir novas zonas de influência para a política-econômica dos Estados Unidos que durante a Guerra Fria eram concorridas com a extinta União Soviética – ou inacessíveis. A América Latina e a Ásia se tornaram zonas plenamente livres à ação (quase coação) dos Estados Unidos no sentido de implantar as políticas econômicas que mais lhes fossem interessantes. Já nos anos 90 do mesmo século, até mesmo a própria Rússia, que outrora fora o centro político do regime soviético, passou a receber forte influência estadunidense, sobretudo pelo fato de que o antagonismo entre capitalismo e comunismo – característico da Guerra Fria – não mais existia.

A extinção da União Soviética representou mais do que a queda de um regime e o fim da divisão do mundo em duas grandes zonas de influência: os caminhos se tornaram livres, e todas as fronteiras restaram abertas para que ocorresse a consolidação da até então incipiente ideia de "sociedade global".

1.2. O debate quanto à dimensão econômica da globalização

Mais do que uma simples dimensão da globalização, a formação de uma ordem econômica mundial é por muitos tida como sinônimo de globalização[10]. Este conceito, quando analisado sob o perfil econômico, apresenta – e resume em si – problemas que estão no centro dos debates econômicos, mas que quase sempre são influenciados por fortes posições políticas, filosóficas e sobretudo ideológicas.

Uma das teses mais controvertidas já apresentadas é a denominada por Joseph Stiglitz de *Washington Consensus*, tendo sido defendida por muitos economistas neoliberais, desde Robert Nozick[11] até George Soros[12]. Em síntese, trata-se de uma série de propostas orientadas ao livre comércio, à desregulação, à privatização das atividades vinculadas ao Estado, à liberalização dos mercados de capitais e, sobretudo, à minimização – ou extinção – da carga tributária imposta pelos Estados nacionais[13]. O *Washington Consensus* foi seguido firmemente pelo FMI e pelo Banco Mundial para "auxiliar" ("pressionar" parece melhor), nas duas últimas

---

10. Cf. Amartya Sen, *Globalizzazione e libertà*, Milano, Mondadori, 2003, pp. 14-7; e ainda sobre este tema ver Luciano Gallino, *Globalizzazione e sviluppo*, Roma/Bari, Laterza, 2000.
11. Cf. Robert Nozick, *Anarchy, State and Utopia*, New York, Perseus Books, 1977.
12. Cf. George Soros, *Open Society: Reforming Global Capitalism*, New York, Public Affairs, 2000.
13. Cabe referir ainda que este conjunto de propostas se encontra resumida na expressão *politique de dépolitisation*, cunhada por Pierre Bourdieu, *Contre-feux 2. Pour mouvement social européen*, Paris, Raisons d'Agir Éditions, 2001, p. 57.

décadas do século passado, países latino-americanos a adotarem as medidas citadas como forma de enquadrarem as suas economias internas em um padrão que pudesse permitir-lhes pagar seus empréstimos internacionais. México, Chile, Brasil, Uruguai e Argentina foram alguns exemplos de países que acataram as recomendações do FMI e do Banco Mundial. Porém, o desastre que foi a abertura econômica da Argentina (1999-2002) expôs toda a fragilidade do *Washington Consensus*, uma vez que tal país seguiu fielmente as sugestões apresentadas pelo FMI e teve como resultado quase imediato a falência da sua economia interna. Para J. Stiglitz, o FMI e o Banco Mundial se transformaram nos novos "institutos missionários" responsáveis por difundir a agenda do *Washington Consensus* nos países pobres, os quais muitas vezes se encontravam desesperados por empréstimos e concessões[14].

Em uma outra obra, J. Stiglitz lembra que "um país em desenvolvimento que simplesmente se abre para o mundo exterior não necessariamente colherá os frutos da globalização. Ainda que o PIB cresça, o crescimento pode não ser sustentado. E, ainda que o crescimento seja sustentado, a maioria da população poderá não estar em uma melhor condição"[15].

É inegável que, quanto mais aberto ao capital estrangeiro um país em desenvolvimento seja, mais dependentes serão sua economia interna e a sua própria modernização industrial das fontes de capital estrangeiro. Um país subdesenvolvido nessa condição terá grandes possibilidades de ter o seu desenvolvimento econômico condicionado pelas flutuações monetárias, pelas variações de juros, pelos custos dos empréstimos tanto no mercado internacional quanto no interno; mas o pior de tudo será ter de conviver com uma

---

14. Joseph Stiglitz, *Globalization and its Discontents*, New York, W.W. Norman & Company, 2002, trad. it. *La globalizzazione e i suoi oppositori*, Torino, Einaudi, 2003, p. 12.
15. Joseph Stiglitz, *Making Globalization Work*, New York/London, Norton & Company, 2006, p. 26.

economia interna dependente dos humores do mercado internacional e impotente para fazer qualquer espécie de planejamento político-social que não se enquadre nos ditames dos grandes investidores e das grandes empresas multinacionais e transnacionais. Essa opção parece não ser a mais adequada para qualquer país que queira melhorar os seus índices de desenvolvimento humano no sentido de, um dia, se aproximar aos índices dos países desenvolvidos.

P. Hirst e G. Thompson ressaltam que essas políticas podem ser boas para atrair empresas industriais estrangeiras em períodos de crescimento de demanda no Primeiro Mundo, mas impedem o desenvolvimento com base ampla nos países de Terceiro Mundo e provavelmente não levam a taxas de crescimento total acelerado[16]. Neste contexto, a globalização representaria uma "corrida ladeira abaixo" (*race to the bottom*)[17].

Austeridade fiscal, privatização de empresas que não dão lucro ao Estado e liberalização dos mercados são medidas que podem contribuir para uma melhor gestão dos serviços públicos e para a criação ou estímulo de programas sociais. Porém, o problema ocorre quando "muitas destas políticas se tornam um fim em si mesmas e não mais um meio para obter um crescimento mais êquo e sustentável"[18]. Se não for bem administrado, o modelo de abertura econômica proposto pelo *Washington Consensus* pode transformar austeridade fiscal em recessão econômica, privatizações de empresas estatais em serviços públicos essenciais mais caros para a população, liberalização do mercado em enfraquecimento das empresas locais frente às multinacionais.

A partir dessas dificuldades de implementação prática e de situações como as vistas na Argentina, criou-se uma forte rejeição à globalização em países latino-americanos e

---

16. Paul Hirst; Grahame Thompson, *Globalization in Question*, Cambridge, Polity Press, 1999, pp. 134-60.
17. Paul Hirst; Grahame Thompson, *op. cit.*, p. 135.
18. Joseph Stiglitz, *op. cit.*, p. 53.

em outras regiões, como o Oriente Médio, o que terminou por gerar uma verdadeira estigmatização em torno da palavra "globalização". O curioso é que, como lembra Amartya Sen, esses movimentos antiglobalização são manifestações de preferências político-econômicas que superaram por completo os limites nacionais e se constituíram em verdadeiros fenômenos globais, sendo talvez "um dos eventos mais globalizados do mundo contemporâneo"[19].

Nesse sentido antiglobalização, há ainda posições mais fortes, como a de Pierre Bourdieu, o qual entende a globalização como um conceito descritivo-prescritivo, haja vista que descreve a unificação da economia mundial como um dado objetivo ao mesmo tempo que prescreve uma política econômica que tende à uniformização da economia global e à destruição de conquistas sociais trazidas pelo modelo de *Welfare State* europeu[20]. Segundo o sociólogo francês, a globalização seria uma *politique économique* que tenta unificar o âmbito econômico mediante uma série de medidas político-jurídicas destinadas a remover qualquer limite a tal unificação, em particular aqueles limites estabelecidos pelo Estado-nação[21].

Deve-se referir ainda que as posições maniqueístas que colocam a questão da globalização em termos binários de bem ou mal, como se este fosse um fenômeno absolutamente bom ou absolutamente mau em si, não levam em consideração o fato de que todas as pessoas fazem parte de diversos grupos diferentes, de modo que, muitos deles, são de dimensão global. Uma mesma pessoa se encontra iden-

---

19. Amartya Sen, *op. cit.*, pp. 3-4.
20. "A palavra '*globalização*' é, como se vê, um *pseudoconceito por sua vez descritivo e prescritivo* que tomou o lugar da palavra 'modernização', durante muito tempo utilizada pelas ciências sociais americanas como uma maneira eufemista de impor um modelo evolucionista ingenuamente etnocêntrico que permite classificar as diferentes sociedades de acordo com as suas distâncias para com a sociedade economicamente mais avançada, isto é, a sociedade americana, instituída em termo e no intento de toda a história humana." Pierre Bourdieu, *Contre-feux 2. Pour mouvement social européen*, cit., pp. 96-7.
21. Pierre Bourdieu, *op. cit.*, p. 96.

tificada com grupos categorizados de acordo com nacionalidade, religião, orientação sexual, opção político-partidária, profissão, eventuais doenças que sofram, atividades ou movimentos sociais que estejam envolvidas, mesmo que todos esses diferentes grupos possuam bases geográficas distintas – muitas vezes não identificáveis em razão de seu caráter transnacional – e número de pessoas que pode variar de algumas dúzias a milhões, dependendo de que grupo e categoria estejamos falando. Não é possível reduzir a existência de um indivíduo a apenas uma categoria de interação social, por exemplo considerar apenas a cidadania. A análise da natureza humana importa concluir que o mesmo indivíduo pode fazer parte de grupos de caráter eminentemente regional ao mesmo tempo que faz parte de grupos fortemente globalizados.

A agenda apresentada pelo *Washington Consensus*, em vez de contribuir para o desenvolvimento da economia mundial, contribuiu para o acirramento de intolerâncias interculturais e para o distanciamento político entre países desenvolvidos e países em desenvolvimento. Apenas como exemplo, aquela América Latina que nos anos 80 e 90 do século passado começava a se aproximar política e economicamente dos Estados Unidos e da Europa, por meio de reformas econômicas e da superação de ditaduras militares, passou grande parte da primeira década do século XXI fortemente influenciada por expoentes políticos como Hugo Chávez (Venezuela), Evo Morales (Bolívia) e o quase eterno Fidel Castro (Cuba). Esses líderes de esquerda, juntamente com os moderados Lula da Silva (Brasil) e Nestor Kirschner (Argentina), compartilham concepções políticas e ideológicas de caráter geral que são notadamente avessas aos ideais liberais professados, com especial vigor, pelos Estados Unidos e pela Inglaterra. Ou seja, com os insucessos da implementação do *Washington Consensus* na América Latina, política e economia tomaram rumos distintos nesta região.

Não existem dúvidas de que um dos maiores problemas já enfrentados pela globalização econômica foi o de ter sido vulgarmente interpretada como um fenômeno guiado por sujeitos ocultos e destinado à pura satisfação dos interesses neoliberais dos Estados Unidos. Ainda para aqueles que não viam este país como a "mão oculta" (*hidden hand*), outro equívoco foi pensar que os mercados fossem autorreguláveis, como se existisse uma vontade lógico-transcendental aos mercados capaz de determinar, de forma consciente, como eles deveriam se comportar.

Ora, ambas as posições parecem inverossímeis e absolutamente ideologizadas. Os principais agentes que atuam hoje nos mercados internacionais são empresas multinacionais, investidores privados e empresas transnacionais. São estes agentes que determinam a "vontade do mercado" e o fazem a partir de critérios objetivos oferecidos pelas realidades socioeconômicas dos países onde tais agentes se encontram estabelecidos ou onde pretendem se estabelecer. Nada de transcendental guia tais vontades. Os investimentos são influenciados decisivamente por fontes que estão dia após dia ganhando uma posição de maior destaque na economia internacional, como, por exemplo, os relatórios de bancos de investimentos como os estadunidenses *J. P. Morgan, Standard & Poor's* e *Moddy's* sobre os índices do *risk-country* dos países em desenvolvimento, os relatórios da Unctad sobre a atratividade das economias mundiais, além de outros institutos de pesquisa e análise econômico-social que gozam de prestígio internacional. Conjuntamente a esses agentes, mas exercendo uma função coordenativa em termos de política macroeconômica, encontramos o FMI e o Banco Mundial.

Neste momento, após sustentarmos que as forças que movem a economia internacional são plenamente visualizáveis no plano material, faz-se mister abordar um ponto que P. Hirst e G. Thompson já haviam chamado atenção, há mais de dez anos, mas que ainda se mostra pertinente: a predominante vinculação das empresas multinacionais a uma sede geográfica (estatal) bem definida.

A ideia de que as empresas multinacionais, um dos principais atores do mercado internacional, são empresas "globais", desvinculadas de qualquer base territorial fixa, capazes de circular pelo mundo na busca dos melhores locais para se situar, não se comprova na realidade. Primeiro, conceitualmente, a multinacional caracteriza-se por ser vinculada a um Estado nacional e simplesmente contar com pontos de produção ou comercialização em outros países, enquanto a característica de ser genuinamente desvinculada de qualquer identificação nacional, ou seja, ter o capital e a administração totalmente internacionalizados, seria própria das empresas transnacionais[22]. As multinacionais, não obstante o fato de possuírem uma atuação muitas vezes com reflexos na economia mundial, não costumam ser coesas em torno de objetivos e planos de investimentos únicos que devem ser aplicados uniformemente em todas as regiões onde estiverem instaladas. Elas possuem uma profunda vinculação, econômica e política, com ambientes nacionais específicos, de modo que, em relação à sede, busquem apoio político dos seus governos para que elas possam receber incentivos governamentais que lhes permitam crescer e investir na economia local, e, em relação às subunidades instaladas em outros países, seja adotada uma estratégia flexível que leve em consideração as peculiaridades socioeconômicas dos sistemas nacionais onde elas se instalaram, permitindo que possam, também, atuar politicamente nos países onde se instalaram. Deste modo, será pos-

---

22. "Uma economica *globalizada* é um tipo ideal distinto daquilo que é a economia internacional e pode ser desenvolvida em contraste com esta. Em um tal sistema global, economias nacionais distintas são subsumidas e rearticuladas dentro do sistema por processos internacionais e transações. A economia internacional, pelo contrário, é um sistema no qual processos que são determinados no âmbito das economias nacionais continuam dominando, enquanto fenômenos internacionais são resultados que emergem de performances distintas e diferentes das economias nacionais. A economia internacional é um agregado de funções nacionalmente localizadas. Assim, enquanto existe em tal economia um amplo e crescente raio de interações econômicas internacionais (mercados financeiros e comércio de bens manufaturados, por exemplo), estas tendem a funcionar como oportunidades ou constrições a atores econômicos nacionalmente localizados e seus reguladores públicos." Paul Hirst; Grahame Thompson, *op. cit.*, p. 10.

sível a tais empresas oferecer produtos e serviços que atendam às demandas locais que as particularidades dos consumidores dos diversos países apresentam. Aquela mesma multinacional fabricante de automóveis que investe, nos Estados Unidos, em veículos utilitários e caminhotes, na Itália e França, em veículos de pequeno porte com várias opções de motorização, e, no Brasil, em veículos de mil cilindradas, age assim porque sabe que estará aumentando as suas probabilidades de crescimento nos mercados internos dos referidos países, uma vez que a escolha dos veículos foi feita de acordo com as necessidades de consumo e, sobretudo, preferências locais.

Paralelamente a essa diversificação da atividade produtiva de acordo com as demandas regionais, percebemos que, em razão do alto grau de concorrência entre as empresas no comércio internacional, o investimento externo direto em um país dependerá, consideravelmente, das vantagens que esse país oferecerá para as empresas, pois o próprio sucesso dessas multinacionais dependerá de obter o maior número possível de vantagens específicas[23]. A relação entre economia nacional e empresa multinacional não se apresenta como um jogo de soma zero, em que a vitória de um competidor implica a derrota de outro, mas demonstra que o sucesso do investimento de uma multinacional depende da vontade política e econômica do Estado em atraí-la.

Diante disto, podemos perceber que a importância das empresas multinacionais na economia mundial é, quantitativa e economicamente, muito maior quando comparadas com o significado que as transnacionais têm em nível global. O padrão "global" apresentado pelos produtos e serviços das empresas transnacionais possui uma dimensão de aplicabilidade prática infinitamente menor que aquele padrão particularista da multinacional. Poucas são as empresas que conseguem, além de oferecer um padrão monolítico de oferta, enquadrar os seus custos de produção nas con-

---

23. Paul Hirst; Grahame Thompson, *op. cit.*, p. 93.

corrências apresentadas pelos diversos mercados internos, sem que, para isso, seja necessário mudar as características do produto ou serviço.

Parece que, por ora, podemos encontrar os reais agentes que atuam decisivamente no mercado internacional ditando os rumos da globalização: (1) Estados nacionais, (2) empresas multinacionais e (3) os grandes bancos de investimentos responsáveis pela classificação das economias nacionais. Resume-se a três a diversidade de grupos de atores que possuem forte inter-relacionamento entre si e são os responsáveis por mover a *hidden hand* que, aos olhos dos menos atentos, seria produto unicamente da atuação dos Estados Unidos.

Os Estados, historicamente, foram os responsáveis por estimular a exploração do comércio internacional por parte de suas empresas internas. Desde que as relações comerciais passaram a se estender para além dos confins da Europa, cruzando os oceanos, no período do mercantilismo, séculos XIII e XIV, percebe-se a atuação sempre presente do Estado na economia, seja no sentido de estimular o comércio em determinados setores, seja oferecendo garantias e meios para que os negócios venham a ser efetivados. Mesmo no apogeu do período das grandes navegações, séculos XV e XVI, a presença do Estado no comércio internacional foi uma constante, sobretudo pelo fato de que colônias de povoamento estavam sendo estabelecidas em todo o Novo Mundo e existia a necessidade de as metrópoles estabelecerem uma coordenação dos investimentos econômicos no sentido de permitir que tais colônias oferecessem retorno em bens manufaturados que as colônias de exploração não eram capazes de oferecer. Nos séculos XVI e XVII, a economia internacional já apresentava grande ramificação e uma influência total da Revolução Industrial; a aquisição de produtos industrializados e a própria comercialização do *know-how* já estavam se constituindo nos principais objetivos dos Estados em suas políticas econômicas. Quando avançamos para o século XIX, mais exatamente na sua segunda metade, vamos perceber que o comércio internacional passou a ter grande presença das exportações de produtos de tecnologia e já possuía como característica a intensa migração de trabalhadores – isso sem contar os escravos, que desde o início das grandes navegações já se constituíam em um vasto contingente de imigrantes involuntários – para as regiões que oferecessem melhores condições de trabalho e remuneração. Segundo P. Hirst e G. Thompson, "a maior parte da migração é do tipo para o país vizinho. Durante o século XIX os movimentos de massas de trabalhadores para as fontes de capital foi aceito e encorajado; agora isto é rejeitado, exceto como um expediente temporário"[24].

Como consequência dessa tradição histórica que aproxima Estado e economia, encontramos ainda hoje movimentos antiglobalização atuando no sentido de reclamar o retorno – ou defender a existência naqueles países que assim são – do nefasto dirigismo estatal na economia.

Como expusemos acima, o fracasso de políticas neoliberais, como a agenda do *Washington Consensus*, causou, direta ou indiretamente, um sentimento de repulsa à globalização em países que sentiram os efeitos danosos da má condução dos processos de abertura econômica ocorridos, sobretudo, na América Latina. Assim, a intervenção estatal em setores da economia que já estavam sendo explorados pelo setor privado acaba sendo a alternativa mais simpática para governos populistas que têm como única preocupação resultados positivos imediatistas que causem grande repercussão popular. Trata-se de políticas econômicas voltadas para a mídia e para a afirmação pública do governante como líder político capaz de "livrar o país das multinacionais", "livrar o país da exploração capitalista", entre outras frases de efeito puramente moral.

Não restam dúvidas de que quando estão configuradas situações de abuso do poder econômico por parte de em-

---

24. Paul Hirst; Grahame Thompson, *op. cit.*, p. 29.

presas que estejam atuando na economia são necessárias medidas fortes para impedir que os danos sejam maiores. A função do Estado deve dar-se preponderantemente de forma preventiva, mediante uma legislação coerente com as necessidades de regulação apresentadas pela sociedade e pelo seu mercado interno, atuando na fiscalização do cumprimento dos contratos e das normas aplicáveis às atividades específicas, e atuando como parte ativa nos serviços públicos que não estiverem sendo realizados por alguma empresa privada, ou não estiverem sendo feitos de acordo com o contratado.

O problema maior ocorre quando a atividade econômica se desenvolve atendendo às exigências legais e políticas até então impostas, mas é abruptamente interrompida por uma política econômica centralizadora, dirigista e incapaz de lidar na base do diálogo com todas as partes envolvidas. Nestas situações, estatização de empresas privadas, expulsão – direta ou indireta – de multinacionais e outros atos semelhantes podem até causar boa impressão diante de uma população que já sofre com as mazelas próprias de países subdesenvolvidos – como baixos índices de educação e politização – e aguarda, ainda que em sonho, por mudanças na sua condição social. No entanto, a longo prazo, se não bastasse o fato de ter de responder a ações judiciais diversas impetradas pelas empresas que tiveram seus direitos contratuais feridos, a condição econômica deste país tornar-se-á ainda mais difícil quando se concluir que aquela política econômica, populista e dirigista, causou fuga de investimento externo direto no país, dificuldade em prestar com um mínimo de qualidade os serviços que eram prestados pela iniciativa privada, dificuldade em conseguir crédito no mercado, tanto nacional quanto internacional, e, sobretudo, dificuldade em resolver os problemas estruturais de um país que apresenta índices sociais cada vez mais negativos, culminando, por fim, com o aumento da desigualdade social dentro deste hipotético país.

Aqui chegamos ao ponto mais cruel que a globalização apresenta: a desigualdade social. Independentemente da posição pró ou contra globalização, é fato inconteste que nunca tivemos registros anteriores de desigualdades na distribuição de renda tão grandes quanto os índices apresentados no início deste século. Em países como o Brasil, os 20% mais ricos da população dividem 61,1% da riqueza nacional, enquanto para os 20% mais pobres sobram apenas 2,8%. Quando olhamos para o continente africano encontramos taxas semelhantes em Lesoto, Swaziland, República Central Africana. Mas a Namíbia é quem se encontra na pior situação de todos os países do mundo: os 20% mais ricos da população dividem 78,7% da riqueza nacional, enquanto os 20% mais pobres dividem 1,4%[25].

A globalização econômica trouxe consigo possibilidades infinitas aos ricos de aumentarem suas opções de investimento e, consequentemente, de expandir o seu patrimônio. Porém, àqueles que pouco (ou nada) possuem, essas possibilidades infinitas de investimentos nada representam, pois se encontram tão "glocalizados"[26] nos seus ambientes locais que os efeitos benéficos da globalização não são capazes de atingi-los. Bauman afirma que esse fenômeno "atribui a alguns uma liberdade de criar significados, ao passo que para outros é a condenação a ser relegados à insignificância"[27].

Os problemas não são apenas em termos de divisão interna da riqueza, mas também em relação à divisão entre os países desenvolvidos e subdesenvolvidos. A vinculação que as multinacionais possuem com os seus países de origem demonstra que a globalização econômica trouxe possibilidades de lucros astronômicos para aqueles (Estados/

---

25. Números retirados do *Human Development Report 2008*, referentes a 2007.
26. Roland Robertson, *Globalization. Social Theory and Global Culture*, London, Sage, 1992, pp. 173-4. Ver também, do mesmo autor, "Glocalization: time-space and homogeneity-heterogeneity", *in* Mike Featherstone *et al.* (org.), *Global Modernities*, London, Sage, 1995, pp. 25-68.
27. Zygmunt Bauman, *Globalization: the Human Consequences*, New York, Columbia University Press, 1998, trad. it. *Dentro la globalizzazione. Le conseguenze sulle persone*, Roma/Bari, Laterza, 2005, p. 22.

multinacionais) que já existiam e, sobretudo, dominavam alguma forma de tecnologia. Somente nos países asiáticos que combinaram mão de obra a baixíssimo custo com incentivos fiscais é que encontraremos sinais de crescimento econômico estável e, de certo modo, expressivo, ainda que os indicadores sociais não cresçam na mesma proporção que os econômicos. Entretanto, para os países que não se encontram em uma condição que lhes possibilite oferecer atrativos para o investimento externo direto ou apresentar condições próprias de concorrer com seus produtos e serviços no mercado internacional, resta apenas viver da economia interna e da exportação de produtos agrícolas que eventualmente lhes sejam possíveis de cultivar, tendo ainda de vender a preços, muitas vezes, subvalorizados em virtude de sua incapacidade de se impor no mercado.

Uma realidade nesses termos acaba resultando em pressão migratória dos países subdesenvolvidos para aqueles que apresentam condições melhores. Não estamos nem falando de mão de obra com alguma qualificação que não encontra trabalho no seu país de origem e ruma em direção aos países que apresentam melhores perspectivas de trabalho e de vida. O problema maior reside na imigração ilegal, que, via de regra, tem como destino principal os Estados Unidos e a Europa. Este tipo de imigrante traz consigo déficits formativos que vão desde a saúde até a educação, o que importa criar um contingente de pessoas sem qualquer sorte de perspectivas de inclusão social, restando apenas viver do subemprego ou da criminalidade[28].

Se a desigualdade social existente entre países ricos e pobres não inverter o seu processo atual de acentuação e iniciar uma diminuição da distância em termos de desenvolvimento econômico e social, estaremos rumando para uma realidade que provavelmente fará com que os países

---

28. Sobre o tema imigração e criminalidade na Europa, ver Emilio Santoro e Danilo Zolo, *L'altro diritto. Emarginazione, devianza e carcere*, Roma, NIS, 1997.

pobres exportem pobreza aos países ricos, em vez de estes exportarem riqueza àqueles. Os próprios índices de crescimento populacional e de migração mostram que o destino das massas de pessoas sem qualquer qualificação e perspectiva de trabalho é a Tríade (Europa, Estados Unidos e Japão). Enquanto a Europa se encontra praticamente estagnada do ponto de vista de crescimento populacional, com países como França, Itália e Alemanha apresentando leve decréscimo populacional, África e Ásia crescem de uma forma regular que não dá sinais de que parará tão cedo. Juntamente com o sonho de uma vida melhor que aquela oportunizada pelos seus países de origem, os imigrantes ilegais invadem a Europa, permitindo que se possa falar, como Beck, em um futuro não muito distante em que veremos a "brasilianização da Europa"[29].

A melhor distribuição de renda, em âmbito tanto interno quanto internacional, e a inclusão econômica das massas de pessoas que não se encontram em condições de se permitirem uma vida digna passam por questões que inevitavelmente dependem da ação daqueles dois grandes atores da globalização econômica acima identificados: os Estados nacionais e as multinacionais. Programas de cooperação político-econômica, criação de novas agências de regulação internacional, fortalecimento de blocos regionais para que estes sejam capazes de auxiliar a estruturação econômica interna de países que apresentam condições precárias, entre outras medidas, dependem que diversos fatores sejam levados em consideração, além do lucro, quando se pensa em economia. No entanto, tais questões vão além dos nossos objetivos nesta sede, de modo que não avançaremos mais sobre este ponto.

Por fim, entendemos que a globalização econômica tem um significado estritamente formal: trata-se de um processo histórico voltado para a criação de condições práticas que

---

29. Ulrich Beck, *Was ist Globalisierung?*, trad. it. cit., p. 187, usa "brasilianização" como sinônimo de desigualdade social e econômica.

permitam a qualquer agente, seja uma multinacional ou um simples indivíduo, investir e interagir na busca da melhor alternativa para a efetivação do seu negócio pretendido. As possibilidades formais para isso já foram devidamente desenvolvidas, sobretudo depois da informatização das relações econômicas, de modo que tal situação já nos permite falar, a partir desta leitura, em consolidação e sucesso da globalização econômica. Entretanto, existem alguns desafios que não concernem ao procedimento em si – à globalização –, mas sim aos agentes que nela interagem e que são os reais responsáveis pelos efeitos sociais das relações econômicas por eles desenvolvidas. O problema não está no procedimento: está na matéria e nos agentes envolvidos.

É por demais fácil alegar que a culpa pela (crescente) desigualdade de distribuição de renda no mundo é da globalização; essa afirmação falaciosa e míope significa, nada mais nada menos, do que isentar de responsabilidades os agentes políticos e econômicos que são os verdadeiros responsáveis pelos efeitos negativos da globalização. O erro fundamental da maior parte dos movimentos antiglobalização é despersonalizar o problema e focá-lo em algo metafísico: a "globalização". Isto faz com que a questão se perca no plano ideológico e passe ao largo dos problemas eminentemente práticos que têm como causa a conduta dos agentes citados.

O grande desafio que o século XXI impõe à humanidade é o de conseguir implementar as conquistas sociais e tecnológicas que os países desenvolvidos já conquistaram no século passado, nos quatro cantos do globo terrestre, inclusive em pedaços esquecidos do mundo como aquele onde vivem os menos de um milhão de habitantes da Swaziland, estes que possuem uma expectativa de vida de 43,9 anos e somente poderão atingir tal expectativa de vida caso consigam, antes de tudo, fazer parte dos 84% da população que consegue passar dos cinco anos de idade[30].

---

30. Números retirados do *Human Development Report 2007-2008*.

1.3. A globalização política

Depois da dimensão jurídica da globalização, não restam dúvidas de que a política é o âmbito de maior interesse para os propósitos da presente pesquisa. Entretanto, precisamos definir desde já algumas questões que facilitarão a nossa abordagem à problemática relação entre globalização e soberania.

A absoluta ausência de um ente supranacional, com poder coercitivo, capaz de controlar eventuais excessos que surjam nas relações internacionais, fez com que algumas teorias político-filosóficas surgissem oferecendo soluções aos problemas decorrentes da anarquia peculiar ao sistema político internacional. É possível, seguramente, afirmar que sob o manto do universalismo encontra-se a imensa maioria das respostas de grande repercussão, tanto no âmbito acadêmico quanto no político, que buscam tratar globalmente dos assuntos típicos de política interna – desde legitimação do poder político até repreensão ao crime. Recorde-se de que em meados do século XX vozes políticas altamente influentes falavam em um "direito universal" [*universal law*] como uma possível resposta à instabilidade internacional vivenciada no período da Guerra Fria[31].

Assim, concentremo-nos neste momento nessa questão.

Uma representativa posição universalista de onde surgiram várias outras é a *domestic analogy*, que remonta a Hobbes e aos seus conceitos de estado de natureza e de contrato social. Hans Kelsen e Norberto Bobbio ofereceram soluções em sentido semelhante, mas com uma orientação filosófica mais kantiana do que hobbesiana – abordaremos ambas nos capítulos a seguir[32]. Segundo a *domestic analogy*, as relações anárquicas e a-jurídicas entre Estados nacionais nos permitiriam concluir que o conceito de estado de natu-

---

31. Nesse sentido, ver Quincy Wright, "Towards a Universal Law for Mankind", *in Columbia Law Review*, 63 (1963), 3, pp. 435-58.
32. Ver Parte II, Cap. 1, *infra*.

reza hobbesiano se aplica, com poucas ou nenhum ressalva, ao universo das relações entre Estados. Entretanto, na realidade hipotética de Hobbes, no lugar do homem, figura, de fato, o Estado soberano.

Supõe-se que Hobbes tenha desenvolvido sua concepção de estado de natureza a partir da observação do seu contexto histórico, qual seja, o de uma Europa abalada por guerras civis e internacionais, incapaz de oferecer o padrão de segurança mínimo ao indivíduo que o filósofo inglês entendia ser a função primordial de um Estado soberano oferecer[33]. Diante disso, partindo da observação do universo das relações entre nações, Hobbes encontrou aqueles elementos que lhe seriam primordiais para desenvolver a sua concepção da condição natural do homem: ausência de um poder punitivo capaz de estabelecer a paz e a concórdia, igualdade natural, conflito de interesses, altruísmo limitado, capacidade de antever o resultado e de se antecipar em agir[34].

Embora o "estado de nações" possa ser de uma dimensão desproporcionalmente superior ao "estado de natureza", Hobbes enxergava neste uma ameaça muito maior do que aquele, pois na condição natural de absoluta liberdade individual não existe qualquer poder que garanta um mínimo de segurança para o homem, enquanto no estado de nações são estas os entes absolutamente livres, não os ho-

---

33. "Mas, mesmo que jamais tivesse havido um tempo em que os indivíduos se encontrassem numa condição de guerra de todos contra todos, ainda assim em todos os tempos os reis, e as pessoas dotadas de autoridade soberana, por causa de sua independência vivem em constante rivalidade, e na situação e atitude dos gladiadores, com as armas assestadas, cada um de olhos fixos no outro; isto é, seus fortes, guarnições e armas guardando as fronteiras de seus reinos, e constantemente com espiões no território de seus vizinhos, o que constitui uma postura de guerra. Mas, porque com tal conduta eles protegem a indústria de seus súditos, daí não resulta como consequência aquela miséria que acompanha a liberdade dos indivíduos isolados." Thomas Hobbes, *Leviathan*, London, Penguin Classics, 1985, pp. 187-8.

34. Sobre este ponto, permito-me remeter aos desenvolvimentos do nosso *Estado de Nações: Hobbes e as relações internacionais no século XXI*, Porto Alegre, Fabris Editora, 2007, pp. 37-8.

mens[35]. O fato de, à época de Hobbes, inexistir igualdade de condições para a guerra entre os países tornava tolerável o estado de nações, uma vez que a instabilidade não era como a encontrada no estado de natureza entre homens, onde o mais fraco poderia matar o mais forte. Por mais instáveis que fossem as relações internacionais no estado de nações daquele momento histórico, era possível supor que somente um Estado forte seria capaz de destruir total ou parcialmente um outro Estado forte, ou seja, existia um mínimo de estabilidade, por mais paradoxal que a ideia possa parecer, dentro desse sistema anárquico[36].

Voltando os olhos para o atual momento, aquela ideia de "estabilidade dentro da instabilidade", acima citada, foi destruída pelo advento da energia nuclear. David Gauthier adverte que o surgimento de armas nucleares está trazendo o estado de nações mais próximo possível do verdadeiro estado de natureza hobbesiano. Hoje, a energia nuclear atribuiu às nações a mesma condição que os homens possuem somente quando em estado de natureza: a possibilidade de destruir uns aos outros[37].

No fim do século XX, além de existir a possibilidade de um Estado pequeno e fraco destruir um Estado grande, até mesmo, uma grande potência, surgiu, também, a possibilidade de um grupo paramilitar – ou seja, um ente não estatal – destruir, ou no mínimo abalar fortemente, uma grande potência. O estado de nações deixou de ser algo suportável para se tornar tão ameaçador quanto o estado de natureza.

A limitada existência de interesses em comum e a presença de interesses estatais conflitantes permitem pensar que a Guerra Fria não se encerrou mesmo depois da dissolução da União Soviética, uma vez que a era nuclear e o medo da morte violenta que o uso de armas nucleares acar-

---

35. Cf. Thomas Hobbes, *Leviathan*, cit., pp. 185-8.
36. Sobre a temática da natureza do sistema internacional, ver Parte II, item 2.1, *infra*.
37. Cf. David Gauthier, *Logic of Leviathan*, Oxford, Clarendon Press, 1969, p. 207.

reta não se encerraram com o fim do Império Soviético. Segundo a perspectiva hobbesiana, cada nação busca preservar-se e aumentar o seu poder, numa sede de poder e mais poder (*power after power*)[38]. Contudo, o esforço de um país para aumentar o seu poder faz aumentar também a insegurança nos países que o circundam, os quais buscam aumentar as suas próprias forças, resultando em uma mútua e geral insegurança[39].

A partir desses elementos, os partidários da *domestic analogy* propõem que a mesma solução dada ao estado de natureza entre homens seja dada ao estado de natureza ente nações: o contrato social. Somente com a criação de um Estado supranacional seria possível encerrar o estado de nações, uma vez que, mediante a transferência da autoridade soberana dos Estados a um modelo de Estado mundial supranacional, estar-se-ia criando estruturas de controle e repreensão das ações dos Estados-nação. A forma cooperativa, horizontal, descentralizada e anárquica que caracteriza o sistema de relações internacionais seria substituída por uma forma coordenativa, vertical, centralizada e estável.

---

38. "Então, em primeiro lugar, coloco uma inclinação geral de toda a humanidade, um perpétuo e irriquieto desejo de poder e mais poder que se encerra somente com a morte." Thomas Hobbes, *op. cit.*, p. 161.

39. A situação aqui descrita chegou a ser estudada através da Teoria dos Jogos. Resumidamente, pode-se dizer que essa teoria analisa o comportamento de um número "*n*" de participantes quando interagindo em um jogo hipotético, a partir de uma situação em que os bens são finitos e, consequentemente, para que alguém vença é necessário que alguém perca. O fato de ser um jogo de soma zero tende a levar à insegurança generalizada, a menos que todos os participantes optem por uma escolha comunitária, ou seja, abrir mão da (incerta) possibilidade de vencer sozinho em proveito de uma cooperação mútua no sentido de criar uma estrutura ou forma de dividir o bem (ou bens) de modo que todos possam participar igualitariamente da distribuição. Tal cooperação seria, no âmbito das relações internacionais, o momento de instituição de um Estado supranacional. Para maiores informações sobre a Teoria dos Jogos, recomendamos Morton D. Davis, *Game Theory*, New York, Dover, 1997, e Larry Samuelson, *Evolutionary Games and Equilibrium Selection*, Cambridge, MIT Press, 1998.

Entretanto, Hedley Bull expôs com clareza três pontos débeis de tal tese que servem para invalidá-la por completo[40]:

1. O sistema internacional não se assemelha com perfeição ao estado de natureza hobbesiano. Basta observarmos que Hobbes entendia não existir qualquer possibilidade de que normas jurídicas e morais pudessem se afirmar no estado de natureza. Todavia, ao observarmos o sistema das relações entre Estados, percebemos que mesmo para aqueles que negam a existência de um verdadeiro direito internacional não é de qualquer modo controvertida a existência de uma moral internacional. Na pior das hipóteses, o sistema das relações internacionais é um sistema moral, tanto que no âmbito cultural e econômico existem práticas internacionais e interculturais plenamente consolidadas, com um grau mínimo de estabilidade e respeitadas independentemente de qualquer ameaça de sanção, o que por si só já descaracteriza a possibilidade de absoluta coincidência entre estado de natureza e estado de nações.
2. O argumento de que o medo é a única fonte de ordem dentro do Estado-nação não se sustenta. Indubitavelmente existem fatores como interesse recíproco, senso de comunidade e vontade geral que influenciam no controle social interno. Assim, comparar o estado de natureza com a ordem internacional significa ignorar que esta se ordena por fatores semelhantes àqueles que influenciam a coesão do povo dentro de um Estado instituído, como o interesse recíproco e o senso de comunidade.
3. A complexidade ontológica do ser humano e a do Estado são significativamente diferentes. Enquanto os homens em estado de natureza concentram toda sua atenção em

---

40. Hedley Bull, *The Anarchical Society: a Study of Order in World Politics*, London, Macmillan, 1977, trad. it. *La società anarchica. L'ordine mondiale nella politica mondiale*, Milano, Vita e Pensiero, 2005, pp. 60-4.

sua proteção física e defesa da própria vida, sem espaço para qualquer outro tipo de atividade que não seja voltada para a própria defesa[41], os Estados dedicam sua atenção para muitas outras atividades além da proteção diante de inimigos externos, tanto que, na média mundial, os gastos com exército não passam de 10% do produto interno bruto.

Uma outra proposta, que ruma para um universalismo semelhante ao da *domestic analogy*, foi apresentada por Richard Falk. Baseado no ideal de estado de natureza teorizado por John Locke, em que todos os homens eram senhores das suas próprias vidas e poderiam estabelecer relações recíprocas em prol da mútua assistência[42] – diferentemente do estado de natureza hobbesiano –, Falk procedeu a uma leitura do contexto das relações internacionais que lhe permitia compará-lo ao estado de natureza lockeano – não ao estado de guerra – e, assim, ter elementos teóricos suficientes para propor um *global costitutionalism* orientado por uma ordem jurídica centralista que tem na defesa da "democracia transnacional", na tutela dos direitos humanos e na manutenção da paz internacional, seus principais objetivos[43].

---

41. "Em tal situação não existe lugar para a indústria, pois seu fruto é incerto; consequentemente não há cultivo da terra, nem navegação, nem uso das mercadorias que podem ser importadas pelo mar; não há construções confortáveis, nem instrumentos para mover e remover as coisas que precisam de grande força; não há conhecimento da face da Terra, nem cômputo do tempo, nem artes, nem letras; não há sociedade; e, o que é pior, há um constante temor e perigo de morte violenta. E a vida do homem é solitária, pobre, sórdida, embrutecida e curta." Thomas Hobbes, *op. cit.*, p. 186.

42. "E aqui a clara diferença entre o estado de natureza e o estado de guerra, os quais, por mais que alguns homens os tenham confundido, tão distantes estão um do outro quanto um estado de paz, boa vontade, assistência mútua e preservação está de um estado de inimizade, malignidade, violência e destruição mútua." John Locke, *Two Treatises of Government*, London, Guernsey Press, 1986, p. 126.

43. Richard Falk, *The Promise of World Order*, Philadelphia, Temple University Press, 1987, pp. 120-8; e id. *On Human Governance. Towards a New Global Politics*, Cambridge, Polity Press, 1995, pp. 42-6.

A diferença mais elementar entre a tese da *domestic analogy* e a tese de Falk se encontra na formação da *global governance*: enquanto a *domestic analogy* requer um momento constitutivo semelhante ao contrato social, Falk entende que a sociedade civil global está desenvolvendo uma série de relações entre os povos que importará na afirmação paulatina de instituições supranacionais mais sólidas e eficazes que possam vir a democratizar as relações internacionais; para isto, reformulações em organismos como a ONU seriam mais interessantes do que recomeçar, ou seja, refundar toda a estrutura político-jurídica internacional.

Proposta semelhante à de Falk é a de David Held. Ele entende que a afirmação da globalização nas duas últimas décadas do século XX permitiu que a democratização das relações internacionais fosse intensificada, em especial com o fim da Guerra Fria[44]. Paralelamente a isto, Held concebe a sociedade internacional como uma *governance* global multicêntrica, multiestraticada, multidimensional e multiator, em que diversos organismos internacionais representam interesses dos mais variados possíveis em áreas que vão além dos limites do Estado-nação[45]. Segundo ele, a reforma das atuais instituições internacionais no sentido de permitir a afirmação de uma jurisdição compulsória do direito internacional, que seria exercida por meio de uma efetiva força militar, seria a melhor forma de atingir a democratização das relações entre nações e a proteção dos direitos humanos[46].

Como se não bastasse a própria natureza política do universo das relações entre Estados-nação já ser por si pro-

---

44. David Held; Anthony McGrew, *Governing Globalization. Power, Autority and Global Governance*, Cambridge, Polity Press, 2002, trad. it. *Governare la globalizzazione*, Bologna, Il Mulino, 2005, p. 112.
45. *Ibidem*.
46. David Held; Anthony McGrew, *Globalization/Anti-Globalization*, Cambridge, Polity Press, 2002, trad. it. *Globalismo e antiglobalismo*, Bologna, Il Mulino, 2003, pp. 105-7.

blemática e repleta de controvérsias como as descritas, vemos fenômenos globalizantes na cultura e na economia abalarem ainda mais a estrutura da ordem internacional e do próprio Estado-nação. Como visto anteriormente, a pressão que o âmbito econômico realiza no âmbito político termina por gerar propostas de reformas políticas, como muitas teses universalistas, as quais entendem que à formação de uma "sociedade global" deve se seguir a formação de um governo mundial[47].

Já sustentamos no item anterior que a relação entre economia internacional e Estado político atualmente não pode ser entendida em outro sentido senão o de integração, sobretudo no que tange às empresas multinacionais e aos governos estatais. No entanto, deve-se ressaltar que, segundo as palavras de P. Hirst e G. Thompson:

> Regras de comércio calculáveis, direitos propriamente estabelecidos e internacionalmente consistentes, a contenção da excessiva volatilidade na segurança dos mercados e a estabilidade dos índices de troca agregam para um nível de segurança elementar que as empresas necessitam para projetar o futuro, e, portanto, uma condição de investimento contínuo e crescimento. As empresas não podem criar tais condições para si mesmas, mesmo se forem "transnacionais". Estabilidade na economia internacional pode ser alcançada somente se o Estados combinarem de regular esta e de acordar em objetivos comuns e padrões de *governance*. As empresas podem querer livre comércio e regimes comuns de padrões de comércio, mas elas somente podem alcançar isto se os Estados trabalharem juntos por uma regulação comum internacional.[48]

Deste modo, descabe defender teorias econômicas – que possuem, na realidade, reflexos políticos devastadores para as atuais noções de Estado nacional – voltadas somen-

---

47. Ver Parte II, Cap. 1, *infra*, para uma análise crítica das principais propostas de universalismo jurídico do século XX.
48. Paul Hirst; Grahame Thompson, *op. cit.*, p. 272.

te para a supremacia do econômico diante do político. Kenichi Ohmae é um exemplo de quem sustentou nos anos 90 do século passado que as forças do mercado global e as forças das empresas multinacionais e transnacionais possuem preponderância na economia mundial, uma vez que o espaço historicamente garantido à ação política do Estado na economia não existe mais. O enfraquecimento do poder do Estado no controle de suas fronteiras e, sobretudo, da circulação de capitais teria gerado, segundo Ohmae, o fim do Estado-nação e a necessidade de substituição da sua figura onipotente por um Estado reduzido ao mínimo necessário para a regulação político-econômica que os mercados internacionais demandarem[49]. K. Ohmae chegou ao extremo de afirmar que hoje "é a atividade econômica que define o horizonte no qual todas as outras instituições, incluindo o aparato estatal, devem operar"[50].

De outra sorte, encontramos também teses antiglobalização que compreendem todo um fenômeno como produto da vontade ardilosa de um Estado que deseja estender seu domínio sobre o mundo.

Conforme exposto no item anterior (1.2), esse tipo de "pessoalização" da globalização esquece por completo que politicamente existem Estados nacionais atuando, seja individualmente ou por meio de organismos internacionais, na defesa de seus interesses pessoais junto à comunidade internacional, de modo que uma suposta unipolarização política do mundo só seria possível de ser sustentada em termos de imposição arbitrária da força. Porém, arbitrariedade militar não se assemelha à globalização em nenhum sentido possível. Políticas externas baseadas em um imperialismo conquistador e expansionista são de origem tão remota quanto as próprias civilizações; a conduta imperialista do governo estadunidense na arena internacional não pode

---

49. Kenichi Ohmae, *The End of the Nation State: the Rise of Regional Economies*, London, HarperCollins, 1995, pp. 41-57.
50. Kenichi Ohmae, *op. cit.*, p. 41.

ser entendida, como muitos alegam, como causa ou consequência da globalização.

Além disso, paralelamente aos Estados Unidos encontramos outros Estados que ocupam uma posição na ordem internacional que torna possível falar tanto em "equilíbrio de potência"[51] quanto em *nuclear deterrence*[52], mas não em supremacia absoluta de uma única potência. Apenas analisando a atuação política de China, Rússia e União Europeia, já é possível visualizar um contexto político internacional em que não existe somente uma voz no comando. Assim como todos os demais processos globalizantes, o processo de formação de noções e programas políticos globais também não pode ser concentrado em um único líder.

Como afirma Bauman:

> "Globalização" representa uma série de processos vistos como autopropagáveis, espontâneos e erráticos, sem ninguém sentado à mesa de controle e sem ninguém fazendo planejamentos, deixados por si mesmos para tomar conta dos resultados em geral. Devemos dizer, com certo exagero, que o termo "globalização" representa a natureza desordenada dos processos que ocorrem acima do "fundamentalmente coordenado" território administrado pelo "mais alto nível" de institucionalização do poder, isto é, os Estados soberanos.[53]

---

51. Emmer de Vattel definiu equilíbrio de potência como: "um arranjo de relações tal que nenhum Estado pode ficar em uma posição de controle absoluto e dominação sobre os outros." Id., *Law of Nations or Principles of the Law of Nature Applied to the Conduct and Affairs of Nations and Sovereigns*, Washington, Carnegie Institute of Washington, 1916, p. 251, Livro III, Cap. III, seção 47.

52. Hedley Bull definiu *nuclear detterence* como uma situação de equilíbrio internacional baseado no temor recíproco que um Estado possui em relação ao poderio nuclear do exército de outro Estado, de modo que para que a *nuclear detterence* se consolide de fato é necessário que um Estado A comunique a um Estado B sua intenção de atacar, caso esse não suspenda uma certa ação em curso, e que o Estado B reconheça essa ameaça e suspenda a ação, mesmo que lhe seja possível agir em sentido diverso. Cf. Hedley Bull, *op. cit.*, pp. 137-42.

53. Zygmunt Bauman, *Individualized Society*, Cambridge, Polity Press, 2001, p. 34.

A contínua transferência para a ordem internacional da competência para tratar de assuntos como guerra e paz, proteção do meio ambiente, desenvolvimento econômico, repreensão ao crime internacional e, sobretudo, organização das estruturas fundamentais do Estado – já que no século XX se afirmou universalmente a ideia de Estado-nação como sendo liberal, democrático e administrado sob o princípio do Estado de direito (*rule of law*) – tornou possível imaginar, até mesmo em um futuro a curto prazo, o Estado-nação exercendo apenas funções triviais, como uma espécie de política municipal, enquanto a política que antigamente tratava das questões "essenciais para a nação" agora se desenvolverá em nível internacional, ou, melhor dizendo, global. A política interna ruma para se restringir a assuntos práticos altamente específicos em cada sociedade e à moralidade, sendo o espaço determinado para discutir questões como aborto, eutanásia, direitos dos homossexuais, direitos dos animais, convivência multicultural, direitos das minorias e administração local do meio ambiente[54].

Não se pode negar que mudanças na tradicional estrutura organizacional do Estado-nação são inevitáveis. No entanto, a participação na cultura global e nos mercados mundiais está levando o mesmo modelo de exclusão social historicamente afirmado dentro dos Estados para a nova sociedade global. Registre-se um agravante: os graus de desigualdade são ainda maiores que os apresentados internamente nos Estados-nação, uma vez que não são mais apenas indivíduos que estão sendo marginalizados dentro de um Estado, mas sim Estados que estão sendo excluídos da economia global e, consequentemente, repassam para seus cidadãos os reflexos dessa desigualdade internacional.

Do ponto de vista político, o problema se apresenta ainda mais cruel: como se não fosse suficiente estarem cultural e economicamente à margem da sociedade global, os excluídos dos países (e os próprios países) não possuem

---

54. Paul Hirst; Grahame Thompson, *op. cit.*, p. 263.

voz ativa na comunidade internacional, pois ninguém quer ouvi-los; fazem parte daquele resultado infeliz que os defensores da globalização tentam não enxergar ou que, quando enxergam, oferecem a incerta e quase messiânica expectativa de que em "algum dia" eles virão a tirar bons frutos da globalização também.

No entanto, o atual contexto político-econômico mundial nos apresenta uma situação em que os pobres do Terceiro Mundo se veem abandonados pelos países ricos, estes que negociam cada vez mais entre si e com um seleto grupo de países recém-industrializados, como os Tigres Asiáticos e alguns latino-americanos. Diante disso, tanto os cidadãos dos países pobres como os dos ricos "estão confinados dentro das fronteiras dos Estados, forçados a olhar os seus países como comunidades de destino e a procurar soluções dentro dos limites das suas residências"[55].

Conjuntamente ao problema da desigualdade social em nível internacional, as teses universalistas apresentam uma tendência a concentrar excessivamente o poder político nas mãos do Estado supranacional. Dois dos maiores problemas que o Estado moderno enfrenta, desde a sua criação no século XVI, são as dificuldades de se desburocratizar e de se democratizar. Tanto a criação de expedientes processuais e procedimentais que facilitem o acesso do cidadão às funções do Estado quanto a intensificação da participação dos cidadãos na atividade política são tarefas que desde o Estado mais atrasado até ao Estado mais desenvolvido socioeconomicamente têm dificuldades de implementação. Considerando que os Estados nacionais possuem uma base geográfica e um contingente populacional incrivelmente restrito se comparado com a população da Terra, não é difícil imaginar que um Estado mundial democrático e de fácil acesso seja algo quase impossível nos dias atuais. Mesmo que consideremos como partícipes dessa democracia global somente os Estados, ainda assim teremos de en-

---

55. Paul Hirst; Grahame Thompson, *op. cit.*, p. 268.

frentar o problema do *lobbying* que as grandes potências farão na administração desse Estado supranacional e a dificuldade que os pequenos Estados terão para participar sem ter grandes ofertas a apresentar. Além disso, diante do fato de que os Estados Unidos possuem direito de veto no Conselho de Segurança da ONU e são o único país que possui esse direito no FMI, seria possível crer que eles aceitariam ter isonomia, isagoria e isotimia (para relembrar os direitos dos cidadãos na democracia da antiga Atenas) em relação a países de expressão econômica e populacional – sem mencionar aspectos militares – excessivamente pequena como Lesoto, Montenegro e Swaziland? É pouco provável.

Enfim, as desigualdades políticas, sociais e econômicas existentes dentro e fora dos Estados invalidam teses universalistas que proponham uma conexão político-jurídica direta entre Estados nacionais e Estado supranacional, a ponto de Danilo Zolo fazer a seguinte comparação: "[U]m poder político fortemente concentrado em instituições supranacionais, na presença de crescentes disparidades econômicas e sociais e de um correspondente aumento da conflitualidade, não poderia deixar de assumir os traços de um Leviatã planetário violentamente repressivo e antidemocrático."[56]

1.4. As guerras na sociedade global

Se a globalização fez com que as culturas se aproximassem, que os mercados nacionais e internacionais aumentassem o grau de integração entre si, que tradicionais conceitos e noções políticas do Estado moderno se tornassem cada dia mais contestados, não restam dúvidas de que os reflexos da globalização em termos militares foram igualmente – ou ainda mais – intensos. Poucas foram as noções militares que continuaram as mesmas, uma vez que desde

---

56. Danilo Zolo, *Cosmopolis*, Milano, Feltrinelli, 2001, pp. 165-6.

o conceito de guerra, que foi por completo desnaturado no século XX, até o grau de aperfeiçoamento da disseminação de armas de guerra, seja entre países (*horizontal spread*) ou entre países e grupos paramilitares (*vertical spread*), tudo mudou em um ritmo frenético. O mercado ilegal de armas, que há cem anos não se constituía em um problema internacional de grande magnitude, profissionalizou-se a ponto de banalizar o uso de fuzis e armas leves que até poucas décadas atrás eram de uso exclusivo dos grandes exércitos mundiais.

Por estas razões e, sobretudo, pela consolidação da noção de guerra global no léxico internacional, é necessário que façamos algumas breves considerações sobre esta outra dimensão da globalização.

Concomitantemente à formação do Estado moderno – e, talvez, como consequência disso –, podemos encontrar uma modificação essencial no desenvolvimento histórico do conceito de guerra: a passagem da guerra antiga para a guerra moderna.

Até a Paz de Westphalia, em 1648, que encerrou a Guerra dos Trinta Anos, a influência religiosa sobre as causas de uma guerra costumava ser preponderante no momento de se optar ou não por iniciar o conflito. Nesse sentido, tornaram-se famosas as Cruzadas: uma modalidade de guerra, ou melhor, de "vingança privada" (*faida*[57]), que não tinha como causa maior qualquer questão política, mas sim a afirmação da *auctoritas spiritualis* da *Respublica Christiana* e da justiça cristã sobre os infiéis e seus territórios – note-se que a terminologia "infiel" simplesmente desconsiderava a possibilidade de existir uma religião diferente da católica. O

---

57. "Falando a verdade, também sobre este assunto durante muito tempo preponderou a opinião de que este aspecto da *faida*, por completo estranho ao pensamento moderno, nada mais seria do que a expressão da máxima segundo a qual a força prevalece sobre o direito, que a *faida* seria o 'direito do mais forte', isto é, um princípio de pura violência." Otto Brunner, *Land und Herrschaft. Grundfragen der territorialen Verfassungeschichte Österreichs im Mittelalter*, Viena, 1965, trad. it. *Terra e potere*, Milano, Giuffrè, 1983, p. 14.

papa era considerado detentor de uma *potestas spiritualis* que deveria ser imposta a todos os povos que não reconhecessem sua legitimidade. A *Respublica Christiana* presumia-se como detentora de uma integralidade cognitivo-espacial total, capaz de englobar o terreno e o transcendente, fazendo com que todas as insurreições existentes dentro dos seus territórios não pudessem ser havidas como guerras, mas como uma *faida* conduzida por infiéis, em vez de inimigos[58].

Com a Guerra dos Trinta Anos, deflagrou-se um conflito de fundo religioso entre o Imperador Habsburgo, do Sacro Império Romano-Germânico, o qual era católico, e as cidades-Estado comerciais, notadamente luteranas e calvinistas, situadas ao norte da Alemanha[59]. Somente após a quase generalização da guerra na Europa, com a entrada no conflito de países escandinavos, como Suécia e Dinamarca, e o desgaste econômico, político e militar de todas as partes envolvidas, é que conseguiram chegar a um acordo final: a partir daquele momento, a liberdade religiosa seria considerada um direito próprio do Estado e decorrente da sua soberania.

---

58. "As guerras internas, limitadas, não destruíam a unidade da *respublica christiana*, mas eram 'vinganças privadas' (*faide*), no sentido de afirmações do direito, realizações concretas deste, ou ainda ativações de um direito de resistência, e ocorriam sempre no quadro de um único ordenamento abrangente, capaz de compreender ambas as partes em conflito. Isto significa que estas não dissolviam e não negavam por completo este ordenamento abrangente comum." Carl Schmitt, *Der Nomos der Erde im Völkerrecht des Jus Publicum Europaeum*, Berlin, Duncker & Humblot, 1974, trad. it. *Il nomos della terra nel diritto internazionale del Jus Publicum Europaeum*, Milano, Adelphi, 2003, p. 42.

59. Para ulteriores estudos sobre este assunto, ver Amos S. Hershey, "History of Law since the Peace of Westphalia", *in American Journal of International Law*, 6 (1912), 1, pp. 30-69; Kenneth Colegrove, "Procedure Preliminary to the Congress of Westphalia", *in American Journal of International Law*, 13 (1919), 3, pp. 450-82; Leo Gross, "The Peace of Westphalia, 1648-1948", *in American Journal of International Law*, 42 (1948), 1, pp. 20-41; Chris Brown, *Sovereignty, Rights and Justice*, Cambridge, Polity Press, 2002; Danilo Zolo, *I signori della pace*, Roma, Carocci, 1998; Otto Brunner, *Land und Herrschaft*, trad. it. cit.; e Antonio Cassese, *International Law*, Oxford, Oxford University Press, 2001.

Com isso, tanto as guerras entre povos quanto as guerras civis de caráter religioso perderam seu fundamento de legitimidade política e consequentemente cessaram na Europa. Carl Schmitt considerou a laicização do conceito de guerra "a superação da prepotência confessional, que no curso das guerras entre facções religiosas dos séculos XVI e XVII forneceu os motivos da pior crueldade e da degeneração da guerra em guerra civil"[60].

A noção de guerra moderna surgiu a partir de uma perspectiva laica, mas não abandonou por completo a doutrina do *bellum justum*[61]. Esta determinava que a guerra era proibida e um Estado somente poderia declará-la se tivesse alguma justa causa para tanto, ainda que os conceitos de justo fossem subjetivos e uma eventual guerra injusta pudesse ser encerrada somente com o recurso a outra guerra. Sob o aspecto formal, a guerra justa estava condicionada pela autoridade da Igreja, enquanto, sob o aspecto material, ela era uma conduta *ex justa causa* destinada à afirmação externa de determinadas pretensões jurídicas próprias de um sistema jurídico interno, mas sem levar em consideração se tal guerra é de agressão ou de defesa[62]. Basicamente, a doutrina da guerra justa, ao contrário de permitir que vencesse aquele que tivesse razão no conflito, somente se prestava para dar razão a quem vencia[63].

Com a perda de poder da Igreja Católica em relação ao Estado e com a transformação do seu poder de *potestas spiritualis* em *potestas indiretas*, as causas da guerra deixaram de ser legitimadas pela *potestas spiritualis* – ainda que em alguns casos isto fosse somente um argumento retórico,

---

60. Carl Schmitt, *op. cit.*, p. 164.
61. A expressão *bellum justum* possui origens no antigo direito romano, tanto que Cícero já fazia referência a ela como uma guerra legítima que tinha por objetivo submeter aqueles que fossem contrários ao ordenamento (romano) político e jurídico vigente. Cf. Luigi Loreto, *Il bellum justum e i suoi equivoci*, Napoli, Jovene, 2001, pp. 17-9.
62. Carl Schmitt, *op. cit.*, p. 133.
63. Norberto Bobbio, *Il problema della guerra e le vie della pace*, Bologna, Il Mulino, 1997, p. 59.

pois servia apenas para disfarçar propósitos políticos e econômicos – e começaram a decorrer de situações objetivas. A racionalização dos fundamentos que justificavam um Estado que desejava entrar em guerra contra outro é o momento em que o conceito de guerra moderna, de acordo com a nossa compreensão, torna-se mais claro de ser visualizado materialmente. Da mesma forma que os europeus, entre os séculos XV e XVII, buscaram fundar na "razão" os fundamentos que os distinguiam dos selvagens das Américas, esta será também uma das principais referências para definir quando uma guerra é justa e quando não o é[64].

Além de a guerra passar a ser concebida como um ato racional de retribuição/reação, a sua versão moderna trouxe consigo a doutrina do *jus ad bellum* e do *jus in bello*. À possibilidade de um Estado que foi violado em sua soberania reagir por intermédio da guerra contra o ofensor foi atribuído o nome de *jus ad bellum*. Diferentemente de se discutir qualquer conceito de justiça, como na doutrina do *bellum justum*, neste caso basta que o Estado tenha sua soberania violada para que ele já possa alegar *jus ad bellum* contra o agressor. Já no século XIX, com a consolidação de um *jus publicum Europaeum* (até então único direito internacional reconhecido), surgiu também a possibilidade de qualquer Estado soberano membro deste ordenamento sustentar o seu *jus ad bellum* como causa para intervir formalmente nas deliberações e negociações diplomáticas concernentes a uma guerra que esteja se desenvolvendo em solo europeu ou que envolva um Estado deste continente[65].

No que concerne ao *jus in bello*, pode-se afirmar que foi uma tentativa do *jus publicum Europaeum* de, no século XIX, formalizar a guerra mediante procedimentos e condutas

---

64. "A racionalidade foi uma forma de olhar o mundo em que o significado de um ato deriva inteiramente da sua utilidade. Dentro do quadro da racionalidade prática, todos os meios de buscar fins desejados são vistos como 'técnicas' ou 'estratégias', em vez de sistemas de valores aos quais se adere com base em padrões éticos." Christopher Coker, *The Future of War*, London, Blackwell Publishing, 2004, pp. 26-7.

65. Carl Schmitt, *op. cit.*, p. 236.

mínimas que os participantes da guerra deveriam adotar, fazendo com que a noção de *bellum justum* perdesse a significância de outrora[66]. Segundo D. Zolo, "a guerra passa a ser ritualizada por uma série de procedimentos diplomáticos, como a declaração de guerra e a pactuação de paz"[67]. Como consequência disso o *jus in bello* – chamado por E. Vattel de *guerre en forme*[68] – posteriormente passou a ser tratado como um ato com repercussões jurídicas e capaz de gerar responsabilização criminal para os líderes políticos[69].

Bobbio definiu o sentido eminentemente formal do *jus in bello* a partir de uma perspectiva jusnaturalista, ressaltando que o direito internacional não regula a causa da guerra, mas sim a sua conduta, independentemente da causa: "[E]m relação à causa da guerra, cada Estado não possui limites jurídicos (de direito positivo), mas apenas morais (ou de direito natural); em relação à conduta da guerra, possui limites também jurídicos, isto é, estabelecidos por um direito vigente na comunidade internacional à qual ele pertence e que tenha contribuído a produzir."[70]

---

66. "Justa no sentido do direito internacional europeu da época interestatal é, para tanto, qualquer guerra interestatal que seja conduzida por exércitos militarmente organizados pertencentes a Estados reconhecidos pelo direito internacional europeu, no solo europeu e segundo as regras do direito bélico europeu." Carl Schmitt, *op. cit.*, p. 168.

67. Danilo Zolo, *Globalizzazione*, cit., p. 119.

68. "A primeira regra daquele direito, respeitando o assunto em consideração, é que a guerra regular, bem como os seus efeitos, deve ser tomada como justa para ambos os lados. (...) Assim, os direitos fundados no estado de guerra, a ilegalidade dos seus efeitos, a validade das suas aquisições feitas por armas, não dependem, externamente e dentro da humanidade, da justiça da causa, mas da legalidade dos meios em si mesmos — isto é, em tudo um requisito para constituir uma guerra regular. Se o inimigo observa todas as regras de uma guerra regular (ver Cap. III deste Livro), nós não estamos autorizados a acusá-lo de ser um violador do direito dos povos. Ele tem as mesmas pretensões por justiça que nós mesmos temos; e todos os nossos recursos dependem da vitória ou da acomodação." Emmer de Vattel, *op. cit.*, Livro III, Cap. XII, § 190.

69. Kalevi J. Holsti, *Peace and War: Armed Conflicts and International Order 1648-1989*, Cambridge, Cambridge University Press, 1998, p. 228.

70. Norberto Bobbio, *Il problema della guerra e le vie della pace*, cit., p. 64.

Não obstante as tentativas de distinguir claramente entre combatentes e civis, de modo que fosse dada proteção a estes mesmo pelos exércitos inimigos, proibindo ataques contra alvos humanos ou físicos que possuíssem relação com a população civil, as guerras do século XX produziram profundas modificações nas construções teóricas e jurídicas que sustentavam o conceito de guerra moderna. As bombas nucleares de Hiroshima e Nagasaki, lançadas, respectivamente, dias 6 e 9 de agosto de 1945, representaram o fim de qualquer possibilidade de ética na guerra, do respeito pelos civis (que muitas vezes já são vítimas dos seus próprios regimes), do respeito pelo *jus in bello* e, até mesmo, o fim do próprio conceito de guerra moderna. O objetivo da estratégia militar nuclear se tornou então um paradoxo em si: ao mesmo tempo que os armamentos nucleares haviam abolido a guerra física, eles não foram suficientes para produzir a paz[71].

Característica inerente à guerra é o conflito, a batalha, aquilo que Hobbes definia como *act of fighting*[72]; entretanto, a guerra nuclear não representa o conflito, o ato de batalha, mas a aniquilação. Na possibilidade da ocorrência de um conflito nuclear entre Estados que são potências nucleares, não se pode falar em guerra: não haverá combate ou batalha com a finalidade de uma parte conquistar a outra; o conflito dará espaço a breves momentos de decisão e ataque que terão como fim mais provável o extermínio recíproco.

Após o surgimento da possibilidade de uma guerra nuclear, a tutela internacional da guerra passou a ganhar um responsável: o Conselho de Segurança da ONU. O temor

---

71. Paul Hirst, *War and Power in the 21st Century. The State, Military Conflict and the International System*, Cambridge, Polity Press, 2001, pp. 36-7.
72. "Pois a guerra não consiste apenas na batalha, ou no ato de lutar, mas naquele lapso de tempo durante o qual a vontade de travar batalha é suficientemente conhecida. Portanto, a noção de tempo deve ser levada em conta quanto à natureza da guerra, do mesmo modo que quanto à natureza do clima." Thomas Hobbes, *op. cit.*, pp. 185-6.

de um conflito nuclear fez com que a comunidade internacional passasse a estar vinculada às decisões deste órgão; até mesmo o direito de guerra como represália passou a estar condicionado a uma manifestação do Conselho de Segurança, este que, segundo a Carta das Nações Unidas é o legítimo protetor da *international peace and security*[73]. Assim, as intervenções militares da ONU em países em guerra marcaram em definitivo o fim da guerra moderna. Ao despersonalizarem em sentido estrito o conflito e seus interessados, passando à comunidade internacional o interesse genérico no encerramento da crise e no retorno à paz, esta modalidade de intervenção militar fez com que toda guerra fosse um assunto de interesse internacional. É o começo da guerra global.

Além do aspecto normativo imposto pela Carta das Nações Unidas, o 11 de setembro de 2001 trouxe para a arena internacional um outro tipo de agente que até então era inédito no campo militar: os grupos paramilitares desprendidos de bases territoriais e cujos ataques variam de acordo com as necessidades e possibilidades do grupo. A angústia de necessitar dar uma resposta à opinião pública e ao mesmo tempo não saber quem atacar, como se o inimigo fosse um fantasma, fez com que os Estados Unidos e seus aliados invadissem o Afeganistão, neste mesmo ano, sem ter provas de que este país possuía relação com os ataques do 11 de setembro ou estivesse protegendo grupos terroristas, e atacassem o Iraque, em 2003, sob o argumento de que este seria uma possível ameaça com as armas de destruição em massa que supostamente estaria construindo. No Afeganistão encontraram nada mais do que um país em condições socioeconômicas miseráveis e no Iraque não encontraram nada que se assemelhasse a armas de destrui-

---

73. O art. 51 da Carta das Nações Unidas apresenta como única exceção a este postulado a possibilidade que um Estado seja obrigado a resistir a um ataque militar desferido por um outro Estado contra o seu território ou a sua população.

ção em massa, restando apenas a imagem de que o governo Bush Jr. se aproveitou de um momento de fragilidade emocional do seu país para justificar a invasão do Iraque e sua posterior transformação em uma espécie de colônia de exploração pós-moderna a serviço dos patrocinadores das campanhas de Bush Jr. e dos seus familiares – quase todos, tanto patrocinadores quanto parentes, envolvidos no ramo do petróleo –, além dos demais interessados em "investir" nesse novo mercado.

A dificuldade de muitas vezes definir os agentes envolvidos no conflito, como naqueles decorrentes de ataques terroristas, a forte presença da comunidade internacional estabelecendo padrões jurídicos e morais de conduta para evitar a guerra, somado ao alto grau de desenvolvimento dos armamentos militares, produziram a globalização da guerra e a sua transformação em um evento de complicações nunca visto antes na história.

A expressão *global war on terrorism (GWOT)*, criada pelo governo estadunidense em sequência aos ataques do 11 de setembro, resume com precisão o momento em que o conceito de guerra perde sua matriz estatal e passa a ser global. No atual contexto, a definição de uma parte presente no conflito – os Estados Unidos e seus aliados – não corresponde necessariamente à definição do inimigo, pois a crescente fragmentação do inimigo em células paraestatais impede que se fale em guerra no mesmo sentido que até então se falava.

A primeira consequência disso foi a tentativa de manutenção da noção de guerra moderna, em que existem Estados nacionais como os principais – se não únicos – atores capazes de interagir ativamente no conflito, mediante as guerras iniciadas pelos Estados Unidos contra o Afeganistão (2001) e o Iraque (2003). Com base em supostas alegações de que esses dois países possuiriam relação com os ataques do 11 de setembro, os Estados Unidos e seus aliados iniciaram guerras no mesmo padrão da guerra moderna. Todavia, bastaram que poucos anos se passassem para se tornar notório que tanto Afeganistão quanto Iraque não possuíam qualquer relação causal sustentável no plano lógico-racional com os ataques do 11 de setembro. Em sequência à guerra no Iraque e à dominação política estabelecida diretamente pelos Estados Unidos naquele país, iniciou-se um processo de "desestatização" da compreensão de inimigo dos Estados Unidos. A afirmação do modelo de grupo paramilitar adotado pelo Al Qaeda, no final do século XX, representou uma alternativa político-militar a todos os grupos de radicais islâmicos que desejassem fazer frente ao Ocidente. A grande dificuldade de definir a base territorial, seja dos componentes do grupo, seja dos seus recursos financeiros, fez esses grupos se tornarem uma espécie de *transnational companies* do terrorismo, em especial devido à facilidade de trocar de país e de realizar ataques (de pequena e grande proporção) nos mais diversos locais. Recorde-se que, em termos logísticos, os grupos terroristas islâmicos se valem substancialmente de tecnologias próprias do Ocidente, como a internet, os armamentos bélicos e o mundialmente interligado sistema financeiro. Consequentemente, disto resultou uma característica muito significativa da guerra contra o terrorismo: a *não territorialidade* do inimigo[74]. Um grupo como o Al Qaeda não é uma organização localizável e rigidamente hierarquizada, mas um conjunto de redes sobrepostas, dispersas e não territoriais, cujos membros vivem em uma multidão de países, o que reforça as redes transversais e acentua a sua não territorialidade[75]. Assim, a reação ao inimigo não pode mais ser como em uma guerra convencional entre Estados, pois globalizaram a guerra.

A guerra global parece ser um dos efeitos da globalização que mais flagrantemente mudaram a forma como a política mundial se expressa. A guerra se afirmou, ao longo da história, como instrumento de busca ou realização de objetivos políticos. Clausewitz dizia que a guerra é "nada mais

---

74. Cf. Alain de Benoist, *Terrorismo e "guerre giuste"*, Napoli, Guida Editore, 2007, p. 66.
75. Cf. *Ibidem*.

do que um duelo em uma escala extensiva"⁷⁶ e que possui como objetivo final "compelir nosso oponente a cumprir a nossa vontade"⁷⁷. Porém, quando a guerra se tornou globalizada, muitos dos objetivos políticos, seja de Estados ou de agentes paraestatais, só passaram a encontrar forma de serem sustentados por meio do recurso a expedientes de guerra como meio ordinário de expressão da vontade. Isto é consequência do fato de ser a guerra global uma verdadeira "guerra civil mundial"⁷⁸ incapaz de fazer qualquer distinção entre interno/externo, público/privado, estatal/não estatal e militar/civil, uma vez que toda noção de fronteira ou confins já se encontra esvaída.

Não se pode falar em terceira guerra mundial, por não ser o conflito constante, permanente, com agentes estatais e objetivos definidos, e sobretudo com um início claramente definido. A guerra global mais se assemelha aos caracteres do "estado de nações" (*state of nations*) idealizado por Hobbes, ou seja, a um verdadeiro estado de natureza entre nações⁷⁹. Cabe referir que uma contraditoriedade deste pro-

---

76. Carl von Clausewitz, *On War* (1832), Harmondsworth, Penguin, 1968, pp. 118-9.
77. Carl von Clausewitz, *op. cit.*, p. 119.
78. Carlo Galli, *Guerra Globale*, Roma/Bari, Laterza, 2002, p. 68, afirma que a guerra global é, de fato, uma guerra civil mundial no sentido em que ela é "diferente de uma guerra civil tradicional porque não é interna a um Estado, e não é, menos ainda, na sua essência mais significativa, uma guerra entre dois Estados (Estados Unidos e Afeganistão), nem entre um Estado e um não Estado (Estados Unidos e Al Qaeda); ela é, pelo contrário, o conflito entre duas funções globais, entre duas redes sobrepostas mais do que em contraste, entre um Império e um não Império que não possuem confins em comum, mas que penetram um no outro, ambos em busca de uma identidade legitimada politicamente".
79. Não obstante o fato de que o sistema internacional tenha um nível moral mínimo reconhecido dentro do sistema, e também o direito positivo internacional possa ser entendido como um – parafraseando Kelsen – "direito rudimentar", deve-se sublinhar que, de fato, algumas características do estado de natureza hobbesiano se apresentam no atual contexto das relações internacionais, como, por exemplo, o medo constante, o conflito de interesses, o altruísmo limitado pela necessidade de satisfazer os próprios interesses, a falta de uma ideia de justiça reconhecida por todos, a antecipação como meio de ataque e também de "legítima defesa preventiva".

cesso reside no fato de que o estado de natureza é um momento pré-estatal – pré-societário, inclusive – e que estamos vendo se repetir no momento de maior desenvolvimento científico da história da humanidade e de maior aproximação cognoscitiva entre os mais distantes povos. É como se a política internacional pós-moderna estivesse se desenvolvendo de modo inversamente proporcional ao resto do desenvolvimento da humanidade. Outra contraditoriedade deste novo e globalizado conceito de guerra decorre da ausência de *logos*, de comunicação, entre os agentes em conflito[80]; ainda que a globalização seja notadamente caracterizada pela difusão da informação e pela possibilidade de contato intercultural (que deve necessariamente ser comunicacional), não existe espaço para comunicação entre os agentes que se encontram teologicamente separados dentro do universo da guerra global. Um dos pressupostos de qualquer processo comunicacional é a possibilidade de se questionar as máximas (os primeiros princípios) do discurso. No entanto, a universalização e a absolutização das máximas que são colocadas como respostas para questões metafísicas – questões estas que vão desde a antropologia até a política – fazem com que a orientação religiosa dos envolvidos no conflito termine por impedir que o diálogo seja sequer iniciado.

Um dos mais elementares conceitos vinculados à noção de guerra é a ideia de "inimigo"; aquele que materializa e personaliza aquilo contra o qual nós estamos combatendo[81]. Mediante a dialética relação de tese e antítese es-

---

80. Segundo Carlo Galli, *op. cit.*, p. 28: "A teologia extrema, ao contrário, não conhece *logos*, não comunica, não tem nada a dizer ao outro; com a muda evidência da mensagem terrorista o extremista não quer tolerar ninguém, e nem mesmo converter, ou entrar em tratativa: quer somente afirmar a própria existência e ao outro a inexistência. A palavra, a capacidade de comunicação, foi a primeira vítima da violência terrorista, que gerou dois campos adversos, duas identidades que não conseguem nem sequer conversar."

81. "Não é necessário que o inimigo político seja moralmente ruim, ou esteticamente feio; ele não deve necessariamente se apresentar como concor-

tabelecida com o inimigo, podemos definir nos pormenores quais são os nossos reais propósitos no conflito. C. Schmitt dizia que o inimigo "não é algo que se deva eliminar por qualquer motivo, ou que se deva exterminar pelo seu desvalor. O inimigo se situa no mesmo plano que eu. Por esta razão devo me confrontar com ele: para adquirir a minha medida, o meu limite"[82].

Entretanto, a realidade da guerra global removeu todas as possibilidades de que as partes envolvidas no conflito possam distinguir entre amigo/inimigo, pois nenhuma declaração de guerra[83] foi proclamada por ninguém contra nenhum outro agente determinado. A volatilidade que caracteriza a globalização faz da própria condição de inimigo algo também volátil, permitindo que este interaja no conflito somente quando desejar. Isto faz com que, dentro deste contexto de guerra global, as precisas definições de "eu" e "outro" tornem-se algo absolutamente irrelevante, assim como ocorre com a distinção entre "amigo" e "inimigo"; isto nos permite reconhecer que é a mera existência de uma linha subjetiva separando duas grandes zonas de influência ideológico-cultural – notadamente orientadas pelos valores judaico-cristãos de um lado contra os axiomas do Islã – que

---

rente econômico e talvez possa também parecer vantajoso com ele realizar negócios. Ele é simplesmente o outro, o estranho (*der Fremde*), e basta à sua essência que ele seja existencialmente, em um sentido particularmente intenso, qualquer coisa de diferente e de estranho, de modo que, no caso extremo, sejam possíveis com ele conflitos que não possam ser decididos nem por meio de um sistema de normas preestabelecidas, nem mediante a intervenção de um terceiro 'desonerado' e, por isso, 'imparcial'." Carl Schmitt, *Der Begriff des Politischen* (1927), Berlin, Duncker & Humblot, 1963, trad. it. *Le categorie del politico*, Bologna, Il Mulino, 1972, p. 109.

82. Carl Schmitt, *Theorie des Partisanen*, Berlin, Duncker & Humblot, 1963, trad. it. *Teoria del Partigiano*, Milano, Adelphi, 2005, p. 119.

83. De acordo com o nosso entendimento, a declaração de guerra feita pelo governo estadunidense logo após os atentados do 11 de setembro, afirmando que isto havia significado o início de uma *global war on terrorism*, parece não ser o suficiente para caracterizar o momento em que passamos da guerra moderna para a guerra global; este é um processo composto de vários fatores que vão além daquela declaração feita pelo governo estadunidense em 2001.

exerce a função de ponto derradeiro capaz de definir quem, ainda que circunstancialmente, encontra-se envolvido no conflito.

A dificuldade em definir quem é o inimigo gera também uma condição de absoluta insegurança nas populações daqueles países direta ou indiretamente envolvidos nele, como visto, por exemplo, nas guerras nos Bálcãs, no Afeganistão e Iraque. Como consequência desta dificuldade – ou impossibilidade – de caracterizar "civil", "militar" e "terrorista", somos forçados a concluir pela ocorrência nos dias atuais de situação símile àquela ocorrida a partir do século XVI, na Europa, em relação às guerras marítimas[84]: a definição do inimigo como sendo todo e qualquer agente que atue, sustente, colabore ou negocie com um Estado ou grupo inimigo. Neste sentido, Alain de Benoist fala precisamente de uma *privatização da guerra*, uma vez que hoje existem três modalidades de beligerantes não estatais: (1) civis que recorreram às armas para combater um Estado ou um regime político, (2) organizações criminosas que agora passaram a ter acesso a verdadeiros exércitos privados, como no caso dos narcotraficantes, e (3) exércitos privados de mercenários que colaboram com os exércitos permanentes dos Estados[85].

Na nossa já consolidada sociedade global, sem fronteiras e tendo a guerra global como um fenômeno permanente, o argumento "colaborar com o terrorismo" tem sido usado cada vez mais pelas principais potências do mundo, especialmente os Estados Unidos e a Inglaterra, para deter e investigar qualquer cidadão, inclusive aqueles do seu próprio país, sem apresentar denúncia formal e sem estabele-

---

84. "Na base da guerra marítima está, pelo contrário, a ideia de que devem ser atacados o comércio e a economia do inimigo. Em uma guerra deste tipo, inimigo não é apenas o adversário combatente, mas todo cidadão do Estado inimigo e, por fim, aquele neutro que comercializa com o inimigo e tem com ele relações econômicas". Carl Schmitt, *Land und Meer*, Maschke-Hohenheim, Köln-Lövenich, 1981, trad. it. *Terra e mare*, Milano, Giuffrè, 1986, p. 72.
85. Cf. Alain de Benoist, *Terrorismo e "guerre giuste"*, cit., p. 34.

cer limites temporais para a detenção[86]. Em vez de os novos horizontes apresentados pelos diversos processos de globalização produzirem ânsia por tempos melhores, vemos o homem global revivendo os mesmos medos que a imensidão do mar azul causou no homem moderno do século XVI.

O "inimigo absoluto", que segundo C. Schmitt[87] era algo a sempre ser evitado devido à impossibilidade de busca pela paz que tal absolutização causa, está agora imerso na abstração conceitual responsável pela definição das partes que compõem as duas zonas de influência religiosa que se encontram nas origens da guerra global. Assim, a mesma sutileza que define o "inimigo" será o parâmetro para a definição do "eu", fazendo do indivíduo da sociedade global – e, por consequência, da guerra global – uma existência vazia em busca de qualquer essência que seja capaz de responder às suas dúvidas e dar fim às suas angústias.

D. Zolo procede a uma acurada interpretação complexa da guerra global ao dividir esta expressão em subcategorias conceituais que possuem como finalidade analisar o fenômeno a partir de perspectivas epistemológicas próprias, mas sem que para isso seja necessário perder a dinâmica integrativa que caracteriza o conceito. Neste sentido, podemos resumir sua proposta de compreensão da guerra global em quatro contextos específicos[88].

---

86. Registre-se que a administração Barack Obama tem tentado abolir essa prática, ao longo dos dois primeiros anos de governo, fechando a prisão de Guantánamo e colocando muitos dos seus presos sob a jurisdição federal estadunidense.

87. "A inimizade torna-se tão terrível que talvez não seja mais possível nem sequer falar em inimigo e inimizade; ambos os conceitos estão absolutamente condenados e banidos formalmente antes que possam começar a obra de aniquilação. Esta se torna, portanto, por completo abstrata e absoluta. Não nos voltamos mais contra um inimigo, mas sim ao serviço apenas de uma suposta afirmação objetiva dos valores mais altos – pelos quais, notoriamente, nenhum preço é demasiadamente alto. Somente a negação da verdadeira inimizade absoluta pode abrir estradas à obra de aniquilação de uma inimizade absoluta." Carl Schmitt, *op. cit.*, p. 131.

88. Cf. Danilo Zolo, *Globalizzazione*, cit., pp. 121-30.

O primeiro deles é o geopolítico. Enquanto a guerra antiga e a guerra moderna apresentavam com clareza os atores envolvidos e estabeleciam os momentos de início e fim, a guerra global desconhece a localização de muitos dos seus atores, não possui data exata de quando começou e não apresenta a mínima perspectiva de que acabará cedo. Tanto a declaração de guerra quanto a declaração de paz foram esquecidas nesse novo contexto global[89].

O segundo aspecto da guerra global é o seu caráter sistêmico. Considerando que a ordem internacional é concebida como um sistema descentralizado, anárquico, no qual aquele que possui maior poder detém a condição de impor as regras para os demais membros, a função do governo estadunidense deveria necessariamente continuar existindo mesmo que os Estados Unidos perdessem tal condição, uma vez que o critério que determina a hierarquia é meramente baseado no poder.

O terceiro aspecto da guerra global é o normativo, caracterizado pelo total desprezo pelas instituições internacionais, pelas normas de direito internacional que tratam sobre a guerra e sobre direitos humanos, pelo procedimento de *jus ad bellum* e pela conduta *in bello* daqueles que pretendem ingressar ou começar uma guerra. Por não se submeterem a qualquer normatividade internacional, os grupos terroristas adotam medidas que violam todas as mais elementares noções de direito de guerra e dignidade da pessoa humana; como resposta, os Estados Unidos e seus aliados têm recorrido a meios não menos cruéis que os adotados pelos terroristas.

O quarto e último aspecto é o ideológico: as ambições estadunidenses não se restringem ao domínio cultural, eco-

---

89. "A declaração de guerra não era, portanto, um ato de agressão, em sentido incriminante ou descriminante, mas, pelo contrário, uma ação correta e a expressão da guerra em forma, da qual ilustramos a evolução em precedência (p. 178). Esta declaração de guerra se fundava na necessidade de uma forma jurídica e na ideia de que entre guerra e paz não existe um terceiro conceito. *Tertium non datur.*" Carl Schmitt, *Der Nomos der Erde*, trad. it. cit., p. 335.

nômico, político e militar, pois o maniqueísmo adotado pela política externa estadunidense do governo Bush Jr. fez com que a questão de fundo residisse em uma afirmação dos valores judaico-cristãos diante de qualquer religião que os negasse. Tratava-se da retomada de uma argumentação utilizada há quatrocentos anos quando a *Respublica Christiana* buscava afirmar sua *auctoritas suprema* sobre todos os povos. O argumento "eixo do Mal", cunhado pela administração Bush Jr., demonstrava que a humanidade encontra-se dividida entre fiéis e infiéis. Neste sentido, Carlo Galli fala em "teologia extrema", ou seja, "teologia apocalíptica": o fundamentalismo islâmico contra o fundamentalismo neoconservador de origem judaico-cristã[90].

Assim, ao ir além do âmbito político a guerra global se transformou em um conflito baseado em uma incompatibilidade entre concepções elementares, como ser humano, vida, morte, Deus e mundo, que distancia e entrincheira judeus, cristãos e muçulmanos. Está em jogo mais do que a função de *leadership* mundial: a identidade cultural dos povos está sendo ameaçada.

Como forma de garantia e proteção das conquistas – ou não seriam imposições? – do Ocidente dentro da comunidade internacional, as "guerras humanitárias", que se dizem em defesa dos direitos humanos, colocam-se como uma subcategoria da guerra global.

Depois de intervenções militares como as ocorridas no Iraque, em 1990, e nos Bálcãs, em 1997, afirmaram-se como causas de defesa armada do direito internacional humanitário a ocorrência de violações como o *apartheid*, a tortura, o genocídio, os tratamentos desumanos ou degradantes de minorias étnicas por parte de um Estado[91]. O paradoxal é

---

90. Cf. Carlo Galli, *op. cit.*, pp. 26-7.
91. Danilo Zolo, *Chi dice l'umanità*, Torino, Einaudi, 2000, p. 23, afirma que "por direito internacional humanitário se entende a tutela internacional dos direitos fundamentais do homem e, portanto, a repressão das suas mais graves violações, como o genocídio, os crimes contra a humanidade e os crimes de guerra, segundo uma tipologia que remonta ao Tribunal de Nuremberg".

que a solução adotada para resolver uma situação de crise interna em um Estado que esteja violando direitos humanos aponta para a intervenção militar, que nada mais é do que uma "guerra humanitária" cercada pelos mesmos riscos e incertezas de qualquer outra guerra[92]. Resumidamente, trata-se de encerrar um mal recorrendo a outro mal.

Conjuntamente à incerteza quanto aos resultados práticos que essas guerras podem apresentar, encontramos um problema de ordem eminentemente jurídica viciando a intervenção: há um princípio cogente de direito internacional, expresso em diversos documentos internacionais, em especial na Carta das Nações Unidas[93], de que somente a legítima defesa pode justificar uma ação militar contra outro país, ao passo que qualquer outro ato militar, como essas "guerras humanitárias", será ilegal do ponto de vista do direito internacional, pois existem meios pacíficos previstos na ordem internacional para a resolução de conflitos e a competência para decidir quanto à legitimidade do uso da força armada resta atribuída exclusivamente ao Conselho de Segurança da ONU[94] – este que aprovou apenas a primeira

---

92. Para justificar o conceito de "guerra humanitária", a ideia de "guerra justa" foi objeto de uma reavaliação positiva aos nossos dias por parte do filósofo estadunidense Michael Walzer, *Just and Unjust Wars*, New York, Basic Books, 1977, e id. *Arguing about War*, New Haven, Yale University Press, 2005.

93. Artigo 51: "Nada na presente Carta prejudicará o direito inerente de legítima defesa individual ou coletiva, no caso de ocorrer um ataque armado contra um membro das Nações Unidas, até que o Conselho de Segurança tenha tomado as medidas necessárias para a manutenção da paz e da segurança internacionais. As medidas tomadas pelos membros no exercício desse direito de legítima defesa serão comunicadas imediatamente ao Conselho de Segurança e não deverão, de modo algum, atingir a autoridade e a responsabilidade que a presente Carta atribui ao Conselho para levar a efeito, em qualquer momento, a ação que julgar necessária à manutenção ou ao restabelecimento da paz e da segurança internacionais."

94. Artigo 24: "A fim de assegurar uma ação pronta e eficaz por parte das Nações Unidas, os seus membros conferem ao Conselho de Segurança a principal responsabilidade na manutenção da paz e da segurança internacionais e concordam que, no cumprimento dos deveres impostos por essa responsabilidade, o Conselho de Segurança aja em nome deles."

guerra no Iraque, de 1990, e não autorizou tanto a ação nos Bálcãs quanto a segunda invasão do Iraque.

Ao comentar a invasão da Iugoslávia pela Otan, Ferrajoli delimita as incongruências deste tipo de guerra:

> A guerra "humanitária" da Otan, além de se configurar ela mesma como uma violação do direito internacional e constitucional, desenvolveu-se, de fato, com atos e modalidade – a garantia de imunidade para quem bombardeava ao custo de quotidianos e mortíferos erros "colaterais" – que violaram claramente os princípios do chamado direito humanitário de guerra, pertencente à tradição internacionalista anterior à Carta da ONU: ao direito internacional consuetudinário, à Convenção de Haya de 1907, às diversas Convenções de Genebra, sejam anteriores ou posteriores à Segunda Guerra Mundial. Entram entre tais violações os ataques aéreos da Otan que provocaram, como efeitos não desejados, mas por certo não imprevisíveis, centenas e talvez milhares de vítimas civis, culpadas somente de não terem conseguido se liberar de um regime despótico e criminoso.[95]

Partindo da ideia de que a racionalidade faz com que um ato possua estreita congruência com o fim que deseja alcançar, Ferrajoli questiona ainda a própria racionalidade das guerras humanitárias: "se este ato, além dos enormes custos de sofrimentos que diretamente produziu, não apenas é inidôneo, mas por completo contrário aos mais nobres fins declarados, então isto é irracional e irresponsável"[96].

Por enquanto, nos furtaremos de abordar a questão dos direitos humanos neste item, pois o faremos no devido momento. Por ora concluímos que dentro dos diversos processos de globalização encontramos, sem dúvida, a noção de guerra como um dos que mais sofreram abalos, chegando até a se desnaturar em relação aos conceitos de guerra antiga e

---

95. Luigi Ferrajoli, "Guerra 'etica' e diritto", in *Ragion Pratica*, 7 (1999), 13, p. 119.
96. Luigi Ferrajoli, *op. cit.*, p. 120.

guerra moderna. A guerra global colocou desafios à comunidade internacional que, segundo nosso entendimento, não serão resolvidos dentro da atual estrutura jurídica das relações internacionais. As guerras humanitárias são uma prova de que instituições jurídicas sólidas inexistem no âmbito da política internacional, restando somente ao livre-arbítrio dos Estados decidir quais conflitos civis são mais interessantes para uma intervenção militar e quais não são tão importantes. Quais as razões de o Oriente Médio ser uma região tão cobiçada pelos sucessivos governos dos Estados Unidos e dos seus aliados europeus, a ponto de meras suspeitas já justificarem ações militares? Qual a razão de os estadunidenses ignorarem as contínuas violações aos direitos humanos ocorridas no Tibet desde os anos 50 do século passado? Parece que a causa maior – para não dizer única – é a presença no Oriente Médio do petróleo e de outros recursos energéticos essenciais para a economia internacional. Quanto ao Tibet, um país que não possui abundância de recursos energéticos e se encontra submetido ao poder político-militar da China, resta conviver com a situação de ser desinteressante do ponto de vista econômico e, consequentemente, desmerecedor de tutela dos direitos humanos.

Essa autonomia decisional atribuída às grandes potências, sobretudo aos Estados Unidos, de escolher onde e quem invadir, e quais "normas" internacionais respeitar, expõe a fragilidade de um sistema que carece de integração política, efetividade normativa e, sobretudo, de uma estrutura institucional que dê dinamismo dialético à relação entre Estados nacionais e comunidade internacional.

1.5. A globalização como fenômeno cultural e educativo após a informatização das relações sociais

Não obstante o socialismo soviético ter caído por suas próprias pernas, existe, de fato, a coincidência de que o seu período de maior crise – e consequente falência – foi contemporâneo ao início daquilo que veio a ser chamado de "revolução informática"[97]. A facilidade de difusão da informação pelo globo terrestre fez com que não apenas os mercados financeiros do mundo pudessem estar em constante e intenso contato, como já ocorria desde a primeira metade do século XX, mas também tornou possível a aproximação entre povos e culturas cuja comunicação seria dificultosa, ou inviável, fisicamente.

É na formação de um processo de globalização cultural – semelhante à ideia de "aldeia global" (*global village*[98]) proposta por Marshall McLuhan – que nós pretendemos centrar o ponto de referência para o momento derradeiro de consolidação da globalização como fenômeno abrangente e não restrito a uma única dimensão da existência humana. Não questionamos a importância da globalização econômica para o próprio conceito genérico de globalização, mas tendemos a ver na questão sociocultural o elemento que possibilitou que se viesse a falar em globalização dos mais diversos setores do convívio humano.

Sem a integração das diversas culturas ocidentais e a diminuição – ao menos no plano cultural – da quase intransponível barreira historicamente existente entre Ocidente e Oriente, não teria sido possível aprofundar as relações econômicas e o desenvolvimento dos mercados com toda a intensidade que o início do século XXI está nos apresentando. Mesmo sendo a globalização econômica a mais debatida nos meios acadêmicos, aquela que talvez apresente as maiores dificuldades teóricas e práticas a serem resolvidas, e aquela que se foca naquilo que inevitavelmente dá expressão material à atividade produtiva, qual seja, o capital, não podemos olvidar que a história tem nos demons-

---

97. Danilo Zolo, *Globalizzazione*, cit., p. 50.
98. Marshall McLuhan, *Understanding Media*, New York, Mentor Press, 1964. Encontramos, também, James Joyce, *Finnegans Wake*, New York, Viking Press, 1939, e P. Wyndham Lewis, *America and Cosmic Man*, New York, Doubleday & Company, 1949, como referências para a origem do termo *global village*.

trado – em especial na época do mercantilismo e das grandes navegações – que não é possível negociar com quem não conhecemos, ou seja, é imperioso que exista, ou se desenvolva, algum grau de aproximação cultural que nos possibilite estabelecer trocas comerciais; caso contrário, somente o uso da força tornará possível tomar o que se deseja.

Desta forma, o nosso marco referencial para a consolidação da globalização no século XXI é o advento da "revolução informática".

Descrevendo o lento processo histórico que a globalização percorreu ao longo dos séculos, A. Sen sustenta que "a globalização não é um fato novo e não pode ser reduzida à ocidentalização. Por milhares de anos, a globalização contribuiu ao progresso do mundo, por meio das viagens, do comércio, das migrações, da difusão das culturas, da disseminação do saber (incluindo o científico e tecnológico) e do conhecimento recíproco"[99]. Segue ainda ressaltando que "estas interações são uma herança mundial, e a tendência contemporânea é coerente com este desenvolvimento histórico"[100].

Roland Robertson, em leitura semelhante à feita por A. Sen, entende a globalização não como um mero processo de ocidentalização do mundo ou uma espécie de "imperialismo pós-moderno", mas sim como o desenvolvimento de uma compreensão, temporal e espacial, do mundo como unidade complexa que possui agentes internos interdependentes entre si[101]. Robertson, ao tentar demonstrar como a globalização procedeu ao seu percurso histórico rumo ao momento atual de grande densidade e complexidade global das relações sociais, avança ainda mais em sua leitura sociológica quando divide este percurso histórico em cinco momentos: fase I – a fase embrionária, que vai dos séculos

---

99. Amartya Sen, *Globalizzazione e libertà*, trad. it. cit., p. 4.
100. *Ibidem*.
101. Roland Robertson, *Globalization. Social Theory and Global Culture*, cit., pp. 8-9.

XV ao XVIII e se caracteriza pela afirmação dos conceitos de indivíduo, humanidade e Estado-nação; fase II – a fase incipiente, desde meados do século XVIII até a década de 1870, quando o conceito de sociedade internacional, que até então era predominantemente um conceito europeu, passa a ter de se adaptar à admissão de sociedades não europeias ao referido conceito; fase III – a fase da decolagem, que dura desde 1870 a 1920; o surgimento da Liga das Nações representa bem este momento, uma vez que foi somente com este modelo de sociedade de nações que o conceito de sociedade internacional deixou de ser eminentemente europeu para buscar um sentido abrangente e universal; fase IV – a fase da luta pela hegemonia, que durou da década de 1920 até meados de 1960, tendo sido marcada pela Segunda Guerra Mundial e por conflitos de países que buscavam sua independência política – sobretudo africanos – diante de seus antigos conquistadores; fase V – a fase da incerteza, a última arrolada por Robertson, iniciou na década de 1960 e culminou na década 1990, foi marcada pelo fim da Guerra Fria, pelo multiculturalismo, pela afirmação de uma sociedade civil mundial, por discussões em torno de uma cidadania mundial e pela consolidação do sistema global de mídia, em especial após a revolução informática[102].

Em relação ao surgimento da globalização, aproximamo-nos das leituras históricas oferecidas por A. Sen e por R. Robertson[103] no sentido de demonstrar que a aproximação intercultural não é um fato novo, uma vez que paulatinamente as migrações e as grandes expedições mercantis foram superando distâncias e permitindo que culturas até então desconhecidas entre si pudessem estabelecer relações, no mínimo, de conhecimento. Acrescentamos, apenas, que nos processos de inter-relacionamento cultural, descritos

---

102. Roland Robertson, *op. cit.*, pp. 58-9.
103. David Held, Mike Featherstone, entre outros, sobretudo sociólogos, seguem esta mesma tendência aqui ilustrada com Amartya Sen e Roland Robertson.

por ambos os autores, as distâncias físicas se constituíam em óbices que, muitas vezes, figuravam entre as maiores razões para dificultar a interação – além de tais distâncias terem significado a principal causa do desconhecimento que uma cultura possuía da outra. O diferencial que o século XX viu surgir foi a formação de estruturas comunicacionais formadas em um ambiente virtual e capazes de interligar pessoas de todo o planeta ao mesmo tempo. O fato de as fronteiras territoriais dos Estados e as distâncias entre os povos terem sido superadas pela globalização representa o elemento decisivo para a afirmação deste processo frente a qualquer outro já surgido, uma vez que o seu efeito mais geral é "o de modificar a representação social da 'distância', de atenuar o relevo do espaço territorial e de redesenhar os confins do mundo sem, todavia, abatê-los"[104].

A relativização moral ocorrida no Ocidente e a posição da sociedade diante do indivíduo são fatores que colaboraram sobremaneira para que se pudesse pensar em uma "sociedade global". Depois que, a partir da década de 90 do século passado, a defesa do multiculturalismo se tornou quase uma consequência lógico-racional de qualquer teoria filosófica que reconheça a verificação empírica de uma globalização cultural na atualidade, a absolutização axiológica que a "sociedade" costumava fazer em torno de uma cultura, em especial dos princípios morais desta, tornou-se incompatível com o atual contexto de intensos relacionamentos interculturais. Bauman chega a comparar o comportamento da sociedade com o comportamento que era atribuído à ideia de Deus franciscano, do período tardomedieval, que Guilherme de Occam (Ockham) e os nominalistas criaram: uma entidade de natureza indeterminada, que deixou os homens livres de qualquer constrição para decidirem sobre sua natureza e destino, de acordo com aquilo que eles entendessem ser o melhor para suas vidas. Assim como seria este Deus franciscano, Bauman

---

104. Danilo Zolo, *Globalizzazione*, cit., p. 5.

entende que a sociedade hoje se apresenta "indiferente ao bem e ao mal"[105].

Somente com a consolidação, no início do pós-Segunda Guerra Mundial, da televisão no seio das sociedades ocidentais como meio de difusão de informação é que foi possível acelerar o processo de conhecimento e, até mesmo, de descoberta intercultural. Ainda que, inicialmente, a televisão tenha apresentado apenas um padrão de cultura, qual seja, o modelo capitalista da sociedade de consumo, com a difusão da tecnologia pelo mundo e o começo da formação de uma rede global de informação foram superadas as limitações de interatividade próprias da televisão e criadas condições técnicas para que as culturas pudessem se apresentar por meio das mídias e se representar na sociedade global.

As limitações apresentadas pela perspectiva unilateral que é própria da televisão, ou seja, apenas partindo do emitente da informação para o destinatário, sem que fosse dada a este a oportunidade de interagir imediatamente com aquele, foram superadas com a afirmação global da internet, ao longo da década de 1990. Com a rede mundial de computadores foi possível que as relações passassem a ser dialógicas e interativas, diferentemente do padrão comunicativo monológico apresentado pela televisão.

Anthony Giddens, após definir a globalização como um processo de intensificação, em nível global, das relações sociais entre localidades situadas a milhares de milhas de distância, afirma que este é "um processo dialético porque tais acontecimentos locais podem se deslocar em uma direção anversa às relações muito distanciadas que os modelam"[106]. As aproximações entre culturas distantes geograficamente se tornaram possíveis a partir do momento em que deixaram de existir barreiras físicas para a interação

---

105. Zygmunt Bauman, *Voglia di comunità*, Roma/Bari, Laterza, 2005, p. 130.
106. Anthony Giddens, *The Consequences of Modernity*, Stanford, Stanford University Press, 1991, p. 64.

multicultural e que o atraso na comunicação entre elas foi reduzido a meros segundos. A interatividade em *real time* oportunizada a todos aqueles agentes que desejassem – e pudessem – se conectar fisicamente à rede mundial de computadores representou o momento derradeiro no surgimento da globalização: a possibilidade de interligar o mundo todo em um ambiente virtual em que distâncias geográficas são irrelevantes.

Embora a globalização seja um fenômeno que *a priori* é materialmente vazio de conteúdo, constituindo-se apenas em instâncias de mediação dos relacionamentos entre povos distintos, estes que serão os verdadeiros responsáveis por atribuir conteúdo ao fenômeno, a aproximação intercultural oferecida pela globalização teve como primeiro resultado a afirmação do modo de vida ocidental como suposta referência universal. Resultado direto disso foi o surgimento de intolerâncias por parte de alguns movimentos sociais e políticos extremados, de várias partes do mundo, que fizeram com que a palavra "globalização" fosse estigmatizada como um mero artifício neoliberal que o Ocidente, mais exatamente os Estados Unidos, estaria usando para expandir o seu domínio pelo mundo.

Embora tais questões políticas já tenham sido abordadas oportunamente em outro momento (item 1.3, *supra*), deve-se, agora, chamar a atenção para o fato de que é próprio do ser humano a tarefa de dividir, distinguir, separar, classificar tudo que é levado ao seu conhecimento. O mesmo ocorre com as culturas. Bauman recorda que cultura "é a atividade de fazer distinções: de classificar, segregar, desenhar fronteiras – e assim dividir as pessoas em categorias internamente unidas pela similaridade e externamente separadas pela diferença; e de diferenciar os padrões de conduta determinados para os humanos alocados em diferentes categorias"[107].

São as noções de distinção e separação que permitem manter vivas as culturas, pois, se não fossem as categoriza-

---

107. Zygmunt Bauman, *The Individualized Society*, cit., p. 32.

ções e as classificações que cada cultura faz em relação a si própria, não seria possível aos indivíduos que a compõem distinguir entre quais alternativas optar quando for agir, entre quais valores escolher, enfim, entre escolher entre o certo e o errado, entre o bem e o mal. A inexistência de diferenciações importa na inexistência de distinções deontológicas entre o certo e o errado. São as culturas que devem proceder às diferenciações, uma vez que será dentro delas que os conceitos morais serão formados. Porém, já à sociedade global não cabe tal prerrogativa, pois ela deve se manter indiferente ao bem e ao mal, como o Deus tardomedieval que Bauman relembrou, sob pena de impedir que as culturas que interagem dentro dela percam sua originalidade e sua capacidade de representar suas idiossincrasias.

A unificação cultural, além de indesejável, é contrária ao processo natural de diferenciação cultural que nós podemos encontrar em todos os processos civilizacionais que a humanidade já produziu[108]. A própria noção de cultura implica afirmar a diferenciação como medida para que os indivíduos possam se autorreconhecer, seja como membros de uma comunidade ou como individualidades. Nos próximos capítulos, desenvolveremos a ideia de que somente em um ambiente com Estados nacionais conservados, mas adaptados às demandas sociais surgidas com a globalização, é que as culturas poderão continuar mantendo suas características próprias e, sobretudo, sua capacidade de se autorreproduzir.

---

108. A diversidade como fenômeno natural encontra uma precisa definição em Claude Lévi-Strauss, *Race et Histoire; Race et Culture*, Paris, Albin Michel e Unesco, 2001, p. 43: "E, no entanto, parece que a diversidade das culturas raramente tenha aparecido aos homens por aquilo que ela é: um fenômeno natural, resultante de relações diretas ou indiretas entre as sociedades; eles a observaram, antes de tudo, como uma sorte de monstruosidade ou de escândalo; nestas matérias, o progresso do conhecimento não consistiu, assim, em dissipar essa ilusão em proveito de uma visão mais precisa do que em aceitar ou encontrar um meio de se resignar." No mesmo sentido, ver também Ulf Hannerz, *Transnational Connections. Culture, People, Places*, London, Routledge, 1996, trad. it. *La diversità culturale*, Bologna, Il Mulino, 2001, pp. 91-2.

Dentre as questões que decorrem da globalização cultural, a aproximação formativo-educacional parece ser aquela cujos pontos positivos são incontestavelmente maiores que os negativos.

Desde o surgimento das Universidades, no século XI – sob o controle da Igreja católica –, até o início do século XX, a formação do conhecimento científico de alto nível esteve restrita aos europeus, estadunidenses e canadenses. Os indivíduos provenientes do "resto do mundo", caso desejassem estudar em alguma dessas instituições de grande prestígio, teriam de arcar com os altíssimos gastos das viagens transcontinentais e com a ausência de preparo das universidades de destino para receber esses estudantes – sem contar a própria má-vontade em receber estrangeiros que durante muito tempo caracterizou o sistema universitário europeu e estadunidense.

Aqui nós vamos encontrar o ponto em que, a partir da segunda metade do século XX, uma conjunção de fatores positivos permitiu a facilitação do processo de aceitação de estrangeiros nas universidades tradicionais da Europa e dos Estados Unidos, o que levou a estimular, consequentemente, o intercâmbio científico. Novos e cada vez menos custosos meios de locomoção, a criação de tratados internacionais, bilaterais ou multilaterais, versando especificamente sobre colaboração internacional para o intercâmbio estudantil, além de políticas públicas, por parte de países subdesenvolvidos, de estímulo e subsídio aos estudos daqueles cidadãos que desejassem – e apresentassem condições acadêmicas para – ir aprimorar sua formação em universidades de reconhecida qualidade internacional, tanto no Velho Continente quanto nos Estados Unidos, foram as principais características que fizeram com que a globalização atingisse, também, o âmbito educacional.

Entretanto, no início desse processo de integração educacional entre países subdesenvolvidos e os países que possuíam as grandes universidades, a democratização do conhecimento estava se dando apenas no sentido de criar uma cooperação internacional entre países que, em termos de integração educacional, eram totalmente distantes. Do ponto de vista dos países subdesenvolvidos, o começo dessa integração teve como características a falta de divulgação da informação para todas as camadas da população, a baixíssima oferta de possibilidades e vagas para estudo, e processos de "seleção" norteados para colocar somente a alta elite da classe dominante nas universidades estrangeiras. Foi o desenvolvimento dos meios de informação e a propagação da internet mesmo nas camadas mais pobres das populações que permitiram, conjuntamente ao aumento de oportunidades de estudo e surgimento de novas entidades financiadoras, levar a globalização educacional, fenômeno praticamente inexistente na primeira metade do século XX, a níveis de alta complexidade e difusão social.

O século XXI é caracterizado pelo alto – e crescente – grau de interação e intercâmbio tecnológico-educacional entre povos e culturas de todos os cantos do mundo. Tal situação faz com que os indivíduos possam buscar realizar seus estudos e até mesmo viver em culturas que mais se aproximam às necessidades e peculiaridades que cada indivíduo demanda. O fato de as fontes de informação para se conhecer povos e culturas diferentes serem cada vez mais numerosas, diversificadas e acessíveis fez com que o cidadão da era da informática não precise mais restringir as perspectivas para a sua vida a seu povo, a sua comunidade, a sua cultura, uma vez que lhe foi ofertada uma crescente variedade de possibilidades de destino para ir estudar, trabalhar, viver. Diante deste novo contexto, Bauman chega a afirmar que a "globalização pode ser definida de diversas formas, mas que a de 'revolta dos nômades' é tão boa ou melhor do que qualquer outra"[109].

Entretanto, esse novo contexto de globalização educacional e os próprios efeitos da revolução informática apresentam uma realidade que é peculiar àqueles povos que

---

109. Zygmunt Bauman, *op. cit.*, p. 35.

não conseguiram entrar na aldeia digital: o problema do *apartheid digital*. A outra face da moeda tem na precariedade de condições básicas de infraestrutura a característica mais marcante e, ao mesmo tempo, cruel. Stiglitz acentua que o que "separa os países desenvolvidos dos menos desenvolvidos não é apenas uma diferença em recursos, mas uma diferença em conhecimento, razão pela qual os investimentos em educação e tecnologia – amplamente vindos do governo – são tão importantes"[110].

Enquanto para os Estados Unidos, Europa, Japão e os "Tigres Asiáticos" o preço de equipamentos de informática de última geração encontra-se dentro da faixa média de preços de qualquer eletrodoméstico básico, ou seja, sem oferecer grandes empecilhos para sua aquisição pelo consumidor, em países subdesenvolvidos a tecnologia oferecida no mercado é, quase sempre, de segunda ou terceira geração; já os preços são excessivamente altos, quando comparados com o impacto financeiro que o mesmo produto representa nas finanças de um americano ou europeu. Assim sendo, o simples fato de possuir um computador já se transforma em um investimento de grande impacto no orçamento familiar. Como se não bastasse isso, o acesso à internet também se constitui, muitas vezes, em óbice para que o indivíduo possa estar conectado à rede mundial de computadores.

Quando nós observamos a situação da África e do Oriente Médio, os problemas tornam-se ainda mais graves. Segundo dados de março de 2010 do instituto de estatística *Internet World Stats*, de 1,733 bilhão de usuários que acessam a rede, somente 67,371 milhões estavam situados na África (esta possui uma população de 991,002 milhões de habitantes) e 57,425 milhões no Oriente Médio (este possui uma população de 202,687 milhões de habitantes); olhando em termos percentuais, ambas as regiões representam, respectivamente, 3,9% e 3,3 % do total de usuários espalhados pelo mundo.

---

110. Joseph Stiglitz, *Making Globalization Work*, cit., p. 28.

Além das causas já mencionadas, existe, em especial no Oriente Médio, uma censura forte por parte dos líderes políticos de países, como Líbia, Irã, Síria, Arábia Saudita, entre outros, que consideram a internet uma fonte de possíveis abalos a suas políticas internas e, até mesmo, à estruturação religiosa dos seus países. Em alguns Estados do continente africano o problema é semelhante, mas se torna agravado pelas grandes distâncias físicas e sobretudo pela precariedade da infraestrutura – é redundante mencionar que a falta de energia elétrica e linhas telefônicas são obstáculos materiais para o acesso à internet, mas no caso da África isso é uma realidade. Ainda que todas as capitais de países africanos já contem com acesso à internet, a dificuldade em levar a tecnologia às áreas interioranas permite que verdadeiramente se possa falar em *apartheid digital*.

Enquanto a aceleração da dinâmica das relações sociais é diretamente atingida pela interatividade em *real time* oferecida pela internet, vemos crescer, como observa D. Zolo, um "muro de Berlim imaterial"[111] que cria dois mundos distantes entre si: o dos globalizados e o dos excluídos digitais. O maior desafio criado pela globalização talvez seja o de permitir que todo esse imenso contingente de pessoas que possuem dificuldades hercúleas para se conectar à internet possa vir a ter a oportunidade de descobrir toda a diversidade de oportunidades oferecidas pela recém-nascida "sociedade global-digital". No entanto, para que esta democratização do acesso à internet seja possível, questões econômicas, políticas e jurídicas necessitarão ser resolvidas.

---

111. Danilo Zolo, *Globalizzazione*, cit., p. 63.

Capítulo 2
O conceito de soberania e o seu tácito processo de relativização

O conceito político-jurídico de soberania encontra-se intimamente vinculado à noção de poder político estatal, ou seja, o poder de comando máximo em uma sociedade política. No entanto, sua conceituação possui tantas variantes na história do Estado moderno que Carl Schmitt chegou a defini-la meramente como o poder de decidir no estado de exceção – no caos[1].

A noção de soberania representa a racionalização jurídica e a institucionalização política do poder de fato exercido sobre um determinado espaço territorial, permitindo que tal poder se transforme em um poder jurídico e diferencie aquela sociedade política das demais formas de organização e associação humanas. Charles L'Oyseau (1564-1627) definia soberania como a "potência absoluta" do Estado, pois é ela a forma que atribui existência a este[2]. Porém, uma das consequências do encurtamento das distâncias territoriais e da aproximação intercultural provocados pelos diversos processos de globalização foi o enfraquecimento de prerrogativas que se afirmaram historicamente

---

1. "Soberano é quem decide em estado de exceção." Carl Schmitt, *Politische Theologie, Vier Kapital zur Lehre von Souveränität*, Berlin, Duncker & Humblot, 1932, trad. it. *Teologia Politica, in id., Le categorie del politico*, Bologna, Il Mulino, 1972, p. 33.
2. Charles L'Oyseau, *Traicté des Seigneuries*, Paris, 1609, I, 24.

como próprias do Estado-nação. Entre tais prerrogativas, a soberania é talvez aquela que dê sinais de ter sofrido os maiores abalos[3].

No entanto, para a melhor compreensão de um problema é sempre salutar que se busquem as razões históricas que deram origem a ele. O mesmo se aplica a este novo conceito de soberania relativizada que atualmente está se configurando de forma tácita na práxis das relações político-jurídicas entre nações, em especial após o advento da globalização na segunda metade do século XX.

Sendo assim, diante da necessidade de se delimitar suas origens, suas variantes históricas mais significativas dentro da presente abordagem e sua atual definição, desenvolveremos, a seguir, um breve escorço histórico composto pelas principais contribuições filosóficas ao surgimento e desenvolvimento do conceito de soberania, desde o surgimento do Estado moderno até as modificações teóricas introduzidas pelo período do *jus publicum Europaeum* nos séculos XVIII e XIX. Dentro deste percurso, faz-se mister advertir que quando analisarmos os efeitos da Revolução Francesa, no século XVIII, e da doutrina dos direitos do homem diante do princípio de soberania, o nosso estudo deixará de ser sobre o conceito de soberania estatal e passará a ser sobre a soberania nacional.

Em seguida, pretendemos demonstrar como a noção de soberania nacional perdeu seu aspecto notadamente territorialista, ao longo do século XX, para ainda neste mesmo século, após o sucesso dos diversos processos de globalização, sobretudo na economia e na política internacional, iniciar uma tácita relativização que caminha para uma possível descaracterização completa da mais elementar prerrogativa do Estado-nação.

---

3. Cf. Nicola Matteucci, *Lo Stato moderno*, Bologna, Il Mulino, 1997, p. 81.

2.1. O princípio de soberania na formação do Estado moderno europeu

2.1.1. O contexto político-jurídico da consolidação do Estado moderno como suprema potesta superiorem non recognoscens

Diferenciando-se das formas de organização política anteriores – em especial daquela que caracterizou a Idade Média: o contrato de vassalagem ("contrato de dominação") – e de todas as outras formas anteriores, o Estado moderno europeu introduziu na história a noção de soberania como sendo o princípio que fundamenta a concentração das atribuições do poder público em um único agente e, consequentemente, a possibilidade que o *imperium* sobre um dado território reste sintetizado naquele mesmo agente: o Estado[4].

Até o início da era Moderna, o direito era pensado como uma situação de fato, como algo existente em si, ou seja, como algo que se inscreve na própria ordem natural do mundo e que, sobretudo, é idêntico à ordem divina da criação[5]. Pensar o direito como algo "posto", como o produto de um comando que pode ser inclusive meramente voluntarista, será possível somente após o fim da Idade Média. A concentração dos poderes administrativos, legislativos e jurisdicionais na figura do Estado será a antítese daquela realidade que, em especial na baixa Idade Média (a partir do século XI), fragmentava aqueles poderes em diversas comunidades que não se encontravam vinculadas imediata-

---

4. Maurizio Fioravanti (org.), *Lo Stato moderno in Europa*, Roma/Bari, Laterza, 2002, pp. 7-8, afirma que: "O Estado moderno europeu evidentemente contou, no início do seu percurso, com uma primeira forma na qual se encontraram ao máximo alguns elementos que vieram a ser próprios das formas que seguiram, inspiradas pelo princípio-guia da soberania política: a tendência do senhor em se colocar ao centro de um dado território, ou ao início do mesmo processo de concentração dos poderes de *imperium*."
5. Cf. Otto Brunner, *op. cit.*, pp. 187-8.

mente à satisfação dos interesses gerais do Reino ao qual se encontravam submetidos, mas sim aos interesses e fins privados dos indivíduos que internamente compunham tais comunidades, como negociar, possuir patrimônio, impor tributos aos próprios membros e, dentro de certos limites, exercer a administração da justiça.

A ascensão de senhores feudais, situados num plano hierarquicamente superior ao da nobreza provincial, fez deles a origem da dissolução do poder no Reino em uma multidão de pequenas unidades territoriais autocéfalas e, ao mesmo tempo, os transforma no verdadeiro ponto de coesão de toda a estrutura feudal. Os primeiros momentos do processo de surgimento do Estado moderno se iniciam, de fato, quando, nos séculos XIII e XIV, dá-se uma lenta e gradual agregação daquelas unidades territoriais autocéfalas que por séculos possuíram identidade jurídica própria. Tratava-se de um conjunto de situações empíricas que rumava à formação de um corpo político unitário como aquele que na Modernidade deu origem ao Estado.

Foi somente a partir de contribuições do pensamento político dos séculos XV e XVI, em especial com Maquiavel (1469-1527), que se passou a utilizar a expressão "Estado" em um sentido político-jurídico, em vez de meramente físico e circunstancial[6]. Mais do que uma mudança – ou inovação – etimológica, esta nova forma de pensar a organização política afastava da compreensão do poder político qualquer possibilidade de legitimação metafísica e irracional como aquelas até então vistas no continente europeu, sobretudo quando na Idade Média a última instância de legitimação política restava atribuída à Igreja Católica, uma vez que esta tinha a *autorictas spiritualis* sobre o mundo terreno. Falava-se em soberano, na Idade Média, somente para referir uma relação concreta estabelecida entre partes que

---

6. "Na linguagem de Maquiavel, que começa a usar, sobretudo no *Príncipe* (1513), este termo no seu significado moderno, ele conserva ainda mais significados antigos, como a extensão territorial ou a população ou ambos, como objeto do domínio." Nicola Matteucci, *op. cit.*, p. 25.

se encontravam hierarquicamente dispostas, isto é, para definir a superioridade existente entre senhor e servo, pai e filho, por exemplo[7].

Não foi uma exclusividade da Idade Média tal padrão de legitimação política. Em todas as formas de organização do poder político que foram apresentadas anteriormente na Europa, podemos encontrar uma autoridade suprema que pouco – ou nenhum – fundamento lógico-racional possuía.

Apenas a título exemplificativo, veja-se a concepção de *autárkeian*, que se vinculava à *pólis* da Antiga Grécia em proporção um tanto quanto semelhante a que a concepção de soberania se relaciona com a noção de Estado moderno. A *autárkeian* caracterizava-se, segundo Aristóteles, como categoria ética, ou seja, destinada à consecução do bem comum e à realização da felicidade (*eudaimonia*) do cidadão[8].

Por ser todo o "ser" compreendido como tendo sua existência – substancialmente sua essência (*ontos*) – relacionada com a busca de algum bem, a cidade-Estado (*pólis*) também se encontrava determinada à busca de um bem, este que seria o maior de todos os bens: o bem comum, a *autárkeian*. Isto fazia com que a antiga *pólis* pudesse se compreender como uma existência desvinculada de todo o resto do mundo: sua autossuficiência moral implicava considerar-se bastante em si mesma, pois tanto a *pólis* quanto os homens já possuíam dentro daquela o seu *télos* (fim último; razão de ser) determinado e todas as referências axiodeontológicas para pautar suas condutas. Uma *pólis* não neces-

---

7. Cf. Bertrand de Jouvenel, *De la Souveraineté*, Paris, Génin, 1955, trad. it. *La Sovranità*, Milano, Giuffrè, 1971, p. 213.

8. "Cada cidade-Estado (*pólis*) é, como vimos, uma sorte de comunidade, e toda comunidade é formada tendo em vista algum bem (uma vez que todas as ações de toda a humanidade são feitas tendo em vista algum bem). É, portanto, evidente que, enquanto todas as comunidades buscam algum bem, a comunidade que é a mais suprema de todas e que inclui todas as outras tem mais que todas esse objetivo, e visa ao mais supremo de todos os bens; e esta é a comunidade que se chama cidade-Estado, associação política." Aristóteles, *Politics*, Cambridge, Harvard University Press, 1950, p. 3 (1252, a, 1).

sitava do mundo bárbaro ou de qualquer uma de suas irmãs gregas para cumprir o seu *télos*[9].

Na ideia de *pólis* aristotélica existe apenas a necessidade de independência potencial e respeito de fato por parte do exterior; porém sua independência não se funda na natureza suprema, soberana, da *pólis*, mas sim na condição de ser esta suficiente em si mesma para satisfazer todas as suas necessidades morais, econômicas e políticas[10]. Da expressão *autárkeian* não decorre nenhuma ideia de supremacia do poder, uma vez que se constitui tão somente em um estado (físico e moral) de plena autorrealização; do seu conceito nada se pode deduzir quanto à intensidade e amplitude interna ou externa do poder da *pólis*[11].

O ponto que mais afastará o conceito de *autárkeian* da moderna soberania nacional reside no fato de ser aquele conceito relacionado, mediatamente, à noção de justo existente no *kósmos* e necessariamente vinculado à vontade dos deuses, pois são somente estes que sabem a verdade absoluta, a verdade capaz de explicar o funcionamento do *kósmos*. Na Antiga Grécia, as noções de *éthos*, *pólis* e *kósmos* estão intimamente ligadas, de modo que a *autarkéian* não poderia prescindir da sua vinculação a este último.

A laicização do poder político no Ocidente e a sua fundamentação a partir da vontade do povo não são suficientes para que se sustente a caracterização, de fato, de um poder soberano. Embora na Roma Antiga o poder estivesse atribuído ao povo – ainda que apenas de modo retórico – em grande parte do seu desenvolvimento histórico, não podemos encontrar conceito que se assemelhe à concepção

---

9. "A *Pólis* não possuía necessidade do mundo bárbaro, ela não necessitava sequer dos seus semelhantes, as outras cidades da Grécia, para realizar os seus fins." Georg Jellinek, *Ausgewählte Schriften und Reden*, Berlin, O. Häring, 1911, trad. fr. *L'état modern et son droit*. Vol. I: *Théorie générale de l'état*, Paris, Panthéon Assas, 2005, p. 74.

10. Cf. Georg Jellinek, *Allgemeine Staatslehre*, Berlin, O. Häring, 1905, trad. it. *La Dottrina Generale del Diritto dello Stato*, Milano, Giuffrè, 1949, pp. 43-4.

11. Dalmo de Abreu Dallari, *Elementos de teoria geral do Estado*, São Paulo, Saraiva, 2005, p. 75.

moderna de soberania, uma vez que era impensável qualquer possibilidade de comparar Roma a qualquer outro poder situado ao lado ou acima dela. Os romanos utilizavam expressões como *maiestas* e *potestas* para designar formas de representação do poder de Roma: o Senado e o povo, respectivamente[12].

Nesse sentido, falava-se em *suprema potestas* para caracterizar a integralidade do poder político, militar e administrativo do Estado romano. No período do Império surgiu a palavra *imperium* para representar o poder do magistrado romano, bem como o poder de mando que Roma exercia, tanto política quanto juridicamente, sobre seus dominados. Apenas no século III d.C. o *imperium* e a *potestas* passaram a se concentrar na figura do Imperador.

No entanto, mesmo não tendo o devido desenvolvimento teórico sobre o tema, Roma vivenciou como poucas formas de organização política já vivenciaram os efeitos de uma soberania popular e gozou das prerrogativas que somente um Estado soberano possui[13]. Assim como ocorreu

---

12. "Essas expressões não dizem nada quanto ao conteúdo e aos limites do poder político, nem quanto à independência de Roma em relação às potências estrangeiras." Georg Jellinek, *Ausgewählte Schriften und Reden*, trad. fr. cit., p. 78.

13. "O pensamento romano, sempre prático, voltava-se à realidade concreta; e para tanto, a isso não se apresentava qualquer mínimo motivo para comparar teoricamente o Estado romano com qualquer outra potência, que lhe estivesse ao lado ou acima; e, portanto, para estabelecer por esse uma característica especial. Pelo contrário, o reconhecimento e a acentuação da soberania se encontrariam em plena contradição com a política romana, esta que aos povos '*qui maiestatem populi Romani comiter servant*' deixava o semblante de independência estatal. Expressões como *maiestas*, *potestas* e *imperium* designam a grandeza e a potência do povo romano, o poder de comando civil e militar; mas não dizem nada nem sobre o conteúdo e os limites do poder estatal, nem sobre a independência de Roma frente a poderes externos. A definição de Estado dada por Cícero, a única proferida por um Romano, resta com clareza e precisão consideravelmente atrás daquela de Aristóteles. Bem, em Roma, até época tardia permaneceu viva a ideia de que era o povo a fonte de todos os poderes públicos; mas a questão de quem, no Estado, tenha o poder supremo é – como se viu – por completo diferente daquela quanto à soberania do Estado." Georg Jellinek, *Allgemeine Staatslehre*, trad. it. cit., p. 46.

com a Antiga Grécia, a Antiga Roma sentiu-se soberana e inconteste na sua base territorial de atuação política, de tal modo que a necessidade de uma teorização em torno de um possível conceito de soberania se mostrava vazia e, até mesmo, incogitável. Será somente na passagem da Idade Média para a Era Moderna, com os incessantes confrontos e incertezas quanto ao real poder dos Estados diante de seus semelhantes e da Igreja, que se tornará necessário o surgimento de concepções teóricas capazes de determinar e resumir a amplitude do supremo poder político do Estado, ou seja, definir um conceito de soberania.

Anteriormente já referimos que o moderno uso da expressão "Estado" possui raízes na teoria política de Maquiavel. Mesmo não sendo filósofo, mas cientista político, foi com o autor do *Il Principe* que se passou a compreender o Estado não como uma situação – ou condição – física, mas como o ente responsável por dar unicidade, estabilidade, continuidade e transcendência ao poder político[14].

Entretanto, o pensamento de Maquiavel não era voltado para a problemática da soberania, pois o momento sócio-histórico em que o florentino vivia não demandava pela compreensão do Estado como poder impessoal e absoluto, capaz de concentrar em si as funções legislativa, judiciária e executiva[15]. As considerações de Maquiavel sobre o Esta-

---

14. A denominação Estado (do latim *status* = "estar firme"), significando situação permanente de convivência e ligada à sociedade política, aparece pela primeira vez em *Il Principe*, de Maquiavel, escrito em 1513, passando a ser usada pelos italianos sempre ligada ao nome de uma cidade independente, como, por exemplo, *stato di Firenze*. Durante os séculos XVI e XVII a expressão foi sendo admitida em escritos franceses, ingleses e alemães. Na Espanha, até o século XVIII, aplicava-se também a denominação de *estados* a grandes propriedades rurais de domínio particular, cujos proprietários tinham poder jurisdicional. De qualquer forma, é certo que o nome *Estado*, indicando uma sociedade política, só aparece no século XVI, e este é um dos argumentos para alguns autores que não admitem a existência do Estado antes do século XVII. Cf. Dalmo Dallari, *op. cit.*, p. 51.

15. Cf. Thierry Ménessier, "Principauté et souveraineté chez Machiavel", in Gian Mario Cazzaniga e Yves-Charles Zarka (orgs.), *Penser la souveraineté*, Paris, Vrin, 2001, pp. 28-9.

do não representavam um modelo de organização política impessoal e voltada para a defesa da instituição, como ocorre com o Estado moderno: ele pensava o Estado como domínio, posse e propriedade sobre um território específico[16].

A imprescritibilidade, um dos principais atributos da soberania, era defendida de modo implícito por Maquiavel, em uma das principais obras, *Discorsi sopra la prima deca di Tito Livio* [*Discursos sobre a primeira década de Tito Lívio*], deixando evidente a profunda vinculação existente entre *Estado* e *Príncipe*:

> De modo que feliz se pode chamar a república na qual surge um homem assim prudente, que lhe dê leis ordenadas de modo que, sem ser necessário corrigi-las novamente, possa viver seguramente sob elas. E se vê que Esparta as observou mais do que oitocentos anos sem corrompê-las, ou sem qualquer tumulto perigoso: e, pelo contrário, teve algum grau de infelicidade aquela cidade, que, não sendo abatida por um ordenador prudente, precisou de si mesma para se reordenar. E desta ainda é mais infeliz a que se encontra mais distante da ordem; e aquela desta está mais distante, que com os seus cidadãos está totalmente fora do justo caminho que a possa conduzir ao perfeito e verdadeiro fim.[17]

A defesa da continuidade política decorre da ideia de que um ente político capaz de se conservar através dos tempos significaria a possibilidade do desenvolvimento de um modelo de organização sociopolítica que não ficasse entregue, por completo, às contingências e circunstâncias que poderiam levar ao desmantelamento de uma república ou reino. No conceito de imprescritibilidade se encontra encerrada a noção de perpetuidade; ausência de limitação temporal. Porém, uma perpetuidade que mantém sua essência

---

16. Cf. Thierry Ménessier, *op. cit.*, p. 29.
17. Niccolò Machiavelli, *Discorsi sopra la prima deca di Tito Livio*, Torino, Einaudi, 2000, pp. 10-1.

de modo que o decurso do tempo não represente diminuição do poder soberano. O fato de a política maquiavélica ser absolutamente independente de qualquer critério que não seja suficiente para possibilitar ou simplesmente justificar a consecução dos fins, permite-nos perceber em Maquiavel o esboço de um conceito de Estado desvinculado de qualquer sorte de padrões morais e religiosos. Nota-se este amoralismo ateu, também, quando o mestre florentino defendia que

> A coisa que merece ser notada e observada por qualquer cidadão que se encontra a aconselhar a sua pátria: porque onde se delibera no todo sobre a saúde da pátria, não se deve fazer nenhuma consideração nem de justo, nem de injusto, nem de piedoso, nem de cruel, nem de louvável, nem de ignominoso; pelo contrário, deixando de lado qualquer outro respeito, seguir no todo o partido que lhe salve a vida e conserve a liberdade.[18]

O Príncipe, idealizado por Maquiavel, deveria revestir-se das formas de raposa e de leão, pois deste tiraria a força e daquele a astúcia[19].

Nesta mesma época, encontraremos em Jean Bodin (1530-1596) contribuições teóricas decisivas para a consolidação e configuração das noções de Estado moderno e soberania. Ele não dissociava a função e o caráter da função, nem mesmo o poder e a qualidade do poder, permitindo que sua compreensão de soberania se assemelhasse formalmente à descrição político-jurídica do Príncipe. O sucesso da sua doutrina também se deve ao fato de que o Absolutismo Monárquico encontrava-se no apogeu, sendo o Rei da França um dos mais apropriados destinatários para a

---

18. Niccolò Machiavelli, *op. cit.*, p. 323.
19. "Sendo, portanto, necessário a um príncipe saber usar bem a besta, deve daquelas tomar a raposa e o leão: porque o leão não se defende de armadilhas, enquanto a raposa não se defende de lobos; é necessário, assim, ser raposa para conhecer as armadilhas e leão para espantar os lobos: aqueles que são simplesmente leões não se entendem." Niccolò Machiavelli, *Il Principe*, Roma, Newton & Compton, 2005, p. 73.

doutrina de Bodin – isto se não tiver sido, até mesmo, aquele a inspiração para este.

A partir de uma flagrante preferência pela monarquia, Bodin afirmava que "soberania é o poder absoluto e perpétuo investido em uma República"[20] – definição que se tornaria clássica no Estado moderno[21] –, e a atribuiu algumas características que viriam a se tornar referência teórica para aqueles que o sucederam[22]:

- O poder de impor a lei a todos e a cada um em particular.
- O poder de decretar guerra e celebrar a paz.
- O poder de instituir cargos e estruturar o poder público.
- O poder de ser a última instância recursal nos processos judiciais.
- O poder de conceder indulto e anistia.
- O poder de instituir, majorar, minorar, extinguir e cobrar tributos.
- O poder de emitir moedas.

Antes de Bodin ninguém havia definido o Estado como um "governo de diversos agregados e daquilo que lhe é comum com poder soberano"[23]. A literatura medieval desconhecia um modelo de organização política como o proposto por Bodin: dotado de poder independente e soberano tanto em relação ao exterior quanto aos domínios internos, cuja representação se dá por meio de um agente impessoal denominado Estado[24].

O poder soberano é um poder que, dentro de sua competência, não encontra nenhum superior; a noção de sobe-

---

20. Jean Bodin, *Les six livres de la République*, Genève, 1629, Livro I, Cap. VIII.
21. "No título da obra *Six livres de la République*, a palavra *republica* já deve ser traduzida como 'Estado'." Carl Schmitt, *Der Nomos der Erde*, trad. it. cit., p. 143.
22. Cf. Jean Bodin, *op. cit.*, Livro I, Cap. X.
23. Jean Bodin, *op. cit.*, Livro I, Cap. I.
24. Cf. Georg Jellinek, *Ausgewählte Schriften und Reden*, trad. fr. cit., pp. 96-7.

rania exprime uma ideia negativa, ou seja, significa a ausência de subordinação[25]. Trata-se de um poder superlativo, pois indica mais do que uma forma de poder: indica o próprio conteúdo substancial. A soberania comporta um conjunto de poderes determinados que não pertencem a mais ninguém e cujo gozo representa a investidura no grau mais supremo de dominação[26].

Enquanto a Maquiavel se deve a ideia de imprescritibilidade da soberania, a Bodin se atribui, além da primeira definição já oferecida, a unicidade da soberania. Antes desses autores, podia-se perceber apenas a existência de uma soberania externa, no mesmo sentido daquela *suprema potesta* que os imperadores romanos, os príncipes e reis possuíam, permitindo que estes fossem reconhecidos como independentes por seus semelhantes quando em relação direta com estes[27]. A lógica medieval de submissão do direito interno ao *jus gentium* foi quebrada pelo modelo de legitimação política apresentado com o Estado moderno: o princípio da unicidade concentrava no Estado tanto a qualidade de ser a origem do poder público quanto a prerrogativa de reconhecer direitos já existentes ou delegar poderes a terceiros.

Muito embora Bodin tenha descrito e atribuído características próprias de um ente político ilimitado e absoluto, faz-se mister ressaltar que para ele a soberania do Príncipe não retira deste a sujeição às leis de Deus e da natureza, e ainda a algumas leis de direito internacional[28]. Poder abso-

---

25. Nesse mesmo sentido, veja-se a seguinte definição clássica: "soberania designa um poder que não admite nenhum outro acima de si, um poder que, dentro da esfera em que ele é chamado a se exercer, não resta abrangido por nenhum outro". Georges Burdeau, *Traité de Science Politique*, Paris, Librarie Generale de Droit e Jurisprudence, 1949, t. II, p. 265.
26. Cf. Georges Burdeau, *op. cit.*, p. 266.
27. Cf. Georg Jellinek, *Allgemeine Staatslehre*, trad. it. cit., pp. 55-6.
28. "Por isso, a soberania dada a um Príncipe sob encargos e condições não é propriamente soberania, nem poder absoluto, a menos que as condições impostas na criação do Príncipe sejam da Lei de Deus ou da natureza (...)." Jean Bodin, *op. cit.*, Livro I, Cap. VIII.

luto, para Bodin, significava referir uma prerrogativa que não poderia ser objeto de pactuação ou de vir a ser dividida com outrem, isto porque o caráter absoluto do poder soberano possui um *status* de inicialidade (originalidade) que impedia que um poder deste grau pudesse decorrer ou derivar de outro[29]. Otto Brunner ressaltava que "a soberania do príncipe da primeira Idade Moderna precisou lutar tanto contra os poderes locais, dentro, quanto contra a Igreja"[30].

Embora a secularização do poder político fosse um processo que se encontrava em curso e com todo o vigor possível à época de Maquiavel e Bodin, tanto no meio político quanto no filosófico, não será ainda neste momento que a laicização completa do conceito de soberania ocorrerá.

Entretanto, é importante lembrar que a soberania pensada pelo florentino e pelo francês não é a que mais se aproxima do conceito de soberania que hodiernamente vinculamos à ideia de Estado de direito. Ambos pensavam a partir do Absolutismo Monárquico dos séculos XV e XVI, em que o indivíduo e o povo pouco importavam dentro de um contexto axiológico, pois o bem maior a ser tutelado era o bem do monarca. Tais construções teóricas tiveram como finalidade maior afastar a forte influência que a Igreja exercia sobre o poder real e permitir que o poder público fosse vinculado, antes de tudo, ao poder real. A própria expressão "puissance absolue et perpétuelle" [poder absoluto e perpétuo] refletia o sentido notadamente supremo e originário que se estava buscando atribuir ao poder público. A manutenção dos privilégios das classes impedia que o princípio da igualdade pudesse se afirmar e trazer o fundamento da noção de soberania para mais próximo do povo.

Estabelecer um padrão de intersubjetividade moral semelhante àquele existente na antiga *pólis* grega, capaz de lhe atribuir autonomia e autossuficiência mesmo sendo uma

---

29. Cf. Maurizio Fioravanti, *Costituizione*, Bologna, Il Mulino, 1999, pp. 74-5.
30. Otto Brunner, *op. cit.*, p. 198.

mera situação empírica, independentemente de recursos jurídicos, era impensável em uma Europa que, na passagem da Idade Média para a Era Moderna, encontrava-se imersa em infindáveis guerras, fragmentada em diversos Reinos, ducados, feudos e principados, e abalada nas suas mais profundas estruturas morais e políticas. A consolidação de Estados soberanos somente foi possível com o desenvolvimento de uma concepção de soberania solidamente construída a partir de noções jurídicas, em vez de morais, como era o caso da antiga *autárkeian* grega, ou religiosas, como ocorria na Europa medieval.

Assim, se sob a perspectiva filosófica temos em Maquiavel e Bodin dois referenciais ao surgimento da noção de soberania, veremos, sob a perspectiva política, ocorrer um momento de grande significância para a consolidação histórica daquele conceito quando, ao norte da Alemanha, no ano de 1648, deu-se a chamada Paz de Westphalia, a qual resultou na assinatura, em 24 de outubro do mesmo ano, nas cidades de Münster e Osnabrück, de um conjunto de tratados internacionais que puseram fim à Guerra dos Trinta Anos (1618-1648)[31].

A referida guerra foi decorrência de uma série de sucessivos conflitos – ocorridos, em grande parte, no território alemão – originada em virtude da rivalidade política e religiosa existente entre o Imperador Habsburgo, do Sacro Império Romano-Germânico, o qual era católico, e as cidades-Estado comerciais, notadamente luteranas e calvinistas, situadas ao norte da Alemanha. Outras potências católicas, como Espanha e Áustria, governadas pela dinastia Habsburgo, apoiavam o Sacro Império Romano-Germânico e

---

31. Cabe destacar que nesse período histórico, compreendido entre os séculos XVI e XVIII, a Europa se encontrava num constante estado de guerra, podendo-se destacar as guerras civis francesas de 1562 a 1598, a revolta dos holandeses contra o Rei Felipe II, o confronto entre os escoceses e a Rainha Maria Stuart, o conflito entre Espanha e Inglaterra, ocorrido em 1558, a Revolução Puritana, que perdurou durante as décadas de 1640 a 1660, e a Revolução Gloriosa, em 1688, estas duas últimas ocorridas na Inglaterra.

tentavam estabelecer uma hegemonia na Europa, inclusive no sentido de fazer prevalecer a religião católica diante de todas as demais. De outra sorte, as cidades-Estado comerciais e os principados protestantes contavam com o apoio das potências protestantes escandinavas, como Suécia e Dinamarca, e, sobretudo, da França, um país que, independentemente de ser católico, fez prevalecer a rivalidade dos Bourbons com os Habsburgos no momento de entrar no conflito.

Mesmo que naquele momento não tenham surgido mudanças significativas na configuração geopolítica da Europa, o reconhecimento da existência de Estados protestantes por parte da comunidade internacional significou a laicização das relações internacionais e o fim da vinculação do conceito de soberania às crenças teológicas medievais. A afirmação da expressão Estado-nação – laica por natureza – vai, também, ser uma consequência deste evento histórico, abandonando-se o uso corrente de expressões como feudos, reinos e principados. Já no campo político, a Paz de Westphalia marcou a ascensão da França como uma das principais potências europeias – ao lado da Inglaterra –, o declínio do poder espanhol e a profunda fragmentação política da Alemanha. No campo jurídico, a Paz de 1648 permitiu que fosse criado um "direito de soberania" (*droit de souveraineté*): um direito territorial unitário decorrente de um Estado territorial unitário[32].

O fato de ter secularizado as relações internacionais fez da Paz de Westphalia um marco na história do direito internacional, uma vez que deu origem à estrutura político-jurídica que é referência até hoje[33]. Entretanto, não se tra-

---

32. Cf. Otto Brunner, *op. cit.*, p. 232.

33. Hedley Bull afirmava: "O que a Paz de Westphalia marcou, entretanto, foi o emergir de uma sociedade internacional distinta de um mero sistema internacional, a aceitação pelos Estados de regras e instituições, limitando-os em suas relações com os seus pares, e um interesse comum em mantê-las." *Id.*, (org.). "The Importance of Grotius in the Study of International Relations", *in Hugo Grotius and International Relations*, Oxford, Clarendon Press, 1992, pp. 75-6. No concernente à distinção entre sistema internacional e sociedade internacional, ver Parte II, item 2.1, *infra*.

ta de um momento historicamente descontextualizado e cuja origem se deve exclusivamente à vontade e força política dos Estados que subitamente teriam assinado aqueles tratados que selaram a Paz de Westphalia; há mais de 150 anos antes disto, sobretudo com a Paz de Augsburg[34], em 1555, já estava em curso um processo de modificação da estrutura das relações internacionais que viria a culminar com a Paz celebrada em 1648. Aquela estrutura de organização política medieval, baseada no feudo e na fragmentação do poder público em diversas figuras ao mesmo tempo autônomas e interdependentes entre si, perdia espaço para uma tendência cada vez mais centralizadora por parte da autoridade política territorial chamada Estado, este que buscava concentrar em si mais do que o poder político: a economia essencialmente local que caracterizava a Idade Média estava mudando para uma matriz baseada no comércio entre localidades que até então não possuíam relações econômicas entre si e na produção de bens voltados não apenas para o comércio interno, de modo que para este novo perfil econômico de produção e consumo era fundamental a participação de uma autoridade centralizadora como o Estado moderno[35].

Se internamente a necessidade de regulação jurídica concentrada em uma única autoridade política foi satisfeita pelo fortalecimento da soberania do Estado decorrente da Paz de Westphalia, externamente este momento representou a possibilidade de as relações internacionais começarem a se pautar por uma disciplina eminentemente jurídica, definida em regras estabelecidas *a priori* e não tendo mais base exclusiva nas necessidades momentâneas que deter-

---

34. "Mais importante foi a Paz de Augsburg de 1555, que (temporariamente) pôs um fim a uma série de guerras de religião na Alemanha. Aqui foi estabelecido o princípio – horrificante para o pensamento medieval – de que o soberano (Católico, Luterano ou Calvinista) estava autorizado a forçar a uniformidade religiosa dentro do seu reino (*cuius region, eius religio*)." Chris Brown, *op. cit.*, p. 26.

35. Cf. Chris Brown, *op. cit.*, pp. 22-3.

minada situação apresentava. Foi a partir de então que a estrutura do ordenamento jurídico internacional passou a residir sobre regras primárias, definidoras de direitos e obrigações, pois regras secundárias, às quais compete a função instrumental de estabelecer o funcionamento do poder público e o modo como as regras primárias devem ser identificadas, alteradas e aplicadas coercitivamente na realidade material, não possuem nenhuma possibilidade de vir a ter eficácia diante do poder soberano atribuído aos Estados[36]. No modelo westphaliano, a igualdade jurídica entre os Estados e as suas autonomias internas é garantida como princípio elementar, fazendo com que o direito internacional não possa ter a mínima ingerência no direito interno dos Estados ou sobre os cidadãos deste. A perda de autoridade do Papa em relação aos Estados garantiu a estes, inclusive, o seu livre *jus ad bello*, impedindo que o *bellum justum* viesse a ser alegado como causa externa à vontade do Estado para a guerra[37].

São princípios westphalianos – característicos do próprio sistema que a partir dessa data veio a se desenvolver – que reconheceram a comunidade internacional como estando fundada no princípio da soberania territorial, no princípio da não intervenção em assuntos de foro interno dos Estados, na noção de igualdade entre os Estados e independência destes para escolher formas de governo, formas de Estado, regime e sistema de governo, enfim, independência

---

36. Cf. Herbert L. A. Hart, *The Concept of Law*, Oxford, Oxford University Press, 1997, p. 214.

37. "Segundo o modelo westphaliano, a igualdade jurídica e a autonomia normativa dos Estados formam um princípio incondicionado. O direito internacional não dita nenhuma norma sobre as estruturas políticas internas aos Estados ou quanto aos seus comportamentos em relação aos cidadãos, nem prevê qualquer poder de ingerência de uma organização internacional ou de um Estado nas relações internas de um outro Estado. Uma vez caída a autoridade papal e, com ela, a doutrina do *iustum bellum*, cada Estado possui, ademais, pleno direito de recorrer à guerra ou a análogas medidas coercitivas para tutelar ou promover os próprios interesses." Danilo Zolo, *I signori della pace*, cit., p. 113.

para se autodeterminar. Já no século XX foram esses mesmos princípios westphalianos que, por exemplo, levaram a União Soviética a defender o direito à coexistência pacífica entre regimes políticos com orientações ideológicas diferentes. O modelo westphaliano é aquele que, atualmente, tem sido defendido pelos Estados que se opõem ao poder hegemônico dos Estados Unidos e à perda de soberania produzida pela globalização. O próprio questionamento quanto aos fins e funções do direito internacional termina por desembocar em um questionamento quanto ao modelo westphaliano: se ele consegue ou não conservar sua estrutura tradicional diante das novas exigências apresentadas pela sociedade global que se encontra em franco desenvolvimento. Abordaremos, todavia, estas questões nos próximos capítulos.

No entanto, pode-se afirmar que os dois resultados mais concretos da Paz de Westphalia foram, de fato, a secularização do poder público e a criação de um ambiente político propício ao desenvolvimento do *jus publicum Europaeum*, uma vez que não foi construída verdadeiramente uma "paz", mediante o desenvolvimento de normas comunitárias capazes de aproximar os países que até então estavam em conflito e gerar um sistema em condições de permitir a manutenção de uma paz duradoura. Como consequência disto, a consolidação de um sistema normativo internacional só ocorreu lentamente e por intermédio de acordos e tratados bilaterais ou multilaterais.

De outra sorte, se analisarmos o evento isoladamente, veremos que ocorreu em 1648 um verdadeiro armistício: as partes deixaram de continuar em combate por não se justificarem mais as razões da guerra diante dos desgastes que ela estava gerando[38]. A paz foi efetiva no que concerne à

---

38. Um armistício "implica meramente a cessação dos conflitos por um período limitado ou indefinido, com manutenção aproximada das condições existentes de relativa força." Quincy Wright, "The Armisticies", *in The American Political Science Review*, 13 (1919), 1, p. 129.

hegemonia dos Habsburgos, fazendo com que esta perdesse poder de controle diante dos Reinos e cidades-Estado luteranas, mas não significou o imediato surgimento de uma ordem jurídica internacional[39].

Na mesma medida em que a noção de soberania serviu para afirmar o Estado moderno como independente diante de qualquer outro semelhante seu ou poder religioso, será a soberania que resumirá a supremacia e autoridade interna que o Estado exerce sobre os seus súditos ou cidadãos, independentemente da influência de qualquer poder externo, como a Igreja Católica, por exemplo. Carré de Malberg chamou atenção para que, desde a gênese do Estado moderno, essa dúplice feição da soberania permite dividi-la em interna e externa. A primeira diz respeito à relação de subordinação hierárquica e domínio político que o Estado exerce sobre os indivíduos que fazem parte do seu corpo social ou se encontram no seu território. Já a segunda trata apenas das relações que os Estados mantêm entre si, permitindo afirmar que todo Estado soberano não se encontra sujeito à subordinação, dependência ou controle por parte de outro – ou outros – Estado[40].

Mediante as construções filosóficas e lutas políticas dos séculos XVI e XVII, as quais buscavam afirmar uma forma de organização política centralizada na figura de um Estado independente e dotado de um poder absoluto, ocorreu indiretamente a defesa da monarquia como a forma de governo mais adequada ao nascente Estado moderno. Para que fosse possível que o poder político pudesse se sustentar como independente diante de qualquer outro poder, era necessário que se tratasse de um poder absoluto, o que importava falar em um monarca absoluto. Por consequência, a doutrina da soberania encerra o século XVII fundamentando o Absolutismo Monárquico e colocando o pano de

---

39. Cf. Kalevi J. Holsti, *op. cit.*, p. 40.
40. Cf. Carré de Malberg, *Contribution a la théorie générale de l'État*, Paris, Sirey, 1920, t. 1, p. 7.

fundo sobre o qual se desenvolveriam os debates políticos e filosóficos dos dois séculos seguintes[41].

2.1.2. Os fundamentos da soberania no contratualismo político: Thomas Hobbes (1588-1679), John Locke (1632-1704) e Jean-Jacques Rousseau (1712-1778)

As proposições teóricas de Hobbes, Locke e Rousseau a respeito da figura do contrato social fizeram com que a noção de soberania viesse a assumir profunda vinculação com outro conceito também recente para esta época: a nação. Deste modo, o contratualismo deixou como um dos seus principais legados a consolidação da chamada soberania nacional nos séculos XVIII e XIX. O evento político de maior repercussão para a formação do conceito de soberania nacional foi, sem dúvida, a Revolução Francesa. Todavia, o contratualismo político foi responsável por produzir o substrato filosófico que permitiu ao conceito de soberania perder sua matriz absolutística e assumir uma baseada na ideia de nação. Como veremos a seguir, mesmo um filósofo do Absolutismo Monárquico como Hobbes deixou contribuições que terminaram por fundamentar filosoficamente a noção de soberania nacional.

Muito embora tenham oferecido significativas contribuições à filosofia do direito e à filosofia política, buscaremos proceder apenas a um estudo comparativo, entre os

---

41. "As novas teorias da política e do direito natural reconhecem, de fato, outras formas de Estado além da monarquia, mas é a esta última que costumam rumar as suas preferências. Para que o poder político possa se sustentar como poder independente, é indispensável que o príncipe não esteja limitado por nenhuma disposição de direito público, que toda a ordem do Estado esteja a sua disposição. Como o Estado é ele mesmo independente, deve, também, que o seu mais alto poder seja absoluto. E, assim, a doutrina da soberania torna ao absolutismo. Quem sustenta a doutrina científica da soberania se encontra ao mesmo tempo na condição de ser o primeiro defensor da necessidade jurídica e política do Estado absoluto." Georg Jellinek, *Ausgewählte Schriften und Reden*, trad. fr. cit., p. 100.

referidos autores, no sentido de definir três pontos imprescindíveis para a caracterização e melhor compreensão do conceito de soberania: (1) determinar a concepção de homem; (2) o processo de formação do contrato social; e (3) como, a partir da constituição do poder soberano, dá-se a relação entre este e o homem.

Para analisarmos as concepções de homem nos autores em tela devemos nos concentrar, inicialmente, naquele momento em que o homem não possuía nenhum poder político agindo sobre si, nem mesmo a sociedade civil estava constituída, isto é, comecemos pelo estado de natureza. Poder-se-ia afirmar, superficialmente, que em Hobbes e Locke esta questão não é muito controvertida, uma vez que ambos consideravam ser este o momento anterior à formação do contrato social em que os homens se encontrariam na plena liberdade de ação e na mais pura igualdade natural. Porém, quando olharmos com mais cuidado ambas as teorias perceberemos que os motivos que levaram os homens a contratar são completamente distintos nestes dois autores.

Em Hobbes, a insegurança constante e a guerra física iminente são dois dos principais motivos que levaram os homens a constituir o Estado. Por não ser possível encontrar empiricamente uma formação social que caracterize o "estado de natureza" descrito, sobretudo, no Cap. XIII do *Leviatã*, Hobbes usa a condição de guerra iminente como exemplo disto. Na guerra de todos contra todos, as pessoas não possuem nenhuma perspectiva sólida para seu futuro e encontram-se sem as mínimas garantias de que não serão despojadas a qualquer momento de seus bens ou direitos, incluindo sua própria vida, isto porque não existe quem lhes dê tal garantia. A única garantia que possuímos em tal condição é a nossa capacidade de nos proteger e de inventar. Apelar para algum critério de justiça universal seria inócuo, uma vez que Hobbes afirma que "justiça e injustiça lá não têm lugar. Onde não existe um poder comum, não existe direito: onde não existe direito, não existe injustiça"[42].

---

42. Thomas Hobbes, *Leviathan*, cit., p. 188.

Toda esta conjuntura deve-se ao fato de que Hobbes entende a existência humana como sendo "solitária, pobre, sórdida, embrutecida e curta"[43]. Solitária por ser o homem incapaz de desenvolver vínculos duradouros e harmônicos com seus semelhantes; pobre, porque o fato de viver apenas com o que é capaz de proteger lhe tolhe qualquer possibilidade de obter grandes posses de terras ou outras conquistas materiais; sórdida por ser o homem um ser exclusivamente voltado para a satisfação de suas paixões e movido por um "perpétuo e irrequieto desejo de poder e mais poder, um desejo que se cessa somente com a morte"[44]; embrutecida porque é inviável, nesta situação, desenvolver grande poder instrumental, restando-lhe apenas seu poder original[45]; e curta por ser uma existência baseada tão somente na luta pela sobrevivência num meio que lhe é totalmente ofensivo e ameaçador, em que a morte é algo iminente. O individualismo[46] hobbesiano, idealizado com o

---

43. Thomas Hobbes, *op. cit.*, p. 186.
44. Thomas Hobbes, *op. cit.*, p. 161.
45. No início do Cap. X do *Leviathan*, cit., p. 150, Hobbes procede a uma distinção entre o poder original (por ele chamado de natural) e o poder instrumental, definindo poder genericamente como os meios de que presentemente dispõe (o homem) para obter qualquer visível bem futuro: "O poder natural é a eminência das faculdades do corpo ou do espírito; extraordinária força, beleza, prudência, capacidade, eloquência, liberalidade ou nobreza. Os poderes instrumentais são os que se adquirem mediante os anteriores ou pelo acaso, e constituem meios e instrumentos para adquirir mais: como a riqueza, a reputação, os amigos, e os secretos desígnios de Deus a que os homens chamam boa sorte. Porque a natureza do poder é neste ponto idêntica à da fama, dado que cresce à medida que progride; ou à do movimento dos corpos pesados, que quanto mais longe vão mais rapidamente se movem."
46. "O conceito de individualismo no autor do *Leviatã* deverá ser definido com precisão porque este termo é frequentemente utilizado em um sentido muito extensivo, e termina por significar: o indivíduo tomado como unidade de base. Ou disso não se dará conta, a menos que muito imperfeitamente, da problemática do teórico inglês: ele opera uma dissociação entre o individualismo (sob uma antropologia combinada com a teoria do estado de natureza) e a individualidade, que se exerce no âmbito social e sob a égide das leis do soberano (monarca ou assembleia aristocrática ou democrática)." Lucien Jaume, *Hobbes et l'État représentatif moderne*, Paris, Presses Universitaires de France, 1986, p. 9.

conceito de estado de natureza, será o argumento principal a justificar a instituição do Estado contra a realidade insustentável que a ausência deste apresenta.

De outra sorte, ao observarmos Locke, veremos que ele tenta não fazer considerações antropológicas tão pessimistas acerca do comportamento dos homens quando ausente qualquer poder sobre eles. De início, percebe-se que Locke, diferentemente de Hobbes, cria uma divisão entre "estado de natureza" e "estado de guerra".

Por "estado de natureza" Locke entende como aquele momento anterior às sociedades civis constituídas em que os homens possuíam a "liberdade perfeita para regular suas ações e dispor de suas posses e pessoas do modo como julgarem acertado, dentro dos limites da lei da natureza, sem pedir licença ou depender da vontade de nenhum outro homem"[47].

Note-se que surge aqui a noção de lei da natureza como elemento condicionante da ação humana. Trata-se de uma lei que, por meio da razão, ensina a todos aqueles que a consultem, pois, sendo todos iguais e independentes, ninguém deveria prejudicar a outrem em sua vida, saúde, liberdade ou posses[48]. Em seguida, para sustentar sua noção de lei da natureza, Locke vai socorrer-se em um argumento religioso, qual seja, o da onipotência divina e o da subordinação dos homens a Deus, não podendo eles destruírem-se uns aos outros, pois, se assim agirem, estarão agredindo algo que é de propriedade de Deus: os homens.

Quando da abordagem do "estado de guerra", evidencia-se em Locke quais os seus pontos de divergência com Hobbes. Para este, o estado de guerra e o estado de natureza se confundem, uma vez que este é uma guerra contínua de todos contra todos. Entretanto, Locke concebe o estado de guerra como um evento circunstancial, ou seja, como algo com início e fim. O estado de guerra começaria quan-

---

47. John Locke, *Two Treatises of Government*, cit., p. 118.
48. Cf. John Locke, *op. cit.*, pp. 118-9.

do alguém declara "por palavra ou ação, um desígnio firme e sereno, não apaixonado ou intempestivo, contra a vida de outrem, e assim expõe sua vida ao poder dos outros, para ser tirada por aquele ou por qualquer um que a ele se junte em sua defesa e abrace a sua causa"[49]. E terminaria somente quando um juiz ou alguma autoridade superior fosse reconhecida pelas partes como capaz de resolver o caso, pois, do contrário, quando a vontade de um viesse a prevalecer sobre a do outro, aqueles que são afeiçoados ao vencido poderiam vingar-se por este, conservando o estado de guerra. Denota-se, com isso, a necessidade absoluta da existência de instituições públicas, em um governo civil, capazes de manter a paz e a concórdia recíprocas.

Note-se que Locke faz referência à existência de um "justo" e um "injusto" no estado de guerra, ao contrário de Hobbes[50]. Para tanto, busca na lei fundamental da natureza o argumento que lhe permite falar em ação justa no estado de guerra, onde consta que, segundo tal lei, o homem deve ser preservado sempre que possível, dando-se preferência para a segurança dos inocentes e das pessoas submetidas à lei comum da razão[51].

---

49. John Locke, *op. cit.*, p. 125.

50. "Portanto, as noções de justo e injusto não encontram espaço, deve existir um poder coercitivo a compelir os homens a igualmente cumprir com os seus acordos, mediante o terror de alguma punição que será maior que o benefício que eles esperam com a quebra do acordo; e para manter bem aquela propriedade que os homens adquirem por acordo mútuo como recompensa ao direito universal que eles abandonaram – e tal poder não existe antes da criação de um Estado político (*Commonwealth*)." Thomas Hobbes, *Leviathan*, cit., p. 202.

51. "(...) sendo razoável e justo, eu deveria ter o direito de destruir aquilo que me ameaça: já que, pela lei fundamental da natureza, o homem deve ser preservado tanto quanto possível, quando nem todos podem ser preservados, a segurança dos inocentes deve ter precedência. E pode-se destruir um homem que promove a guerra contra nós ou manifestou inimizade a nossa existência, pela mesma razão que nos autoriza a matar a um lobo ou um leão; porque tais homens não estão submetidos à lei comum da razão e não têm outra regra que não a da força e da violência, e podem assim ser tratados como animais de presas, aquelas criaturas perigosas e nocivas que seguramente nos destruirão se cairmos em seu poder." John Locke, *op. cit.*, p. 125.

Diante disso, vê-se com clareza a distinção entre o pensamento hobbesiano e o lockeano acerca do estado de natureza. Entretanto, o próprio Locke fez questão de ressaltar essa distinção ao afirmar que: "Eis a clara diferença entre o estado de natureza e o estado de guerra, os quais, por mais que *alguns homens* os tenham confundido, tão distantes estão um do outro quanto um estado de paz, boa vontade, assistência mútua e preservação está de um estado de inimizade, malignidade, violência e destruição mútua"[52] (grifo nosso).

Embora Locke tenha deixado expressa sua intenção em dissociar o estado de natureza do estado de guerra, e criar, implicitamente, uma concepção de homem fraterno, pacífico e sociável, a análise integral da sua obra apresenta contradições. No Cap. IX do *Two Treatises of Government* [*Dois tratados sobre o governo civil*], no capítulo "Of the Ends of Political Society and Government" [Dos fins da sociedade política e do governo], o autor escreve como se estivesse norteando-se pelo Cap. XIII do *Leviatã*:

> Se o homem no estado de natureza é livre como se disse, se é senhor absoluto de sua própria pessoa e suas próprias posses, igual ao mais eminente dos homens e a ninguém submetido, por que haveria ele de se desfazer dessa liberdade? [...] A resposta evidente é que, embora tivesse tal direito no estado de natureza, o exercício desse direito é bastante incerto e está constantemente exposto à violação por parte dos outros, pois, sendo todos reis na mesma proporção que ele, cada homem um igual seu, e, por não serem eles, em sua maioria, estritos observadores da equidade e da justiça, o usufruto que lhe cabe da propriedade é bastante incerto e inseguro. Tais circunstâncias o fazem querer abdicar dessa condição, a qual, conquanto livre, é repleta de temores e de perigos constantes. E não é sem razão que ele procura e almeja unir-se em sociedade com outros que já se encontram reunidos ou projetam unir-se para a mútua conservação de

---

52. John Locke, *op. cit.*, p. 126.

suas vidas, liberdades e bens, aos quais atribuo o termo genérico de propriedade.[53]

Crawford B. Macpherson tentou explicar esta contradição socorrendo-se em uma análise sócio-histórica[54]. O pensamento de Locke era fundamentalmente influenciado pela classe liberal burguesa, tanto que a propriedade[55] era um dos três direitos básicos do homem (ao lado da vida e da liberdade), o que fez com que fosse necessário encontrar uma justificação racional para a constituição do Estado que não estivesse fundada na doutrina hobbesiana, considerada por demais desvinculada das leis morais tradicionais. Por consequência, foi necessário sustentar, com base na lei natural, a igualdade entre os homens em estado de natureza e encontrar uma justificativa natural para a desigualdade, que seria a diferença de racionalidade entre os homens[56]. Para a satisfação de seus contemporâneos burgueses, Locke cumpriu ambas as tarefas.

De outra sorte, visão diferente da natureza humana possui Rousseau. Ele busca, por intermédio da razão, reconstruir aquilo que seria o homem natural, ou seja, o homem em estado de natureza. O estado de natureza rousseaniano representa o estágio inicial da sociedade, caracterizado pela total pureza e idoneidade; um momento em que os indivíduos conviviam na irrestrita liberdade e autonomia, inexistindo qualquer necessidade de vinculações permanentes entre si. Ainda que Rousseau tenha tentado argumentar que estava procedendo a uma reconstrução histórica para chegar ao seu conceito de estado de natureza,

---

53. John Locke, *op. cit.*, p. 179.
54. Crawford B. Macpherson, *The Political Theory of Possessive Individualism. Hobbes to Locke*, Oxford, Clarendon Press, 1964, pp. 217-9.
55. "O fim maior e principal para os homens unirem-se em Estados políticos (*commonwealths*) e submeterem-se a um governo é a conservação das suas propriedades." John Locke, *op. cit.*, p. 180.
56. "Ele também justifica, como natural, uma classe diferencial em direitos e em racionalidade, e agindo assim provê a base moral positiva para a sociedade capitalista." Crawford B. Macpherson, *op. cit.*, p. 221.

toda a sua metodologia investigativa é no mesmo sentido teórico-hipotético adotado por Hobbes e Locke. A única diferença é que estes reconheceram isto e Rousseau não.

Ao contrário de Hobbes, que defende a tese de que o homem é um ser naturalmente intrépido e voltado apenas para o ataque e o combate, Rousseau compreende o homem em estado de natureza – o homem natural, para usar seus termos – como alguém "que está sempre temendo e pronto a fugir ao menor ruído que o alcance, ao menor movimento que perceba"[57]. Isto seria consequência do fato de que o homem possuiria uma tendência natural para temer aquilo que desconhece, ou quando não lhe é possível distinguir o bem e o mal físicos que este novo objeto, ou situação, lhe oferece. Somente depois de ter medido forças com os outros homens, animais ou adversidades, é que será possível ao homem atacar, pois terá um paradigma sobre o qual poderá fazer projeções quanto a situações novas e semelhantes àquelas que eventualmente figurar-se-ão a sua frente.

Deste modo, percebe-se nitidamente que a forma como o homem em estado de natureza agirá é diametralmente distinta em ambos os autores: Hobbes tem na antecipação uma das principais formas de ação, ou seja, trata-se de um comportamento ativo baseado na mera suposição, não necessitando haver uma ameaça real vinda da outra parte, enquanto para Rousseau o comportamento humano pode, até mesmo, ser entendido como passivo, pois somente agirá depois que o outro agir, ou melhor, somente agirá depois que o outro agir e ele tiver concluído que está em condições de combater. O homem natural de Hobbes será para Rousseau o homem de uma sociedade civil corrompida.

Apesar das diferenças entre si, esses autores possuem dois pontos em comum quanto à natureza humana: o instinto de autopreservação e a preponderância das paixões.

---

57. J.-J. Rousseau, *Discours sur l'origine et les fondements de l'inégalité parmi les hommes*, Paris, Gallimard, 2003, p. 66.

No entanto, Rousseau desenvolve um raciocínio que condiciona as ações humanas ao que foi determinado pelas paixões, mas para ele não existem paixões inatas, e elas são aquilo que permitirá à razão se aperfeiçoar, contrariando inteiramente Hobbes. As paixões seriam fruto das necessidades vitais do homem e só poderiam se desenvolver depois de manifestadas neste, uma vez que, para Rousseau, não existe um conhecimento anterior à ação capaz de permitir falar na existência e na manifestação de qualquer sorte de paixão que não tenha tido o componente material a provocá-la[58].

Em uma nota presente no *Discours sur l'origine et les fondements de l'inégalité parmi les hommes* [Discurso sobre a origem e os fundamentos da desigualdade entre os homens], Rousseau complementa o raciocínio anteriormente exposto:

> Todas as nossas necessidades são devidas ao hábito, antes do qual não eram necessidades, ou aos nossos desejos, e não se deseja aquilo que não se está em condições de conhecer. Conclui-se daí que o homem selvagem, não desejando senão as coisas que conhece e não conhecendo senão aquelas coisas cuja posse tem ou é fácil de adquirir, nada deve ser tão tranquilo quanto a sua alma e nada tão limitado quanto seu espírito.[59]

Este último raciocínio demonstra a realidade do homem natural, qual seja, a de viver em um ambiente pacífi-

---

58. "Apesar do que dizem os moralistas, o entendimento humano muito deve às paixões, que, segundo uma opinião geral, devem-lhe muito também: é pela sua atividade que nossa razão se aperfeiçoa; procuramos conhecer porque desejamos usufruir e é impossível conceber por que aquele, que não tem desejos ou temores, dar-se-ia a pena de raciocinar. As paixões, por sua vez, encontram sua origem em nossas necessidades e seu progresso em nossos conhecimentos; uma vez que só se pode desejar ou temer as coisas segundo as ideias que delas se possa fazer ou pelo simples impulso da natureza; o homem selvagem, privado de toda sorte de luzes, só experimenta as paixões desta última espécie, não ultrapassando, pois, seus desejos a suas necessidades físicas." J.-J. Rousseau, *op. cit.*, p. 73.

59. J.-J. Rousseau, *op. cit.*, p. 141.

co e sem conflitos, haja vista que as suas necessidades são limitadas e não existem motivos para grandes conflitos. Realidade, esta, por completo oposta a que Hobbes concebe, onde o ambiente hostil, o conflito permanente e a busca por mais e mais poder são características essenciais.

O homem natural de Hobbes será para Rousseau o homem de uma sociedade civil corrompida, uma vez que Rousseau entende ser a formação da sociedade o momento em que o homem inicia um processo deteriorante daquela sua condição de pureza inata. O seu desenvolvimento poderia descaracterizá-lo de tal modo a criar um indivíduo com feições fundamentalmente diferentes daquelas que possuía quando na sua condição natural[60].

José F. Fernández Santillán salienta que para Rousseau a sociedade civil se converte em um problema, não em uma solução; a solução do problema da sociedade civil será a constituição da *commonwealth*[61].

Feitas estas breves considerações sobre a natureza humana, passemos à análise da formação do contrato social nos três autores em tela.

Na filosofia política hobbesiana o processo de instituição de um Soberano possui duas fases. A primeira é caracterizada pela horizontalidade da relação, em que se dá o acordo de cada indivíduo com cada semelhante seu. O segundo momento é o da verticalidade: baseia-se numa autorização, dada por todos, para uma pessoa, ou assembleia, exercer o poder ilimitado em seu nome. Em suma, o contrato social é um pacto geral entre todos os indivíduos para que uma pessoa, ou assembleia, aja como se fosse cada indivíduo que estivesse exercendo seu próprio poder. Assim sendo, a instituição do Soberano possui estreita relação com o contrato social.

Mais do que um mero acordo, o contrato social é de caráter obrigacional entre as partes e mantém-se pela for-

---

60. J.-J. Rousseau, *op. cit.*, p. 52.
61. Cf. José F. F. Santillán, *Hobbes y Rousseau. Entre la autocracia y la democracia*, México, D.F., Fondo de Cultura Económica, 1988, p. 60.

ça coercitiva do Soberano, esta que é desnecessária, ou ao menos indesejável, em um mero acordo respaldado unicamente pela moral. Quando duas ou mais pessoas acordam sobre determinado assunto, o elemento subjetivo que sustenta a existência e a realização deste acordo reside, substancialmente, na moral. Em contrapartida, a constituição do contrato social não terá aquele elemento subjetivo como base para a sua eficácia, mas sim a força oriunda de um poder soberano criado para impor o contrato e fazer com que ele se concretize na realidade material[62].

Se a soberania estiver centrada apenas na motivação de cada indivíduo em colaborar para que a lei seja cumprida e a segurança social mantida, o fracasso será o único resultado possível para este poder instituído. A expectativa de obter uma resposta ativa por parte dos súditos deve se dar dentro daquilo com que os súditos se propõem colaborar, isto é, são tarefas do súdito não interferir na punição que o Soberano venha impor a alguém que descumpriu a lei e estar disposto a concordar com as ordens do Soberano. No entanto, todas essas atribuições do súdito têm como fim a manutenção da própria segurança, mas no momento em que for necessário assistir ao Soberano, quando este lhe

---

62. David Gauthier, "Hobbes's Social Contract", *in* Christopher W. Morris (org.), *The Social Contract Theorists: Critical Essays on Hobbes, Locke and Rousseau*, Lanham, Rowman & Littlefield Publishers, 1999, p. 61, confirma o aqui exposto: "Proponho distinguir contratos de outros acordos caracterizando o primeiro como troca de intenções para agir que introduz incentivos, sejam estes internos ou externos, moral ou outro que seja, para suplementar ou recolocar cada motivação da parte em buscar o verdadeiro objetivo do acordo. Em particular, distingo contratos de acordos puramente coordenativos. Ambos requerem que cada pessoa prefira o resultado do acordo em vez do que seria o não acordo. Em acordos puramente coordenativos, cada um também prefere o comprometimento pelos seus semelhantes, e esta preferência pelo comprometimento não é induzida por sanções, externas ou internas. Mais ainda, cada um espera que os outros cumpram, e pretende ele mesmo cumprir. Nenhuma parte do acordo existe isoladamente para assegurar o comprometimento com os demais, de modo que, deixando o comprometimento de lado, omitir qualquer um dos termos do acordo poderia ser visto como indesejável por pelo menos uma das demais partes."

convocar, já se estará pedindo algo que poderá colocar em risco a própria segurança do súdito. Na possibilidade de haver um fora da lei que deva ser preso, o senso de autopreservação daquele, ou daqueles, que irá persegui-lo dá lugar ao desejo de manter um bem maior da coletividade, qual seja, a segurança de todos, ainda que entre estes existam muitos que não colocariam em risco a sua segurança pessoal para realizar tal tarefa.

De acordo com a psicologia social hobbesiana, para que o seu "existir" não seja algo efêmero, o homem sentir-se-ia obrigado a contratar, não por respeito a sua coletividade ou por querer ver esta progredir e se desenvolver, mas por estar a sua própria existência ameaçada e qualquer possibilidade de grandes conquistas pessoais obstadas pela condição natural em que se encontra a humanidade[63].

O processo de abnegação dos próprios direitos e da própria liberdade em benefício do Soberano representa o produto do egoísmo de alguém que compreende ser insustentável viver em estado de natureza e que deseja constituir, conjuntamente com seus semelhantes, um aparato que lhes seja superior e capaz de garantir que as conquistas pessoais e a vida de cada um não serão ofendidas impunemente[64]. Em suma, Hobbes entende que o ato de instituição do Estado, assim como todas as demais ações que o homem pratica, é um ato fundamentalmente egoístico,

---

63. "O medo da morte é mais do que um meramente razoável e admissível terreno de argumentação na teoria política de Hobbes. Ele é a base da sua justificação do escopo da autoridade soberana e da sua visão da irredutível liberdade dos sujeitos." David Johnston, *The Retoric of Leviathan*, Princeton, Princeton University Press, 1989, p. 101.

64. "Hobbes não estava sozinho ao tentar firmar o discurso sobre a lei natural em bases sólidas. Suarez, Grócio, Selden, Taylor e outros tentaram a mesma coisa. Mais ainda, muitas das características gerais que Hobbes atribuía a leis naturais eram convencionais. O que houve de novo foi a sua apaixonada tentativa de derivá-las do princípio da autopreservação." John P. Sommerville, *Thomas Hobbes: Political Ideas in Historical Context*, New York, St. Martin's Press, 1992, p. 44.

racional e que almeja o bem comum apenas em caráter secundário[65].

Se nos voltarmos para Locke, perceberemos que este seguiu um caminho diferente daquele formulado por Hobbes ao estudar os aspectos antropológicos e psicológicos do homem. Ele apresentou, todavia, como vimos, aporias quanto à fundamentação do estado de natureza que não o distanciaram de Hobbes com toda a solidez que desejava.

Locke sustentava que no estado de natureza existiam direitos de propriedade, mas era absolutamente inviável que tais direitos fossem respeitados em um ambiente desprovido de uma sociedade política organizada – que tinha na conservação da propriedade o seu fim maior – e, sobretudo, sem a presença de um poder imparcial, soberano e capaz de garantir a proteção a tais direitos, ao passo que a instrumentalização deste poder soberano se daria por meio do estabelecimento dos poderes legislativo, judiciário e executivo[66].

Existem algumas peculiaridades[67] no estado de natureza em si e que Locke as arrola como causas da formação de uma sociedade política, ou melhor dizendo, de um Estado:

---

65. "Deve-se buscar dentro da estrutura do Estado as possibilidades de limitação do individualismo ilimitado, para que a unidade se instaure na política, e a segurança dentro da vida privada." Lucien Jaume, *op. cit.*, p. 26.

66. "Aos homens faltava, porém, aquela que o próprio Locke chamava de uma *standing rule*, uma regra fixa e consolidada, capaz de preservar no tempo a *property* já adquirida no estado de natureza. Por isso, os homens decidiam sair do estado de natureza e instituir a sociedade política. Aqueles homens viam esta essencialmente como um instrumento de aperfeiçoamento da condição já existente, que consentia em colocar a serviço da mesma *property*, dos seus direitos, algumas instituições políticas que como tais nunca teriam podido se estabelecer no estado de natureza: um legislador e uma lei capaz de representar a 'medida comum' na determinação do erro e da razão nas controvérsias entre os indivíduos, um juiz 'certo e imparcial' sobre o qual se possa sempre contar para a aplicação da lei, e um poder ulterior, o Executivo, que tenha em si, de modo incontestável, a força necessária para fazer cumprir as sentenças." Maurizio Fioravanti, *Costituzione*, cit., pp. 90-1.

67. Cf. John Locke, *op. cit.*, pp. 179-82.

1. ausência de uma lei estabelecida, reconhecida por todos e eficaz na consecução do seu escopo;
2. ausência de um juiz imparcial para dirimir as controvérsias e encontrar soluções para os conflitos entre os indivíduos, de modo que nenhuma das partes arque com prejuízos que não tenha dado causa;
3. ausência de um poder suficientemente forte para fazer valer as sentenças, pois entende Locke que os homens, quando vencidos em uma controvérsia, buscarão resistir pela força aos efeitos da sentença que lhe forem danosos.

O discurso lockeano vai distinguir-se do hobbesiano, quanto às causas da instituição de um Estado (ou *commonwealth*, como prefere Locke), ao observarmos que, quando analisado o homem em estado de natureza, para Hobbes todos os direitos daquele encontram-se em constante ameaça, e que para Locke somente a propriedade está sob a ameaça ininterrupta de violação por parte dos seus semelhantes, ainda que, como exposto anteriormente, Locke tenha se contradito ao tratar deste assunto. O Estado representaria antes de tudo, neste autor, uma tentativa de garantir o direito natural à propriedade que todo o homem possui, enquanto para o autor do *Leviathan* [*Leviatã*] o Estado surge com a tarefa precípua de estabelecer a paz social, impedindo, assim, que o direito natural à vida não seja banalmente violado por outro homem.

Distinção fundamental entre os dois autores poderá ser observada no primeiro momento posterior à formação do Estado, ou seja, no momento de escolher a forma de Estado e de governo.

A predileção de Hobbes pela monarquia absolutista é um traço característico da sua filosofia política, restando o assembleísmo como sua segunda opção favorita. A figura do monarca era a que mais se adaptava ao modelo de autoridade política ilimitada que concentrava em si a competência para justificar a legitimidade de qualquer norma jurídica, moral ou religiosa, e tinha sempre como fim a busca pela paz social. Antes de ser bem governado, o Estado deveria ser governável. A lei surgiria como positivação da reta razão daquele, ou daqueles, com poder para concebê-la, representando, assim, o primado da Autoridade em detrimento da Sabedoria: *non veritas sed auctoritas facit legem*[68]. A racionalidade hobbesiana via o monarca – e a possibilidade de este ser o indivíduo em condições mais adequadas para melhor desenvolver sua reta razão (*right reason*) – como o argumento central para remover a fundamentação meramente hereditária do poder monárquico – até então vigente – e encontrar na absolutização do poder soberano a melhor forma de encerrar o estado de guerra próprio da condição natural do homem. Para Hobbes, qualquer tentativa de dividir o poder soberano ou transferir prerrogativas deste para outros órgãos terá como efeito destruir o Estado. Todo o poder que corpos não estatais possuem deve decorrer, por subordinação ou por criação, do poder soberano[69].

Em um outro sentido, muito influenciado pelas circunstâncias sócio-históricas de seu tempo – assim como Hobbes –, Locke se demonstra contrário à monarquia absolutista, sobretudo por entender ser o poder despótico um poder absoluto e arbitrário que vai além dos limites daquilo que foi convencionado quando da formulação do pacto social, tanto que nem mesmo a natureza confere ao homem o direito de permitir que outrem lhe tire a vida no momento em que lhe convir. O único momento em que o homem perde o seu direito à vida é quando se coloca em estado de guerra contra outro semelhante seu[70]. Segundo Locke, o defeito fundamental que maculava a monarquia decorria da

---

68. Cf. Thomas Hobbes, *A Dialogue between a Philosopher and a Student of the Common Laws of England*, Chicago, Cropsey Ed., 1998.

69. "Para ele, qualquer distinção de um desses direitos que constituem a soberania, e qualquer concessão desses direitos a um outro que não seja o titular do *summum imperium*, teria por efeito destruir o Estado. Todo poder dos corpos políticos não estatais é criação do poder soberano e a ele está subordinado." Georg Jellinek, *Ausgewählte Schriften und Reden*, trad. fr. cit., p. 112.

70. Cf. John Locke, *op. cit.*, pp. 185-6.

total incompatibilidade desta – ou de qualquer outro modelo que possuísse um único centro de poder – com a organização de uma sociedade civil bem ordenada (*well ordered commonwealth*), uma vez que a confusão dos poderes no mesmo órgão faria com que os poderes executivos e legislativos se tornassem descontínuos e indissociáveis[71].

No entanto, deve-se lembrar que Locke, juntamente com Montesquieu, foi um dos principais idealizadores da repartição de poderes; para aquele, o momento principal após a formação do Estado é o de estruturação do poder legislativo, pois será este o órgão competente para formular as leis que disciplinarão as relações sociais e, sobretudo, garantirão a propriedade, estando os demais poderes a ele subordinados. O poder executivo teria um caráter eminentemente administrativo e de execução das leis, uma vez que a elaboração destas dar-se-ia, exclusivamente, pelo parlamento. Com isso, evidencia-se o caráter supremo do órgão legislativo[72].

Para a história do liberalismo político e do constitucionalismo moderno, a contribuição mais significativa e original apresentada pelo pensamento lockeano foi definir "a fundamental distinção entre poder absoluto e poder moderado"[73]. Será a partir desta noção de poder moderado que o conceito de soberania em Locke encontrará limites internos ao seu exercício, inversamente ao que ocorria tanto em Hobbes quanto em Rousseau, os quais compreendiam a so-

---

71. Cf. Maurizio Fioravanti, *op. cit.*, pp. 91-2.
72. "Sendo o principal objetivo da entrada dos homens em sociedade eles desfrutarem suas propriedades em paz e segurança, e estando o principal instrumento para tal nas leis estabelecidas naquela sociedade, a lei positiva primeira e fundamental de todos os Estados políticos (*commonwealths*) é o estabelecimento do poder legislativo – já que a lei natural primeira e fundamental, destinada a governar até mesmo o próprio legislativo, consiste na conservação da sociedade e (até onde seja compatível com o bem público) de qualquer um de seus integrantes. Esse legislativo não é apenas o poder supremo do Estado político (*commonwealth*), como também é sagrado e inalterável nas mãos em que a comunidade o tenha antes depositado." John Locke, *op. cit.*, pp. 183-4.
73. Maurizio Fioravanti, *op. cit.*, p. 92.

berania como uma prerrogativa que por essência desconhecia limites. Enquanto nestes dois últimos filósofos os direitos dos indivíduos não poderiam prevalecer quando conflitantes com o poder do Soberano (*Sovereign*) ou da vontade geral do povo (*volonté generale du peuple*), respectivamente, vemos em Locke os direitos dos indivíduos se constituírem em uma natural limitação ao poder público, pois foi a própria busca pela proteção de tais direitos que justificou a criação do Estado[74]. Além disso, o modelo lockeano faz com que a soberania não seja mais referida a um único indivíduo ou ao povo soberano, mas a "um sistema de poderes mantidos em equilíbrio pela constituição"[75]. A soberania perde o seu caráter absoluto e passa a ser a representação de um conjunto de *poderes soberanos* autorizados pela Constituição[76].

Ao avançarmos para o pensamento político de Rousseau, perceberemos que, apenas relembrando as suas considerações sobre o homem em estado de natureza, a sua justificação para a feitura do contrato social será substancialmente diferente daquela elaborada por Hobbes e Locke.

Para Rousseau, ainda que o homem não seja um ser violento e egoísta por natureza, o desenvolvimento das relações interpessoais levará, inexoravelmente, a restrições cada vez maiores à liberdade de cada indivíduo. A pureza inicial que este possuía quando em estado de natureza diminui progressivamente à medida que ele e seus semelhantes aperfeiçoam desigualmente suas possibilidades individuais, fazendo com que uns se sobreponham a outros e

---

74. Cf. Luisa Simonutti, "La souveraineté come problème chez Locke", *in* Gian Mario Cazzaniga e Yves-Charles Zarka (orgs.), *op. cit.*, pp. 154-5.
75. Maurizio Fioravanti, *Costituzione e popolo sovrano. La costituzione italiana nella storia del costituzionalismo moderno*, Bologna, Il Mulino, 2004, p. 61.
76. "A rigor, poder-se-ia dizer que não existe mais 'soberania', mas apenas exercício de poderes soberanos que são tais enquanto autorizados pela constituição. Mais prudentemente se poderia também dizer que o modelo examinado nos mostra o outro lado da mesma medalha: não mais a constituição como produto de um ato soberano, mas também o oposto, a soberania como produto e resultado do operar concreto da norma constitucional." *Ibidem*.

conquistem bens de modo desigual. Esta desigualdade natural seria uma das principais causas responsáveis por gerar restrições à liberdade dos homens. O problema fundamental da existência humana reside em torno da liberdade, e o contrato social é o instrumento que os homens possuem para constituir um Estado capaz de conservá-los tão livres quanto eram antes[77].

Os modelos de contrato social adotados por Hobbes e Rousseau distinguem-se, notadamente, na posição do indivíduo em relação ao Estado (ou sociedade civil): para Hobbes, o indivíduo não deve fazer nada além de *obedecer* às ordens do Soberano, enquanto, para Rousseau, o cidadão deve *participar* do processo de tomada de decisões. A *commonwealth* exige que cada indivíduo se transforme em parte ativa do todo[78]. A centralização que Hobbes opera em relação ao poder absoluto do monarca se converte, em Rousseau, em uma igual centralização do poder, mas não nas mãos de um único indivíduo: o povo será, para o genebrino, o legítimo detentor do poder soberano sobre a sua própria comunidade política[79].

Enquanto em Hobbes o motivo justificador da instituição do Estado é a proteção da vida, em Locke é a proteção da propriedade, e em Rousseau será a asseguração da liberdade o principal argumento. Trata-se de uma liberdade convencional que vem para substituir a liberdade natural, mas cujos efeitos deverão ser de igual intensidade, sob pena de se estar constituindo um Estado contrário à natureza humana.

---

77. "Encontrar uma forma de associação que defenda e proteja de toda a força comum a pessoa e os bens de cada associado, e pela qual cada um, unindo-se a todos, só obedeça, contudo, a si mesmo e permaneça tão livre quanto antes? Tal é o problema fundamental para o qual o contrato social dá a solução." J.-J. Rousseau, *Contrat Social*, Paris, Gallimard, 2002, p. 182.

78. Cf. José F. F. Santillán, *op. cit.*, p. 88.

79. "A tarefa reservada por Hobbes para um único (o príncipe), em Rousseau é desempenhada por todos (o povo); em Hobbes o príncipe manda e todos os demais obedecem, em Rousseau todos mandam e todos obedecem." José F. F. Santillán, *op. cit.*, p. 135.

Para evitar que alguns homens levem vantagem sobre outros, Rousseau entende que a vontade geral[80] deverá formar um corpo coletivo soberano em que a liberdade será mantida pela noção de igualdade que existirá neste grupo, impedindo que um indivíduo possa violar a liberdade dos demais sem sofrer qualquer espécie de repressão político-institucional. Rousseau dizia que "cada um, dando-se a todos, não se dá a ninguém, e, como não existe um associado sobre o qual não se adquira o mesmo direito que se lhe cede sobre si mesmo, ganha-se o equivalente de tudo que se perde e mais força para conservar o que se tem"[81]. Isto faz com que a soberania popular para Rousseau seja "incondicionada não menos de quanto o é, em autores como Bodin e Hobbes, a soberania do monarca absoluto"[82].

Ainda que no momento de formulação do contrato social todos os direitos naturais estejam sendo alienados, sem reservas, à coletividade, o homem assim procede para que em seguida possa usufruir os mesmos direitos através da força do corpo político. Em outras palavras, a força que dá efetividade aos direitos que o homem exerce isoladamente na natureza deixa de ser meramente individual, passando a ser uma força decorrente do poder do corpo político e que encontra na lei um instrumento definitivo para a conservação desse mesmo corpo[83].

Com estas posições Rousseau se demonstra partidário do modelo de Estado republicano e democrático. Sua aversão à monarquia torna-se evidente quando afirma que:

> um defeito essencial e evidente que sempre coloca o governo monárquico abaixo do republicano é que neste o voto pú-

---

80. Entenda-se vontade geral como o substrato coletivo de todas as vontades individuais (vontade de todos), o qual não precisará ser unânime, bastando que os votos de todas as vontades individuais tenham sido contados no processo decisório. Cf. J.-J. Rousseau, *op. cit.*, p. 191.
81. J.-J. Rousseau, *op. cit.*, p. 183.
82. Danilo Zolo, *I signori della pace*, cit., p. 114.
83. Cf. Giovanni Tarello, *Storia della cultura giuridica moderna*, Bologna, Il Mulino, 1976, pp. 328-9.

blico quase sempre eleva aos primeiros postos apenas homens esclarecidos e capazes, que os preenchem honrosamente, enquanto os que chegam a eles nas monarquias não passam, o mais das vezes, de trapaceiros, velhacos e intrigantes, cujos talentos diminutos, que nas cortes permitem ascender aos postos mais elevados, só servem para mostrar publicamente sua inépcia tão logo chegam a eles.[84]

Depois de analisadas as concepções de homem natural e os fundamentos que legitimam a instituição de um Estado civilmente organizado, em Hobbes, Locke e Rousseau, chegamos ao ponto final deste breve estudo comparativo: demonstrar a indivisibilidade e a inalienabilidade da soberania como elementos pacíficos nos três autores. Para a argumentação que será desenvolvida nos próximos capítulos, faz-se mister que reste claro, neste momento, como a defesa do princípio de soberania conservou-se unívoca entre os principais contratualistas da filosofia política, não obstante as significativas variações teóricas existentes entre eles.

Hobbes dizia ser a soberania uma autoridade dada por cada indivíduo (contratante) ao Estado, decorrente de uma autorização que aquele dá a este para agir como se ele fosse, atribuindo-lhe o "uso do gigantesco poder e força que o terror assim inspirado o torna capaz de conformar as vontades de todos eles, no domínio da paz em seu próprio país, e da ajuda mútua contra os inimigos estrangeiros"[85]. Não podendo, assim, ser o pacto desfeito e substituído por outro, nem mesmo podendo o Estado ser dividido ou alienar poderes a ele atribuídos por aqueles responsáveis pela sua instituição.

Locke, igualmente, ao falar em uma sociedade política como um "corpo único" e em "poderes políticos supremos" confirma a tese de ser indivisível e inalienável o poder soberano. Mesmo que ele tenha feito várias referências à pos-

---

84. J.-J. Rousseau, *op. cit.*, p. 232.
85. Thomas Hobbes, *op. cit.*, pp. 227-8.

sibilidade de desobediência civil e de desconstituição do pacto social, ao longo da sua obra, dividir o poder soberano ou alienar – por parte do Estado – prerrogativas que são inerentes à soberania não podem ser havidas como formas de desconstituição do pacto social ou de desobediência civil, uma vez que o Estado continua existindo, independentemente de ter perdido poderes. O ato de alienação estatal de poderes decorrentes da soberania ou de divisão do poder não impede que o pacto social continue surtindo efeitos e, até mesmo, realizando seus objetivos iniciais. A desobediência civil, para Locke, não deveria ter finalidades sediciosas, pois se tratava de uma faculdade que o indivíduo possui de resistir e reagir contra o monarca que tenha fugido das suas limitações constitucionais, podendo, inclusive, ser utilizada "contra a suprema autoridade do legislador, quando este tenha violado as vidas, as liberdades e os bens dos indivíduos que a ele foram confiados"[86].

Rousseau, por sua vez, dedicou o primeiro capítulo do Livro II do *O Contrato Social* [*Du Contrat Social*] para defender que *La Souveraineté est Inaliénable*, e o capítulo seguinte da mesma obra para sustentar que *La Souveraineté est Indivisible*. Segundo ele, "a soberania, sendo apenas o exercício da vontade geral, nunca pode ser alienada, e o soberano, não passando de um ser coletivo, só pode ser representado por si mesmo; o poder pode bem ser transmitido – não, porém, a vontade"[87]. A soberania é indivisível também porque a "vontade ou é geral, ou não é; ela é do corpo do povo, ou então somente de uma parte"[88]. A vontade "geral" oriunda do corpo político não admite concorrente.

Apesar das variações existentes nas concepções de soberania que os três autores em tela desenvolveram, conclui-se que a necessidade de criação de um Estado soberano

---

86. Maurizio Fioravanti, *Stato e costituizione. Materiali per una storia delle dottrine costituzionali*, Torino, Giappichelli, 1993, p. 160.
87. J.-J. Rousseau, *op. cit.*, p. 190.
88. J.-J. Rousseau, *op. cit.*, p. 191.

dotado de poderes indivisíveis, ilimitados e inalienáveis, foi a força motriz do contratualismo político moderno. Sem questionar a existência do poder, mas sim a sua dinâmica interna e, sobretudo, a intensidade, veremos o debate entre poder moderado e poder absoluto, ou seja, aquele confronto teórico que coloca Locke contra Hobbes e Rousseau, ser continuado ainda no período pós-Revolução Francesa, em especial com a consagração no âmbito das relações internacionais da doutrina dos direitos do homem.

2.1.3. Revolução Francesa, direitos do homem e o princípio de soberania

Não apenas a liberdade do indivíduo não era conhecida na Idade Média, mas também a liberdade do soberano não havia ainda sido concebida. O início da Modernidade representou a defesa da liberdade do soberano diante dos demais poderes que com ele concorriam, enquanto a emancipação do indivíduo ocorreria paralelamente – e em segundo plano – a este processo[89]. Porém, é importante mencionar que o período das revoluções (séculos XVII e XVIII) representou o início da "Era dos Direitos", que Bobbio costumava referir, fazendo com que os direitos do soberano passassem a concorrer com os direitos do indivíduo e, consequentemente, criando a necessidade de reformulações em torno do conceito de soberania[90].

A ocorrência da Declaração dos Direitos do Homem e do Cidadão[91], de 26 de agosto de 1789, em seu art. 3, pro-

---

89. Bertrand de Jouvenel, *op. cit.*, p. 240.

90. "Concepção individualista significa que primeiro vem o indivíduo, (...), que tem valor por si mesmo, e em seguida vem o Estado e não vice-versa, pelo contrário, para citar o famoso artigo 2 da *Declaração* de 1789, a conservação dos direitos naturais e imprescritíveis do homem é 'o escopo de toda associação política'." Norberto Bobbio, *L'età dei diritti*, Torino, Einaudi, 1997, p. 59.

91. Artigo 3: "O princípio de toda a soberania reside, essencialmente, na nação. Nenhuma operação, nenhum indivíduo pode exercer autoridade que dela não emane expressamente."

duziu a afirmação de uma ideia de Estado-nação fundamentado e legitimado somente pela vontade geral do povo, resumida em um ente imaterial chamado nação. Com a ideia de que o poder emana do povo e se encontra limitado pela vontade do próprio povo, tornou-se possível que o monopólio do poder do Estado e suas exclusivas capacidades funcionais fossem efetivados sobre um território contra qualquer outro tipo de vontade particular existente; da soberania da nação resulta que um único ente resuma *in abstracto* toda a pluralidade de vontades e direitos existentes no território, permitindo, inclusive, que se estabeleça uma hierarquia qualitativa em relação àquela pluralidade de vontades e direitos: a *soberania da nação* será o ponto máximo de tal hierarquia[92].

À época da Revolução Francesa e durante os momentos que a antecederam, foi se afirmando a ideia de que pensar o poder soberano em termos absolutos, ainda que como feito por Rousseau em relação à soberania popular, não era mais possível. Falava-se em nação nos mais variados sentidos, como um corpo único composto de indivíduos com identidade cultural e comunhão de destinos, ou como a representação imaterial de uma coletividade inclusa em um contexto social e político que, em virtude de língua, etnia, cultura, entre outros fatores, não poderia ficar simplesmente restrita ao conceito de população[93].

---

92. Na origem do conceito de soberania nacional podemos encontrar a obra de Emmanuel Sieyès, *Qu'est-ce que le Tiers État?* (1789), Genève, Doz, 1970.

93. "A natureza da nação é essencialmente *dinâmica*. Um povo pode realizar, em um grau mais ou menos completo, uma nação: mais é frágil em um grupo a consciência quanto aos elementos de civilização comuns que lhes atribui sua unidade, mais será frágil seu caráter nacional, menos ele realizará uma nação; mais os elementos comuns de civilização serão consideráveis pelos seus nomes e pela sua extensão, mais a consciência coletiva quanto à participação ao mesmo grupo se liberará claramente, e mais ela se implantará no espírito dos homens." Georg Jellinek, *Ausgewählte Schriften und Reden*, trad. fr. cit., pp. 209-10. Para uma breve exposição histórica sobre os problemas atinentes ao conceito de nação, ver Federico Chaboud, *L'idea di nazione*, Roma/Bari, Laterza, 2002; e Claudio de Fiores, *Nazione e costituzione*, Torino, Giappichelli, 2005.

Denis Diderot defendia que o verdadeiro e legítimo poder possui limites que impedem a sua absolutização[94]. A unidade estabelecida entre Príncipe e nação era, para Diderot, um componente que colocaria limites intrínsecos à atuação de ambas as partes, pois aquele não poderia sair dos limites da sua competência e compromisso para com a nação, enquanto a esta era vetado romper o contrato social e exercer ações que pudessem ser contrárias ao Príncipe ou a si própria[95].

No mesmo sentido em que o pensamento filosófico francês buscava fortalecer a ideia de uma limitação ao poder soberano sob a retórica do contratualismo, pode-se ver em Emer de Vattel, considerado um dos "fundadores" do direito internacional, uma antecipação daquele que se tornaria um conceito referencial quanto à soberania nacional:

> *Soberania* é a autoridade pública que comanda na sociedade civil e que regula e dirige aquilo que cada membro deve fazer para atingir os fins da sociedade. Essa autoridade pertence original e essencialmente a todo o corpo da sociedade, para o qual cada membro, ao submeter a si mesmo, cedeu o seu direito natural de direcionar a sua conduta de acordo com a sua própria razão e bel-prazer e de ver por si mesmo que a justiça foi feita.[96]

Conservando muitas das prerrogativas tradicionais do conceito de soberania, como a unicidade, imprescritibilida-

---

94. "O verdadeiro e legítimo poder tem necessariamente limites. Por isso, assim nos diz as Escrituras: 'A vossa sujeição seja razoável', *sit rationabile obsequium vestrum.* 'Todo poder proveniente de Deus é um poder ordenado', *omnis potestas a Deo ordinata est.* Assim segue nessas palavras, segundo a reta razão e o senso literal, e não segundo a interpretação da vileza e da adulação, que pretendem que todo poder, qualquer que seja, provenha de Deus." Denis Diderot, "Autorité Politique", *in Encyclopédie*, 1751, vol. I, trad. it. *id., Scritti Politici* (org. Furio Diaz), Torino, Utet, 1967, p. 505.

95. Denis Diderot, *op. cit.*, pp. 505-8.

96. Emmer de Vattel, *Law of Nations or the Principles of Natural Law Applied to the Conduct and to the Affairs of Nations and of Sovereigns,* New York, William S. Hein & Co., Inc., 1995, p. 20.

de e indivisibilidade do poder soberano, o pensamento liberal-democrático pós-Revolução defendeu a exigência de se estabelecer limites ao até então ilimitado e potencialmente arbitrário poder soberano exercido pelo monarca. Benjamin Constant, um dos principais teóricos do liberalismo francês, sustentava ser inviável a manutenção de um conceito de soberania que fosse absoluto e sem limites diante de seus súditos (ou cidadãos), independentemente de ser o monarca, o parlamento ou o povo o detentor do poder soberano[97]. Constant via no respeito aos direitos individuais constitucionalmente garantidos dos cidadãos um limite necessário, tanto sob a perspectiva filosófica quanto sob a política[98].

A partir da Declaração dos Direitos do Homem e do Cidadão e da consolidação da soberania nacional como o modelo "universal" válido para o Estado moderno, tornou-se imperativo conceber a soberania como o produto de um processo de juridicização do poder supremo que, tendo sido este produzido no seio da nação, precisava ganhar uma forma impessoal e suprema, capaz de instrumentalizar o poder público através da divisão institucional das competências e prerrogativas próprias da soberania. O Estado soberano se converte em um "Estado de direito"; o outrora poder ilimitado passa por uma limitação do exercício das suas funções potestativas cujo objetivo é torná-lo compatível

---

97. "A soberania não existe a não ser que de um modo limitado e relativo. No ponto onde começa a independência da existência individual bloqueia-se a jurisdição de tal soberania." Benjamin Constant, *De la liberté chez les modernes: écrites politiques*, Paris, 1819, trad. it. *Antologia degli scritti politici*, Bologna, Il Mulino, 1962, p. 61.

98. "É incontestável, tanto em um vilarejo de cento e vinte cabanas como em uma nação de trinta milhões de habitantes, que ninguém deve ser arbitrariamente punido sem ter sido preventivamente julgado, segundo as leis consentidas e segundo as formas prescritas; assim como é certo que ninguém pode ser impedido de exercer as suas faculdades físicas, morais, intelectuais, industriais, se estas se manifestam de modo inocente e pacífico. Uma constituição é a garantia desses princípios. Por consequência, tudo o que está conectado a esses princípios é constitucional, enquanto não é constitucional o que não se refere a esses princípios." Benjamin Constant, *op. cit.*, p. 120.

com os direitos individuais de liberdade[99]. A soberania do Estado passou a coincidir com a soberania do ordenamento jurídico do próprio Estado, o qual colocava dentro deste mesmo ordenamento a soberania política do monarca e do povo, impedindo que tenha validade qualquer ato contrário àquele ordenamento. Em uma palavra, a soberania estatal torna-se uma soberania constitucional[100].

O Estado de direito e suas diversas variantes europeias (*Rule of Law, Rechtsstaat, État de Droit, État légal*)[101] fizeram com que a racionalização que acompanha o Estado moderno desde sua gênese migrasse do campo filosófico para o político-jurídico. A racionalidade jurídica demandava um estreitamento da relação causal entre os fundamentos do poder soberano e o poder em si, de modo a impedir que argumentos puramente transcendentais ou metafísicos pudessem restar como os responsáveis por dar legitimidade ao poder soberano. A necessidade de institucionalização jurídica tem por finalidade permitir que os fundamentos, os atributos e as partes envolvidas na relação de legitimação do poder soberano possam ter segurança (jurídica) quanto a sua previsibilidade e manutenção no tempo. Neste contexto, ao cidadão resta garantida uma ordem estável e sólida a ponto de se tornar previsível quanto ao seu funcionamento, enquanto ao Estado resta garantida a impessoali-

---

99. Danilo Zolo, *I signori della pace*, cit., pp. 117-8.
100. "Assim, foi inevitável, na cultura constitucional do século XIX, fazer coincidir a soberania do Estado com a soberania do ordenamento jurídico do mesmo Estado posto, que com as suas regras anulava as *soberanias políticas* do monarca ou do povo, transformando-as em poderes juridicamente regulados, inseridos naquele mesmo ordenamento. É isso, em uma palavra, o *Estado de direito*, que precisamente nos últimos anos do século assume a sua forma teórica definitiva, em seguida recebida em diversos países europeus, graças à obra de Georg Jellinek (1851-1911), certamente o maior jurista alemão entre os séculos XVIII e XIX." Maurizio Fioravanti, *Constituzione*, cit., p. 137.
101. Sobre este tema, ver Jacques Chevallier, *L'État de droit*, Paris, Montchrestien, 2003; Pietro Costa e Danilo Zolo (orgs.), *Lo stato di diritto. Teoria, storia, critica*, Milano, Feltrinelli, 2002; e Emilio Santoro, *Diritto e Diritti: lo Stato di diritto nell'era della globalizzazione*, Torino, Giappichelli, 2008.

dade e a possibilidade de que esta atribua àquele um senso de continuidade atemporal.

Na segunda metade do século XIX, a doutrina do Estado de direito viu no modelo anglo-saxão do *rule of Law* uma versão limitada da soberania que não tinha como objetivo restringir o poder do monarca – já enfraquecido desde a Revolução de 1647 e a *Glorious Revolution* de 1688 –, mas sim restringir o poder soberano do *Parliament*. Albert Venn Dicey em sua obra buscou condicionar todos os poderes do Estado ao *common law* – o qual era constituído de uma estrutura constitucional desprovida de constituição escrita, mas dotada de uma vasta gama de *immemorial principles, immemorial customs* e alguns *bill of rights* que terminavam por atribuir integralidade e dinâmica funcional ao sistema – e à estrutura jurisprudencial de produção de normatividade jurídica, pois, assim, seria possível evitar arbitrariedades por parte do Parlamento e do Executivo, restando os direitos individuais do cidadão sob a tutela do Judiciário[102]. Dicey não questionava a legitimidade da soberania do Parlamento, mas lembrava que, de acordo com o *rule of Law*, o simples fato de o Parlamento ter criado uma lei não significava que ela automaticamente entraria no *common law*: "ela se tornará 'direito' somente se e quando as Cortes a fizerem parte integrante do *common law*, substituindo as regras preexistentes"[103].

Ultrapassando os limites do oceano Atlântico, a doutrina da soberania encontrou no processo de Independência dos Estados Unidos da América modificações teóricas que, ao mesmo tempo que defendiam ideais próprios do iluminismo francês, representaram a perda da matriz emi-

---

102. Albert Venn Dicey, *Introduction to the Study of the Law of the Constitution*, London, 1885, trad. it. *Introduzione allo studio del diritto costituzionale*, Bologna, Il Mulino, 2003, pp. 33-4 e 51-4.
103. Emilio Santoro, "Rule of law e 'libertà degli inglesi'. L'interpretazione di Albert Venn Dicey", *in* Pietro Costa e Danilo Zolo (orgs.), *op. cit.*, p. 200. Sobre o tema, veja-se também *id.*, *Common law e costituzione nell'Inghilterra moderna*, Torino, Giappichelli, 1999.

nentemente europeia que até então sustentava a essência do conceito de soberania. A Declaração de Direitos da Virgínia, de 1776, e a Constituição federal dos Estados Unidos, de 1787, significaram o nascimento de uma nova ordem constitucional – independente do conquistador – que tinha na divisão dos poderes e na liberdade do indivíduo dois dos marcos iniciais para a sua construção. Diferentemente do que ocorria na Europa, onde ordens já constituídas demandavam por reformas na concepção de soberania absoluta que caracterizou o início o surgimento do Estado moderno, a realidade estadunidense do século XVIII desconhecia um poder soberano que não estivesse estabelecido na Europa insular[104].

Com isso, a ordem constitucional estadunidense se estabeleceu como uma antítese do modelo constitucional britânico, sobretudo com a obra de Thomas Paine, o qual, entre outras contribuições ao pensamento político-constitucional estadunidense, considerava a constituição o único meio hábil a dar expressão à vontade soberana do povo, não podendo ser produto da vontade do governo ou do monarca, pois a constituição teria como uma de suas finalidades criar o governo, em vez de ser criada por este[105]. Os au-

---

104. Com a Independência, o princípio de soberania é transformado em pilastra fundamental da ordem político-constitucional estadunidense, tanto que Alexis de Tocqueville, *De la Démocratie en Amerique*, Paris, 1835, trad. it. *Democrazia in America*, Milano, Biblioteca Universale Rizzoli, 1992, p. 67, dizia que: "O povo reina no mundo político americano como Deus reina no universo. Isto é a causa e o fim de cada coisa: tudo deriva dele e tudo termina nele."

105. "Uma constituição não é apenas algo como um mero nome, mas um fato. Ela não tem um ideal, mas uma existência real; e, caso ela não possa ser produzida de uma forma visível, não existe uma. Uma constituição é algo antecedente ao governo, e um governo é apenas uma criatura da constituição. A constituição de um país não é um ato do seu governo, mas do povo que constituiu este governo. Ela é o corpo de elementos, ao qual você pode referir, e citar artigo por artigo; e que contém os princípios com base nos quais o governo deve ser estabelecido, a maneira pela qual deve ser organizado, os poderes que deve ter, o modo como deve se dar as eleições, a duração das legislaturas parlamentares, independentemente de como tais corpos venham a ser chamados; os poderes que o Executivo enquanto parte do governo deve

tores do *The Federalist*[106], Alexander Hamilton, John Jay e James Madison, também rejeitavam qualquer ideia de um Estado soberano absoluto e centralizador. Diversamente de uma monarquia parlamentarista estabelecida em um modelo de Estado unitário (como na Inglaterra), tivemos nos Estados Unidos uma república[107] presidencialista com exercício do poder atribuído ao governo federal, o qual será competente para garantir a união política e econômica dos Estados Unidos da América, cabendo aos Estados federais uma competência funcional desconhecida nos tradicionais modelos constitucionais europeus.

Assim, a dimensão da soberania do *american people* já nasce naturalmente limitada pela sua divisão interna de prerrogativas e poderes próprios do poder soberano, de modo que caberá aos "freios e contrapesos" (*checks and balances*) a função de manter a estrutura constitucional equilibrada e moderada, seja entre os poderes institucionais do Estado federal, seja entre os seus Estados federados.

A soberania, como conceito e princípio, precisou se adaptar à realidade pós-Revolução Francesa e às demandas

---

ter; e, enfim, tudo que se relaciona com a completa organização do governo civil, e os princípios com base nos quais ele deve agir, e pelos quais ele deve estar limitado. Uma constituição, portanto, está para um governo assim como as leis feitas pelo governo estão para as cortes de justiça." Thomas Paine, *Rights of Men, Common Sense and other Political Writings*, Oxford, Oxford University Press, 1995, pp. 122-3.

106. A. Hamilton, J. Jay; J. Madison, *The Federalist* (1788), Chicago, Encyclopaedia Britannica, 1952.

107. Para demonstrar como o modelo republicano estadunidense é diferente – e inédito – em relação à compreensão de república historicamente formada na Europa, Maurizio Fioravanti, *Costituzione*, cit., pp. 105-6, sustenta que: "o regime republicano contém já em si a necessária opção em sentido democrático porque se exprime mediante uma constituição que se funda de modo explícito no poder constituinte do povo soberano. O que o regime republicano recusa é a determinação da opção democrática fora dos limites da constituição republicana, na perspectiva de um regime que ao se qualificar de modo autônomo em sentido democrático termina fatalmente por produzir formas de governos 'puras', que se reconectam a um único princípio inspirador, e desembocam, portanto, necessariamente em constituições orientadas a concentrar os poderes, em geral, na assembleia dos representantes do povo".

dos indivíduos por uma prestação "negativa" por parte do Estado, ou seja, que este se abstivesse de agir, regular e controlar com a mesma intensidade da época do Absolutismo Monárquico. As declarações de direitos e constituições que se seguiram durante este período histórico representaram a consagração de uma primeira geração (fase) de direitos individuais, como os direitos de liberdade, propriedade, segurança (jurídica, sobretudo), direito de votar (somente para os homens), entre outros, que viriam a iniciar uma fase de profundas modificações não somente nas concepções de Estado nacional e de soberania, mas também na própria estrutura do direito constitucional e do direito internacional. A tutela internacional dos direitos humanos é, por exemplo, uma das muitas novas formas de manifestação que o fenômeno jurídico adotou, nos séculos XX e XXI, e que se encontram diretamente ligadas aos resultados das revoluções ocorridas no século XVIII, sobretudo após a francesa e a estadunidense.

A partir desse período de revoluções, a "constituição moderna" sai fortalecida como sendo tanto o espaço legítimo para o embate político entre Estado e povo quanto a síntese deste mesmo embate. A contradição aparente se encerra quando percebemos a dúplice feição da constituição: por um lado é *forma* que sintetiza linguisticamente o contínuo e infindável processo dialético estabelecido dentro da ordem constitucional, por outro é *matéria* viva composta pelos efeitos jurídicos produzidos pela fenomenologia política que move o Estado. A doutrina da constituição significa precisamente a doutrina da limitação do poder soberano em função das necessidades dos cidadãos; nessa doutrina "se exprimia um constitucionalismo como ciência e técnica das liberdades"[108].

As restrições ao caráter absoluto do poder soberano que ganharam ampla aceitação a partir das revoluções do século XVIII não se limitaram a um momento isolado no tem-

---

108. Maurizio Fioravanti, *Stato e Costituizione*, cit., p. 136.

po: iniciaram, de fato, um processo de limitação do conceito de soberania que, naquele momento histórico, ainda não ameaçava a própria estrutura fundamental do Estado-nação; todavia, com a acentuação deste processo, ao longo dos séculos XIX e XX, já se torna possível questionar quanto à possibilidade de sobrevivência do Estado-nação no nascente século XXI.

2.2. As modificações da noção "territorialista" de soberania própria do *jus publicum Europaeum*

2.2.1. As necessidades de reformulações teóricas impostas pela concepção de mare liberum

Desde o início dos primeiros processos civilizatórios podemos encontrar a terra como o ponto de referência para a constituição política e a formação jurídica de uma sociedade. O homem é um animal nascido sobre a terra e que sobre esta construiu a sua história. Cada organização constitucional de um Estado é uma organização territorialmente delimitada, onde cada medida, divisão e distribuição da terra é determinada[109].

Na Antiga Grécia, tudo que era passível de se tornar objeto de deliberação política – e consequentemente produzir efeitos jurídicos – podia ser definido através do *nomos*, ou seja, este era a "medida que distribui o terreno e o seu solo da terra, colocando-o em um determinado ordenamento, e a forma assim dada do ordenamento político, social e religioso"[110]. Não obstante o *nomos* ser hodiernamente traduzido como lei, a sua função essencial era dividir, determinar e especificar o que por justiça era devido a cada um. Realizar o justo legal (*nomikon dikaion*) representava mais do que o mero cumprimento das leis escritas: significa o respeito à

---

109. Carl Schmitt, *Der Nomos der Erde*, trad. it. cit., p. 64.
110. Carl Schmitt, *op. cit.*, p. 58.

divisão estabelecida, ou outra determinação concreta, em relação à terra, ou a qualquer outro bem a esta vinculado.

A visão territorialista do Estado soberano, o qual arbitrariamente estabelecia uma relação de propriedade diante de tudo que podia conquistar, pode ser percebida quando nos atemos ao fato de que o Estado determinava a sua situação como a de um agente essencialmente "monologante", em vez de "dialogante", entre si e os seus súditos – incluindo, sobretudo, os bens destes –, pois não via necessidade de criar uma ordem institucional onde os súditos pudessem participar – dialogar – das decisões por ele tomadas, o que colocava estes últimos na passiva condição de meros destinatários dos comandos vindos do poder soberano[111]. Para o Soberano, exercer o *dominium* significa, exclusivamente, realizar o próprio poder sobre a terra e sobre os homens que a habitavam[112].

A dimensão marítima do conceito de soberania é uma ocorrência característica da Era Moderna. Foi necessário que ocorresse a concentração de poderes públicos na figura do Estado moderno para que este pudesse ter condições gerais de expandir os limites do seu domínio para além dos inexplorados confins do mar. A partir das conquistas dos oceanos, ocorridas nos séculos XV e XVI, o direito de exploração dos mares passa a ser norteado pelo princípio do *res communis omnium,* ou seja, tratava-se o mar como um bem de uso comum que a todos estava aberto, mas a ninguém pertencia[113].

De outra sorte, tanto na Antiguidade quanto na Idade Média, o mar era concebido como algo inexplorado e que apresentava tão grandes dificuldades e adversidades aos que sonhavam desbravá-lo, tendo sido muitas vezes considerado

---

111. Maria Rosa Ferrarese, "Il diritto europeo nella globalizzazione: fra terra e mare", in *Quaderni fiorentini per la storia del pensiero giuridico moderno,* 31, 2002, p. 23.
112. Carl Schmitt, *Der Nomos der Erde,* trad. it. cit., p. 26.
113. Sobre este ponto, ver Benedetto Conforti, *Il regime giuridico dei mari,* Napoli, Jovene, 1957, pp. 20-56.

inexplorável. O *horror vacui* provocado por um horizonte azul que aparentava não ter fim produzia as mais diversas sensações de temor, angústia e aflição. As águas que haviam sido conquistadas até o início da Era Moderna se restringiam às dimensões reduzidas de mares como o Mediterrâneo, Adriático e Mar Morto. Carl Schmitt recordava que "todos os ordenamentos pré-globais eram essencialmente terrâneos, mesmo se compreendiam domínios marítimos e talassocracias"[114].

A história do mundo, seja nos períodos Antigo, Medieval ou Moderno, foi a história de apropriações de terras e de guerras cujos objetivos, por mais diversos que fossem, tinham sempre a busca por novas conquistas territoriais como uma das causas preponderantes[115]. As antigas guerras entre romanos e bárbaros tinham em comum com as Cruzadas movidas pela *Respublica Christiana* o fato de que, em todos esses episódios, estava em jogo mais do que a "Glória de Roma" ou a suposta legitimidade que a *autorictas spiritualis* da Igreja Católica tinha sobre o mundo terreno: a conquista espacial norteava toda a teleologia do confronto, de modo que, até então, por espacial se entendia sempre aquilo que tinha dimensões territoriais.

Com as conquistas marítimas dos séculos XV e XVI o mar passa a se constituir em um dilema para o modelo de Estado territorial soberano existente, o qual não possui dentre as suas prerrogativas oriundas da soberania o direito de se autointitular proprietário do mar. O *jus publicum Europaeum* considerava cada espaço territorial do globo terrestre como sendo propriedade de algum Estado europeu, ou como sendo terreno conquistável pelo primeiro (Estado europeu) que o descobrisse. As conquistas marítimas iniciaram um processo de divisão desta compreensão essencialmente territorialista de poder soberano, fazendo com que tudo devesse se situar em um dos lados da contraposi-

---

114. Carl Schmitt, *Der Nomos der Erde*, trad. it. cit., p. 28.
115. Carl Schmitt, *Land und Meer*, trad. it. cit., p. 65.

ção terra e mar. O comércio, as guerras, as relações internacionais e todas as outras formas de expressão não somente do poder soberano do Estado, mas também do modo como o indivíduo se relacionava com quem ou aquilo que estivesse fora dos limites territoriais do seu Estado, deveria se enquadrar nas regras que eram próprias do *mare liberum*.

As mesmas referências que valiam no período do Estado territorial continuaram a valer após as conquistas marítimas e o início da exploração dos novos territórios conquistados: tudo possuía uma condição elementar de "europeu", pois a lógica utilizada para definir a natureza de algo era exclusivamente eurocêntrica. Com isso, todos os ordenamentos jurídicos e políticos dos territórios conquistados deveriam ser o mesmo do conquistador europeu, uma vez que, não obstante a distância física, este e aqueles passavam a formar uma unidade a partir do momento em que se consolidava a conquista.

Além de vincular os espaços conquistados com um padrão territorialista, a divisão do mar foi feita com base em linhas globais imaginárias que tentavam reproduzir sob a superfície instável do mar a mesma ideia que tradicionalmente era usada para dividir a terra de modo preciso entre o que pertencia a um e ao outro.

As primeiras linhas de divisão foram as *rayas* criadas por Espanha e Portugal para dividir apenas a posse dos seus territórios, já que tudo que fosse conquistado fazia parte da mesma ordem universal cristã que unia tais países, e as *amity lines* para dividir os espaços conquistados por França e Inglaterra[116]. As *rayas* valiam sobre um espaço geográfico determinado entre dois países: aquilo que não fosse de Portugal seria da Espanha e vice-versa, uma vez que a ordem medieval baseada na *Respublica Christiana* era ainda indiretamente presente nesta situação. No entanto, as linhas de amizade entre ingleses e franceses tinham por finalidade determinar o que era o "Novo Mundo": um espaço – tanto

---

116. Carl Schmitt, *Der Nomos der Erde*, trad. it. cit., pp. 88-9.

terra quanto mar – juridicamente vazio que começava a partir dessas linhas de amizade e não se encontrava sujeito ao *jus publicum Europaeum*. Eram linhas que, não obstante o alto grau de imprecisão geográfica, passavam a oeste pelo Trópico de Câncer e ao sul pelo Equador, permitindo que para além dessas linhas vigesse unicamente o princípio da liberdade dos mares, porém em um sentido em que "liberdade quer dizer que a linha define um campo em que se afirma o livre e impiedoso uso da violência"[117].

Independentemente de não existir um ordenamento válido para o "além do mar", as noções territoriais de propriedade privada, conquista e domínio continuavam sendo os princípios a orientar os novos navegadores das potências europeias. Falar em *mare liberum* significava falar em ausência de proprietário em relação a tudo que fosse encontrado, podendo o conquistador livremente se empossar de tudo que fosse possível conquistar, mesmo que para isso fosse necessário dizimar populações inteiras de índios e destes tomar terras que lhes pertenciam desde períodos imemoriais[118]. A fronteira das linhas de amizade demarcava onde se encerrava o ordenamento do *jus publicum Europaeum* e qualquer noção de civilidade que existisse na Europa, fazendo com que a controvertida compreensão hobbesiana quanto à natureza humana pré-societária, onde *homo homini lupus*[119], passasse a ter local próprio e participante definidos: o "além do mar", ou seja, a perfectibilização do estado de natureza que Hobbes havia estudado somente em termos hipotéticos.

A divisão feita pelas linhas de amizade criou um universo não reconhecido dentro da perspectiva eurocêntrica e que começou a produzir as suas próprias formas de desenvolvimento e autorreprodução. A partir das revoluções do século XVIII, sobretudo com as guerras de independência,

---
117. Carl Schmitt, *op. cit.*, p. 93.
118. Carl Schmitt, *op. cit.*, p. 246.
119. Tradução livre: "o homem é o lobo do homem". Thomas Hobbes, *De Cive*, Oxford, Clarendon, 1983, p. 24.

o direito internacional eurocêntrico já não conseguia manter seus antigos fundamentos e passou a ter de conviver com a divisão do mundo em "Novo" e "Velho Mundo", ao passo que os efeitos práticos desta mudança serão sentidos somente no século XIX e consagrados em definitivo no início do século XX[120].

Podemos sintetizar a influência desse processo de conquista dos mares em relação ao princípio de soberania em duas modificações essenciais ocorridas. A primeira diz respeito aos limites de fronteira do Estado. Não são mais somente limites territoriais que definem a dimensão espacial onde este pode exercer seu poder soberano: desde o século XVIII, com o tiro de canhão da artilharia costeira e as suas três milhas de alcance, que se definiu tal medida como sendo os limites marítimos da extensão do Estado[121]. Entretanto, ainda que esses limites terminem no mar, a referência continua sendo em relação à terra firme, o que demonstra a indissociabilidade existente entre Estado e terra.

A segunda modificação é consequência do modelo de guerra introduzido pelas guerras marítimas. Até o início das grandes navegações a natureza territorial das guerras era mais que predominante, era definitiva, pois, ainda que povos como os troianos, na Antiga Grécia, e os ingleses, durante toda a Idade Média, tivessem a invasão por mar como uma das principais táticas de guerra, o combate se desenvolvia no solo e era neste que elas se decidiam. Quando a Inglaterra se consolidou como a maior potência marítima da Europa, no século XVIII, parecia que o *Behemoth*, o qual

---

120. Carl Schmitt, *Der Nomos der Erde*, trad. it. cit., p. 103.
121. "É surpreendente observar quanto ao fundo acabou se penetrando a cifra das *três* milhas marítimas para delimitar a zona costeira, e como veio a permanecer, tanto que passou a ser entendida como 'codificável', inicialmente, ainda nos projetos de codificações ocorridos depois da primeira guerra mundial (1920-1930). A cifra, completamente desvinculada da perspectiva originária e da argumentação que a sustentava (o tiro da artilharia costeira), conservou-se até hoje inalterada, não obstante o desenvolvimento e a potencialização da *vis armorum*." Carl Schmitt, *op. cit.*, p. 221.

era um monstro terrestre que simbolizava os Estados continentais, agora teria de competir com a mítica baleia que dominava os mares: o Leviatã[122]. A Inglaterra se tornava senhora dos mares e detentora de um império mundial capaz de alcançar e ter domínios em todos os continentes do mundo; mais do que ganhar muitas batalhas no mar, ela produziu uma revolução espacial na sua própria estrutura: "verdadeiramente deslocou a sua existência da terra para o elemento mar"[123]. Porém, ela continuou sendo uma ilha, destacada do continente e tendo o mar como único vizinho fronteiriço e como fonte de grande parte da sua riqueza, mas ainda assim ela não havia perdido sua natureza territorial[124].

O que de mais significativo ocorreu com este processo foi a criação de um novo espaço político-jurídico ao qual o Estado territorial estava intimamente ligado: o mar. Guerras passaram a ser decididas neste, o comércio internacional no século XIX seria absolutamente dependente do transporte marítimo e a identidade dos navios, militares ou civis, demonstrava mais do que a sua origem, uma vez que passavam a ser uma extensão da soberania do Estado. A matriz territorialista continuava a existir, mas passava a ser dotada de uma profunda relação com o já não tão desconhecido mar.

Schmitt estendeu a todas as demais ciências e esferas da vida humana os efeitos da revolução criada pela superação do paradigma territorialista de soberania estatal ao afirmar que

> Não é exagerado sustentar que todos os âmbitos vitais, todas as formas de existência, todas as espécies de energia

---

122. Para maiores informações sobre este ponto, ver Filippo Ruschi, "Leviathan e Behemoth: modelli egemonici e spazi coloniali in Carl Schmitt", *in Quaderni fiorentini per la storia del pensiero giuridico moderno*, 33/34, 2004/2005, pp. 379-462.
123. Carl Schmitt, *Land und Meer*, trad. it. cit., p. 55.
124. Carl Schmitt, *op. cit.*, p. 74.

da força humana criativa, arte, ciência e técnica foram partícipes do novo conceito de espaço. As grandes modificações da imagem geográfica da terra foram apenas um aspecto exterior da profunda transformação indicada com o termo, tão rico de consequências, de "revolução espacial".[125]

Em vez de ter gerado um permanente confronto entre Leviatã e *Behemoth*, as novas dimensões apresentadas por esse espaço cognitivo, o qual coloca terra e mar em uma relação de intermitente proximidade e reciprocidade, abriram espaço para que um direito internacional não mais eurocêntrico pudesse surgir, gerando, consequentemente, a necessidade de adaptação à realidade por parte de um modelo de poder soberano do Estado moderno que não estava mais em condições de conformar todas as situações fáticas a partir da sua vontade suprema. Schmitt já havia antevisto que, desta nova relação terra e mar surgida após as grandes descobertas territoriais, veríamos "que o antigo Nomos certamente perde espaço e com ele um sistema abrangente de medidas, normas e relações que foram transmitidas"[126].

2.2.2. Os efeitos da conquista dos céus no século XX:
a soberania como onipotência sobre a terra, o mar e o céu

Terra e mar continuaram a ser, no século XX, dois mundos separados que possuíam suas próprias estruturas internas de funcionamento. Desde as relações comerciais até as guerras, tudo se desenvolvia de acordo com princípios, regras e lógicas que eram peculiares a cada área. A aproximação e a inter-relação estabelecida entre o "mundo terrestre" e o "mundo marítimo" não representou uma fusão destes dois espaços. Entretanto, o voo de Santos Dumont realiza-

---

125. Carl Schmitt, *op. cit.*, p. 63.
126. Carl Schmitt, *op. cit.*, p. 82.

do em Paris, em 1906, com o seu *14 Bis*, significou o início de um processo de descobrimento e conquista dos céus cujo fim ninguém ousa prever. Ainda que não se saiba onde e se terminará, é incontestável que as mudanças são sentidas nos mais variados âmbitos da existência humana; a organização do poder político e a forma como este exerce a sua soberania apresentam significativas alterações em relação ao padrão terra/mar existente até então.

O vazio do céu, o qual outrora era considerado jurisdição exclusiva da *potestas spiritualis* da *Respublica Christiana*, passou a ser desbravado por máquinas voadoras guiadas por pilotos destemidos, e o mapeamento dos céus tornou-se cada vez mais preciso e detalhado a partir do momento em que novas e mais poderosas tecnologias foram sendo criadas para auxiliar a astrofísica, a astronomia e as demais ciências cujo objeto de estudo era o agora laico céu. No entanto, apesar das incomensuráveis possibilidades que a conquista do espaço aéreo apresentava para muitas ciências e para o próprio convívio intercultural, foi exatamente à guerra (a negação do convívio) que inicialmente mais se prestou o transporte aéreo. A Segunda Guerra Mundial elevou o avião à condição de ser mais do que uma mera arma de guerra: ele era o ator principal de um combate próprio, capaz de sozinho atacar a população inimiga de modo vertical e impiedoso, da mesma forma que São Jorge usava sua lança para atacar o dragão[127].

A soberania sobre o próprio território e o controle sobre as próprias fronteiras perderam o mesmo significado que possuíam antes do advento do avião e das possibilidades bélicas que deste decorria. Os ataques à base estadunidense de Pearl Harbor, em 7 de dezembro de 1941, mostraram ao mundo que bastaria uma chuva de aeronaves cami-

---

127. "O bombardeiro ou o avião de ataque em voos rasantes usam as próprias armas contra a população inimiga verticalmente, como São Jorge usava a sua lança contra o dragão." Carl Schmitt, *Der Nomos der Erde*, trad. it. cit., p. 430.

cases para pôr fim à sensação de segurança que o Estado historicamente procurava transmitir aos seus cidadãos, uma vez que o inimigo não precisa mais se aproximar por terra ou mar para desferir os seus golpes e causar profundos danos. Schmitt dizia que "a guerra aérea autônoma, que se desenvolvia no quadro das operações bélicas de terra ou de mar e era conduzida contra o potencial bélico do inimigo, representou ainda mais um novo tipo de guerra, incompreensível segundo a analogia ou o paralelismo com as regras do direito de guerra terrestre ou marítimo até então vigente"[128].

O Estado soberano viu reduzida a sua capacidade de controle tanto do seu espaço territorial, o qual ganhou a dimensão aérea como parte deste, quanto de reação a um ataque inimigo; a guerra nos ares não contava com sequências de combates minimamente semelhantes aos padrões de guerra terrestre ou marítima, os quais se estendiam por meses ou anos. O combate aéreo poderia durar poucos minutos e ter consequências que por terra seriam inviáveis de se produzir no mesmo espaço de tempo.

A guerra terrestre e a guerra marítima tinham por objetivo a conquista e a ocupação territorial diante do inimigo, de modo que fosse possível estabelecer uma autoridade e colocar o território conquistado sob o alvedrio da soberania do Estado vencedor[129]. De outra sorte, se considerada isoladamente, veremos que a guerra aérea tem como finalidade a aniquilação e a destruição do inimigo, não importando se deve ou não ser estabelecida uma relação de obediência – subordinação – entre o conquistado e o conquistador[130]. Os

---

128. Carl Schmitt, *op. cit.*, p. 421.

129. "O exército que ocupa o território inimigo está normalmente interessado em manter neste a segurança e a ordem, e em se estabelecer como autoridade. No exercício do poder de ocupação está incluído o conceito de *autorité établie* da potência ocupante (art. 43 do ordenamento da guerra terrestre de Haya de 1907)." Carl Schmitt, *op. cit.*, pp. 423-4.

130. "O aéreo chega voando e lança as suas bombas, ou ataca descendo em voo rasante e, entretanto, retoma a rota: em ambos os casos cumpre com a sua função de aniquilação e abandona, porém, imediatamente a seu

camicases de Pearl Harbor (1947), as bombas nucleares de Hiroshima e Nagasaki (1945) e os ataques do 11 de setembro de 2001 são exemplos, que se tornaram clássicos, de ataques aéreos cujo objetivo era a pura aniquilação do inimigo, a forma suprema de negação da existência deste.

A tentativa de definir qual espaço aéreo pertencia ao Estado nacional e qual pertencia à comunidade internacional – formando este um espaço aéreo internacional desprovido de proprietário – teve como primeiro e mais concreto resultado a Convenção de Paris, de 1919, a qual "territorializou" o espaço aéreo: atribuiu a cada Estado limites aéreos "horizontais" que deveriam coincidir com os seus mesmos limites territoriais e marítimos. No entanto, uma grande lacuna permaneceu em relação aos limites "verticais", isto é, extra-atmosféricos, os quais não possuíam limitações ou regulações jurídicas, constituindo-se em uma fonte de problemas e dificuldades inerentes às recentes técnicas de telecomunicação e teledetecção por satélite[131].

O maior dos efeitos gerados pela conquista dos céus em relação ao poder soberano do Estado é de ordem extra-jurídica. A intersubjetividade é o elemento responsável por dar coesão a qualquer corpo social ou político, de modo que o Estado como pessoa moral – além de pessoa jurídica, obviamente – solidifica o seu poder através de atos concretos, mas que serão ineficazes se não gerarem impacto positivo na intersubjetividade coletiva. Uma lei, *ex hypothesi*, poderá existir e ser válida no ordenamento jurídico, porém correrá o risco de jamais vir a ser aplicada pelo Judiciário ou cumprida pela população se por algum motivo o Estado falhar na fundamentação subjetiva do ato que deu origem à

---

destino (vale dizer: a sua autoridade estatal) o território bombardeado, com as pessoas e as coisas que lá se encontram. A consideração da conexão existente entre proteção e obediência, exatamente como aquela da relação entre tipo de guerra e presa, mostra a absoluta desorientação espacial e o caráter de pura aniquilação da moderna guerra aérea." Carl Schmitt, *op. cit.*, p. 429.

131. Pierre-Marie Dupuy, *Droit international public*, Paris, Dalloz, 1998, p. 620.

lei. Trata-se de um componente exclusivamente psicológico que atribui eficácia à norma jurídica. No entanto, este raciocínio não se exaure no âmbito jurídico, o próprio poder político necessita estar vinculado intersubjetivamente à parte responsável por dar legitimidade à sua existência e aos seus atos: o povo.

Diante disso, entendemos que o efeito mais drástico é de ordem extrajurídica, em virtude do fato de ser impossível ao Estado transmitir qualquer padrão de certeza e segurança semelhante àquele visto quando do apogeu do Estado moderno. A vastidão do céu e a quase impossibilidade de controle que este oferece fragilizou por completo a imagem de soberano que o Estado (já não tão) soberano tenta manter nos dias atuais. As guerras não foram os únicos ingredientes deste processo: o tráfico internacional de drogas, o contrabando internacional, o comércio internacional, a imigração ilegal e o próprio transporte de civis serviram – e continuam servindo cada vez mais – para demonstrar a ficção jurídica que se tornou o conceito de fronteira. A manutenção da própria intimidade pessoal pode começar a ser questionada a partir do momento em que cada vez mais poderosos satélites militares mapeiam o território do país que desejarem, sem que para isso precisem de autorização estatal ou sequer se cogite em violação à soberania do país observado; tais satélites terminam se constituindo em uma presença que não pode ser fisicamente notada, mas que é até mesmo capaz de descrever toda rotina de um simples indivíduo, este que não possui a quem, nem contra quem, reclamar. O onipotente monstro Leviatã, que, internamente, controlava os seus súditos e, externamente, afugentava invasores, parece ter se transformado em uma frágil criatura com dificuldades de proteger a si próprio.

Por fim, diante das modificações factuais introduzidas, tanto pela conquista dos mares quanto pela conquista dos céus, no tradicional conceito de soberania, este que possuía desde a sua gênese uma matriz territorialista, vemos que com o início do século XX alguns dos novos desafios apresentados ao Estado soberano vão além da mera compreensão espacial da esfera de atuação do poder político. Analisando a partir de um critério de eficácia, soberania significa capacidade decisional de se impor sobre os próprios limites territoriais, marítimos e espaciais.

A perda da exclusividade que a terra gozava em relação à estrutura espacial distributiva do Estado abriu espaços para que por mar e pelos céus viessem ameaças à onipotência e onipresença do poder soberano. Os efeitos mais concretos dessa lenta mudança de paradigma e relativização da matriz territorialista do Estado começaram a se desenvolver ao longo do século XX, de modo que ao final deste e início do século XXI tomaram um ritmo cada vez mais acelerado na forma como estão se manifestando. A relativização da matriz territorialista ofereceu todas as condições substanciais para que a própria relativização da noção de soberania pudesse ser pensada, iniciada e implementada.

Aquela *suprema potesta* que *superiorem non recognoscens* ficou perdida em um passado remoto onde o Príncipe podia conformar à sua vontade tudo e todos que estivessem sob o seu poder, enquanto, de outra sorte, na contemporânea Era Global o seu poder está sendo silenciosamente esmagado por uma realidade que desconhece fronteiras e ataca as suas estruturas mais elementares a partir da terra, do mar e até dos céus.

2.3. A tácita relativização da soberania: um subproduto da globalização

A relativização da soberania estatal é um processo que pouco se assemelha às limitações que o poder soberano vem sofrendo desde as grandes revoluções europeias e estadunidenses dos séculos XVII e XVIII, as quais tinham por finalidade definir, delimitar e tornar previsível a atuação do Estado na sua relação com os seus súditos (ou cidadãos); não se constituíam em processos voltados à usurpação do poder, mas ao condicionamento deste, uma vez que, mesmo diante das limitações impostas, ainda restava atribuída ao Estado a prerrogativa de, em última instância, decidir sobre determinada matéria.

Muito já se falou sobre a "crise do Estado"[132] ao longo do século XX, mas aquilo que hoje se define como crise do Estado, isto é, a perda da capacidade de manter a unidade interna própria do maior poder público e a perda de fazer valer sua soberania externa no domínio econômico[133], vai além de uma crise ou momento de questionamento sobre a finalidade do Estado em relação à economia. Ocorre, de fato, uma contínua e não plenamente declarada transferência dos atributos da soberania econômica do Estado para a tutela de agentes não estatais cujo comprometimento político e social é desconhecido.

Esta relativização do conceito de soberania estatal, tacitamente iniciada durante todo o curso do século XX e agravada nas últimas décadas deste, tem se constituído por uma série de processos que não podem ser tidos como uma mera crise decorrente da limitação do poder estatal: buscam remover determinadas prerrogativas que historicamente caracterizaram o Estado moderno desde a sua gênese e atribuí-las a agentes que supostamente seriam impessoais ou indefinidos, como se fossem abstrações resumidas em expressões como "mercado internacional", "mercado global", "demandas do mercado internacional", entre outros jargões que de objetivo nada possuem.

Entretanto, em três setores do Estado é possível falar – ainda que pareça demasiadamente forte – na ocorrência de

---

132. Para um estudo introdutório ao tema, ver Santi Romano, *Lo Stato moderno e la sua crisi*, Milano, Giuffrè, 1969; Agostino Carrino, *Sovranità e costituzione nella crisi dello Stato moderno*, Torino, Giappichelli, 1998; Roberto de Mattei, *La sovranità necessaria. Riflessioni sulla crisi dello Stato moderno*, Roma, Il Minotauro, 2001; Sabino Cassese, *La crisi dello Stato*, Roma/Bari, Laterza, 2002; e Maurizio Fioravanti, *Il valore della costituzione. L'esperienza della democrazia repubblicana*, Roma/Bari, Laterza, 2009.

133. Cf. Sabino Cassese, *La crisi dello Stato*, cit., p. 4.

uma real transferência de poder soberano do público para privado: no âmbito da economia, em que agentes – plenamente determináveis e que abaixo referiremos – atuam ativamente guiando e ditando as regras do mercado internacional, no âmbito da política, em que desde a Liga das Nações existe uma tendência a universalizar o ocidental e transformar cada um dos seus princípios em uma espécie de "axioma-mor" da humanidade, e no incipiente âmbito jurídico internacional, o qual vem tentando – sem grande sucesso, sob qualquer perspectiva minimamente positivista – implementar uma jurisdição internacional capaz de dar efetividade à síntese da demanda de regulação peculiar a cada um dos dois âmbitos anteriores.

No entanto, em razão da profunda proximidade existente entre o âmbito jurídico e o político, dividiremos a nossa análise do processo *lato sensu* de relativização da soberania em dois campos específicos: (1) econômico e (2) político-jurídico.

O princípio *cuius regio eius oeconomia*, garantido, sobretudo após a Paz de Westphalia, como inerente à soberania do Estado moderno, ao longo dos séculos XIX e XX tornou-se obsoleto, fazendo a sociedade global do século XXI parecer algo totalmente incompatível com as realidades dos mercados nacionais e internacionais. A capacidade de determinar como os recursos econômicos seriam alocados dentro da cadeia produtiva e como a questão da mão de obra seria tratada – desde a formação até os padrões de remuneração – são prerrogativas que paulatinamente foram sendo retiradas do poder estatal e passadas para agentes cuja natureza nem sempre se encontra vinculada aos princípios que orientam a política socioeconômica do Estado.

Anteriormente sustentamos que os principais agentes que atuam hoje nos mercados internacionais são: (1) empresas multinacionais, (2) empresas transnacionais e (3) investidores privados orientados por relatórios de bancos de investimentos que estabelecem critérios universais e determinantes para a estabilidade das economias nacionais, como, por exemplo, o risco-país (*risk country*)[134]. Paralelamente a esses agentes, vimos também que incentivos estatais e subsídios dos países que hospedam as matrizes das grandes empresas (multinacionais e transnacionais) são consequência não de expedientes isolados de tais países, mas sim de políticas voltadas ao pleno suporte à atuação e ao crescimento dessas empresas no mercado internacional, uma vez que é a esses países que os lucros retornam e onde ocorre grande concentração de investimento externo direto[135]. Diante disso, é possível, de início, estabelecer que a relativização da soberania é um processo tácito que possui dois beneficiários definidos, os quais buscam aumentar sua capacidade de atuação, controle e lucratividade dentro da economia internacional: (1) as grandes empresas multinacionais e transnacionais, (2) e os Estados que as hospedam e dão suporte interno para que possam competir no mercado internacional[136].

As últimas décadas do século XX se caracterizaram por uma série de propostas voltadas ao livre-comércio, à desregulação, à privatização das atividades vinculadas ao Estado, à liberalização dos mercados de capitais e, sobretudo, à minimização – ou extinção – da carga tributária imposta pelos Estados nacionais, propostas estas que foram definidas por J. Stiglitz como *Washington Consensus*, e implementadas com uma fé catequizadora pelo Fundo Monetário Internacional e pelo Banco Mundial diante dos países em desenvolvimento. Zygmunt Bauman sustenta que "abrir todas as portas e abandonar qualquer ideia de autonomia na políti-

---

134. Ver Parte I, Cap. 1, item 1.2, *supra*.
135. Paul Hirst denomina *Tríade* o grupo formado por Estados Unidos, Europa e Japão, grupo que, além de concentrar o investimento externo direto, é responsável por ditar as regras da economia mundial. Cf. Paul Hirst, "The Global Economy: Myths and Realities", *in International affairs*, 73 (1997), p. 410; e Paul Hirst; Grahame Thompson, *Globalization in question*, cit., pp. 2 e 70-3.
136. Remetemos à Parte I, item 1.2, *supra*, para a distinção entre empresas multinacionais e transnacionais, e para a relação que estas possuem com os seus Estados de origem.

ca econômica é, todavia, a precondição, que docilmente se aceita, para ser admitido à assistência financeira dos bancos mundiais e dos fundos monetários"[137].

No entanto, sob a perspectiva econômica já vimos que os seus efeitos foram, em geral, negativos para os países aos quais elas se destinavam, pois terminaram expondo economias cujas estruturas eram demasiadamente frágeis às incertezas e inconstâncias da economia internacional. De outra sorte, sob o perfil político-constitucional do Estado, a adoção de tais políticas conjuntamente com a consolidação da globalização econômica, ocorrida no mesmo período histórico, gerou uma condição nova ao conceito de soberania estatal: a capacidade de controle e comando sob a economia nacional tornou-se uma prerrogativa cuja exclusividade não mais decorre do poder soberano do Estado, pois este não figura nem mesmo como o primeiro ator neste contexto de competência hierarquicamente escalonada e dividida com outros agentes; a sua função tornou-se secundária; agora cabe ao Estado tão somente definir políticas capazes de atrair investimento externo direto e permitir que este encontre condições infraestruturais (estatais) de buscar os seus fins. A orientação macroeconômica é determinada sem considerar os confins do Estado e desprezando os princípios orientadores deste[138].

A atividade regulatória e de fiscalização do cumprimento dos contratos parece ser o único resíduo de soberania econômica atribuída ao Estado, uma vez que todo o resto já se encontra disperso em agentes que nenhuma natureza estatal possuem. O "Estado pedagogo" passou a ser o "Estado regulador", o qual "não indica fins, mas estabelece regras e procedimentos e não exerce ele mesmo a atividade de execução, mas a confia à autoridade ou de regulação ou de adjudicação"[139].

---

137. Zygmunt Bauman, *Globalization: the Human Consequences*, trad. it. cit., p. 71.
138. Paul Hirst, "The Global Economy: Myths and Realities", cit., p. 420.
139. Sabino Cassese, *La crisi dello Stato*, cit., p. 40.

Dentro deste contexto, as agências regulatórias são defendidas como a grande solução para a sensação de insegurança generalizada que economias abertas geram nos seus cidadãos – em especial, como consumidores – diante do desconhecimento sobre as políticas econômicas vigentes e, sobretudo, diante da incapacidade demonstrada pelo Estado de autonomamente decidir pela construção de um projeto político-econômico nacional. Porém, entre regulador e regulado se estabelece uma relação multilateral em que não é possível encontrar a antiga relação bilateral/ vertical entre Estado (fonte do comando normativo) e cidadão (destinatário).

Ademais, a própria natureza jurídica de tais agências dificulta o exercício de um controle eficiente sobre o comportamento das empresas que deveriam ser fiscalizadas, uma vez que a capacidade de impor sanções – muitas vezes limitada – somada à participação na própria formação da agência de representantes das empresas que deveriam ser fiscalizadas as tornam ineficazes e passíveis de submissão total ao controle empresarial. Comentando a realidade estadunidense dos anos 70 do século passado, George Stigler dizia que as agências e comissões de regulação tendem a ser capturadas pelas empresas que deveriam regulamentar, de modo que o objetivo maior, qual seja, a proteção dos interesses dos consumidores, termina ficando em um segundo plano[140].

Além disso, se olharmos o momento atual veremos que casos como o das falências das empresas estadunidenses *Enron*, *Tyco* e *Global Crossing* demonstram que tais agências tendem a se prestar para aumentar o distanciamento do Estado diante do controle da economia, o que pode atribuir uma ampla margem de poder a indivíduos desvinculados de qualquer comprometimento com a empresa que dirigem, com a economia que fazem parte ou com qualquer outro

---

140. George Stigler, "Theory of Regulation", *in Bell Journal of Economics*, primavera 1971, pp. 3-21.

fim que não seja o exclusivo benefício pessoal. Com a globalização econômica, os efeitos negativos de uma má (ou corrupta) gestão não se restringem aos domínios internos da empresa e àqueles que com esta mantêm relações diretas: os mercados internacionais e os mercados nacionais de países que talvez não tenham a mínima relação com a empresa falida sofrem impactos que *a priori* são impossíveis de prever.

Nesse sentido, Stiglitz afirma que:

> Hoje, pelos menos nos Estados Unidos, começam a duvidar das opiniões, tão fortemente defendidas nos primeiros anos da década de 80, que propugnavam por uma mais circunscrita presença pública nas atividades econômicas. A desregulamentação não é mais vista como um sucesso seguro. Depois de uma inicial corrida à entrada, a indústria do transporte aéreo começou a apresentar práticas oligopolistas, caracterizadas por altos preços, que a teoria econômica – ou, pelo menos, as teorias não impregnadas pelo dogma competitivo – havia previsto. Os escândalos no setor bancário e no tratamento dos títulos levaram a demandas de maior fiscalização e regulamentação. Parece que se preocupam mais também com os problemas sociais, como os postos pelos sem-teto.[141]

A minimização da participação estatal na economia não é um ato destinado a dispersar o outrora poder soberano em um meio acéfalo, anárquico e sem destinatários definidos. A relativização dá-se em proveito de agentes cuja atuação na economia internacional e concentração de poder dentro desta é crescente, transformando-os em verdadeiros soberanos. Metaforicamente, pode-se comparar a situação daqueles três agentes acima referidos (grandes empresas multinacionais e transnacionais, bancos de investimentos e Estados que concentram a origem do capital) à

---

141. Joseph Stiglitz, *The Economic Role of the State*, Oxford, Blackwell, 1989, trad. it. *Il ruolo economico dello Stato*, Bologna, Il Mulino, 2006, p. 36.

condição em que, durante a Idade Média, reinos, ducados e principados se encontravam em relação à *Respublica Christiana*: todos possuíam uma soberania de fato sobre os seus domínios, mas que decorria da legitimidade espiritual atribuída por aquela. A versão atualmente apresentada pela economia global da *Respublica Christiana* seria a própria economia global, a qual possui uma lógica interna que determina, condiciona e atribui legitimidade àqueles que dentro dela se encontram. Entretanto, assim como ocorria na Idade Média, a economia global também apresenta os seus estamentos: os três grandes agentes, anteriormente citados, fazem o papel que cabia aos reinos, principados e ducados, ou seja, são a nobreza, de modo que a todo o resto – incluindo os Estados nacionais e os próprios Estados que fomentam as grandes corporações, os quais paradoxalmente se tornam reféns destas – cabe a tarefa de obedecer a estes e jamais contestar a "verdade" imposta pela atual versão econômica da *Respublica Christiana*, ou melhor dizendo, pela economia global.

Ao perder a soberania econômica o Estado se coloca como mais uma dentre as diversas esferas de regulação econômica estabelecidas dentro da multicêntrica economia mundial, situando-se, todavia, hierarquicamente abaixo das instâncias supranacionais de controle e regulação.

No que concerne à perspectiva político-jurídica da relativização da soberania estatal, os efeitos são igualmente incisivos, mas com caracteres peculiares.

Ainda que para a sociedade global a virtualidade das relações humanas – as quais são, em muitas situações, estabelecidas sem qualquer espécie de contato ou proximidade física – seja o quadro referencial dentro do qual se desenvolvem os principais processos de globalização, os antigos (e schmittianos) elementos terra e mar continuaram sendo o traço distintivo do Estado e do seu modo de afirmação diante das demais formas de organização política existentes, pois é a partir de critérios territoriais que o Estado concede cidadania e limita a circulação de pessoas e bens materiais, por exemplo.

Assim, por não ter a capacidade de atuar direta e fisicamente no território, os fenômenos próprios do globalismo político e jurídico se caracterizaram pela criação de uma série de estruturas pluriestratificadas destinadas a condicionar e envolver os Estados nacionais em políticas públicas globais, cujos assuntos incluem temas como a manutenção da paz mundial, proteção do meio ambiente, desenvolvimento econômico, repreensão ao crime internacional e tutela dos direitos humanos[142]. As primeiras tentativas ocorreram quando o *jus publicum Europaeum* se converteu concretamente em um direito internacional, isto é, ao final do século XIX e início do século XX, sobretudo quando a Ligas das Nações ganhou forma e permitiu que uma ordem político-jurídica internacional pudesse nascer.

Com a falência da Liga das Nações, a sua sucessora, a Organização das Nações Unidas, surgiu quase concomitantemente ao início da Guerra Fria, o que dificultou qualquer tentativa desta instituição em estimular uma maior aproximação política entre países que possuíam ideologias políticas distintas, pois, enquanto o mundo restava dividido em dois grandes blocos de poder (Estados Unidos e União Soviética), todos os demais Estados se encontravam constringidos a se unir a algum dos dois. Permanecer isolado significava não ter como certo o apoio político, militar e econômico de nenhum bloco.

Foi durante esse período que se formaram os grandes grupos de integração supranacional[143], criando aquilo que Z. Bauman chamou de "metassoberania"[144]. É precisamente neste momento que desejamos pontuar o início do atual processo de relativização da soberania estatal. Essa "metassoberania" referida por Z. Bauman representa mais do que uma limitação à soberania do Estado: foram passadas para

---

142. Cf. David Held; Anthony McGrew, *Globalization/Anti-Globalization*, trad. it. cit., pp. 68-9.
143. Ver Parte I, Cap. 1, item 1.1, *supra*.
144. Cf. Zygmunt Bauman, *op. cit.*, p. 77.

uma instância supranacional algumas prerrogativas próprias da soberania interna e externa do Estado, uma vez que este deveria internamente seguir políticas públicas e econômicas determinadas pelo bloco; externamente suas alianças políticas e até mesmo o seu *jus ad bello* ficava condicionado à vontade "metassoberana" do bloco.

P. Hirst e G. Thompson sustentam que a "nova" soberania pode ter se tornado divisível e alienável, mas não foi perdida a função central de atribuir legitimidade e suporte às agências ou autoridades que tenham recebido prerrogativas próprias da soberania estatal; as autoridades estabelecidas tanto "acima" quanto "abaixo" do Estado encontram neste a fonte de legitimidade do seu poder e, por consequência, de existência[145]. Os Estados nacionais continuam sendo de central significância na função de distribuir o poder, atribuir legitimidade, ordenar e dar forma aos poderes e agentes que dele decorrem, porque somente o Estado-nação possui a exclusiva representatividade política da população estabelecida no seu território[146].

---

145. "A soberania é alienável e divisível, mas os Estados adquirem novas funções à medida que cedem poder, e em particular eles passam a ter a função de legitimar e sustentar as autoridades que eles criaram por intermédio de tais concessões de soberania. Se 'soberania' é agora de decisiva significância como uma característica distintiva do Estado-nação, o é porque o Estado tem a função de fonte legitimadora ao transferir poder sancionando novos poderes 'acima' e 'abaixo' de si. Acima, mediante acordos entre Estados para estabelecer e sustentar formas de governança internacional. Abaixo, mediante a ordem constitucional do Estado, dentro do seu território de relação de poder entre governos central, regional e local, e também os governos privados publicamente reconhecidos na sociedade civil." Paul Hirst; Grahame Thompson, *op. cit.*, p. 276. Para maiores informações sobre a proposta de P. Hirst para as relações entre Estado, mercado e indivíduo, recomenda-se *id.*, *From Statism to Pluralism. Democracy, Civil Society and Global Politics*, Londres, UCL Press, 1997; trad. it. *Dallo statalismo al pluralismo. Saggi sulla democrazia associativa*, Torino, Bollati Boringhieri Ed., 1999; e *id.*, *Associative Democracy*, Cambridge, Polity Press, 1994.

146. "Estados-nação continuam tendo importância central porque eles são atores-chave da arte de governar como um processo de distribuição de poder, ordenando outros governos ao lhes atribuir forma e legitimidade. Estados-nação podem fazer isso de um modo que nenhuma outra agência pode;

Entretanto, o ato de ceder parte do poder soberano a terceiros não se resume a uma ação puramente discricionária por parte do Estado. Existem fatores internos que pressionam os governos a adotarem políticas que muitas vezes terminam em perda de controle sobre determinada área, como, *ex hypothesi*, frequentemente ocorre diante do mito que se consagrou na economia internacional de que o investimento externo direto e empresas multinacionais não se atraem por países que não sigam fielmente as regras do mercado internacional[147]. O somatório de fatores como estes, os quais são tanto econômicos, políticos quanto culturais, empurra a soberania político-jurídica do Estado para dentro de um ambiente de constante e crescente pressão por regulações normativas e jurisdições supranacionais, as quais têm como efeito imediato limitar atributos da soberania estatal, sobretudo em relação àqueles Estados que possuem uma condição política e econômica privilegiada no cenário internacional[148].

A "expansão global do poder judicial" (*global expansion of judicial power*) – uma analogia a um fenômeno notadamente estadunidense, a "expansão do poder judicial" (*expansion of judicial power*), em que o poder judiciário interfere diretamente diante do executivo, condicionando a cria-

---

eles são os pivôs entre agências internacionais e atividades subnacionais porque eles atribuem legitimidade como a voz exclusiva de uma população territorialmente limitada. Eles podem exercer a arte de governar como um processo de distribuição de poder somente se eles puderem apresentar de modo crível as suas decisões como tendo legitimidade popular." *Ibidem*.

147. "A *strong version* da tese de globalização sustenta que as economias nacionais foram simplesmente subsumidas pelos mercados mundiais e que o poder de tais mercados compele a negar, ou torna desnecessária, qualquer possibilidade de efetiva governança pública, seja por Estados-nação, acordos internacionais ou instituições supranacionais." Paul Hirst, "The Global Economy: Myths and Realities", cit., pp. 410-1.

148. "Uma primeira consequência relevante em tema de 'soberania' político-jurídica dos Estados é a crescente pressão de normativas e de jurisdições supranacionais que limitam a soberania dos Estados nacionais, em particular daqueles que não se encontram no vértice da hierarquia política e econômica internacional." Danilo Zolo, *I signori della pace*, cit., p. 124.

ção de políticas públicas – foi citada por autores como N. Tate e T. Vallinder, em meados dos anos 90 do século XX, como uma tendência a ser importada pelos demais países do mundo e, por último, incorporada pelo direito internacional, pois a democratização na América Latina, Ásia e África, somada ao desaparecimento da União Soviética, permitem que os Estados Unidos se tornem "o lar da judicialização da política" (*the home of judicialization of politics*)[149]. Segundo os referidos autores, trata-se de um fenômeno real que está mudando e mudará mais ainda a política global e o modo como esta será pensada no futuro[150].

No entanto, ainda que não gozem da eficácia e solidez institucional que caracterizam as jurisdições nacionais, é possível encontrar no cenário internacional órgãos destinados a tutelar situações concretas e que buscam realizar atividade semelhante àquela realizada pelos tribunais dentro dos Estados, independentemente de possuírem natureza completamente diversa. A Organização Mundial do Comércio é um exemplo em relação à *lex mercatoria*[151], ou seja, às demandas do mercado internacional; cabe a tal órgão a proteção das relações contratuais estabelecidas entre agentes – privados ou públicos – que não se encontram sob a mesma jurisdição nacional, podendo inclusive aplicar sanções comerciais. Entretanto, estas sanções são de caráter exclusivamente externo à soberania estatal, necessitando do reconhe-

---

149. Neal Tate; Torbjörn Vallinder (orgs.), *The Global Expansion of Judicial Power*, New York, New York University Press, 1995, p. 2.
150. Neal Tate; Torbjörn Vallinder (orgs.), *op. cit.*, p. 515.
151. "A *lex mercatoria* é um tipo de direito que passou a ser consideravelmente institucionalizado, que responde ao fim de satisfazer as necessidades jurídicas do mercado, predispondo para os seus sujeitos seja de sempre novas modalidades de trocas contratuais, seja mesmo de modalidades de resoluções dos conflitos, que se insurgem ao longo da vida dos contratos. (...) é a mais completa forma de direito desterritorializado, precisamente porque corresponde à tentativa de abstrair o elemento territorial, tentando fazer se comunicarem sujeitos econômicos que pertencem a diversos países e a diversas 'famílias' e culturas jurídicas, em nome de um comum objetivo de troca que eles pretendem alcançar." Maria Rosaria Ferrarese, *Il diritto sconfinato*, Roma/Bari, Laterza, 2006, pp. 79-80.

cimento de sua validade por parte das instituições nacionais competentes para tanto, o que não configuraria propriamente uma limitação – ou transferência, no sentido em que estamos aqui sustentando – do poder soberano do Estado.

Situação diversa ocorre com relação à jurisdição penal internacional. A tendência surgida com o suposto sucesso dos Tribunais de Nuremberg e Tóquio, os quais foram instituídos pelas potências que saíram vencedoras da Segunda Guerra Mundial e tiveram como finalidade julgar os crimes cometidos (somente) pelos derrotados, tornou-se um modelo que veio a ser reproduzido na última década do século XX. O Tribunal Internacional Penal de Haya (Holanda) e o Tribunal Internacional Penal de Arusha (Tanzânia), criados pelo Conselho de Segurança da ONU para julgar os responsáveis por possíveis crimes de guerra e crimes contra a humanidade cometidos, respectivamente, nos Bálcãs e em Ruanda, representam mais do que uma limitação à soberania estatal.

Tal modelo de tribunal tem como finalidade: (1) aplicar tipos penais transnacionais que transferem para a ordem internacional a tutela de bens e valores que são pressupostos como universalmente válidos, em razão do caráter supremo que possuem em vista da natureza humana, (2) centralizar a capacidade decisional em agentes cuja legitimidade política decorre simplesmente do poder (político, econômico e militar) que possuem e atribuir a estes uma legitimidade jurídica de natureza *ad hoc*, uma vez que não existe uma ordem institucionalmente válida no contexto internacional que seja capaz de vincular a "vontade do povo" ou da "humanidade" ao poder que instituiu tais tribunais, e (3) retirar tanto a soberania externa que o Estado possui em relação à sua política externa quanto a soberania interna que possui para criar tipos penais, julgar e punir os criminosos, transferindo todas estas prerrogativas para aqueles tribunais cuja legitimidade não vai além da mera vontade política das potências dominantes.

O debate em torno dos tribunais internacionais remete a uma série de questões que não convém abordar neste momento, pelo fato de que o nosso ponto central se restringe às modificações estruturais impostas à soberania estatal, seja como conceito ou como princípio de organização política.

A soberania entendida como princípio de organização política do Estado se encontra em um processo de perda de extensão, intensidade e capacidade de controle sobre o destino e os propósitos que servem para orientar e agregar os cidadãos de um Estado nacional, de modo que todo esse processo se dá em benefício do fortalecimento de uma ordem internacional destinada a garantir o desenvolvimento da humanidade e a manutenção da paz mundial, ainda que a universalidade da existência humana e a busca pela implementação dos direitos que seriam inerentes a esta terminem por causar mais guerras e, consequentemente, transformem qualquer ideia de paz mundial em utopia. A modalidade universalista de jurisdição internacional penal ignora o alto grau de burocratização que pode gerar os seus processos, o que os tornaria demasiadamente longos; ignora também as dificuldades e os questionamentos que a sua precária legitimidade política pode gerar no cidadão-comum, o qual desconhece os refinados – e quase falaciosos – argumentos jurídicos que tentam atribuir legitimidade à sua existência e poder jurisdicional.

Entretanto, o equívoco que talvez seja o maior de todos é pressupor que as sanções aplicadas por tais tribunais internacionais possam ter algum impacto efetivo em relação às futuras, ou atuais, condutas de outros indivíduos que estejam cometendo crimes que são próprios de sua competência judiciária, uma vez que "nada parece garantir que uma atividade judiciária que aplique sanções, mesmo as mais severas, contra indivíduos responsáveis por ilícitos internacionais incida sobre as dimensões macroestruturais da guerra, possa agir sobre as razões profundas da agressividade humana, do conflito e da violência armada"[152].

---

152. Danilo Zolo, *Globalizzazione*, cit., p. 100.

A violência é algo inerente à espécie humana; cabe às organizações políticas e às ordens jurídicas (judiciárias, em especial) a atividade de repreensão criminal, mas, sobretudo compete a estas a tarefa de aproximar culturalmente indivíduos e povos, na esfera nacional e na esfera internacional, respectivamente, na tentativa de buscar encontrar elementos capazes de produzir padrões mínimos de identidade, reconhecimento e um senso de continuidade de convívio que possa lhes atribuir a mínima comunhão de interesses, tanto entre indivíduos quanto entre povos[153]. A repreensão pela repreensão somente se presta a aumentar o distanciamento entre indivíduo e instituição, entre sociedade e instituição, seja em nível nacional ou supranacional.

De outra sorte, do ponto de vista conceitual, conceber a soberania como absoluta, nos mesmos termos que originalmente Bodin e Hobbes teorizaram, há muito já não é possível – nem mesmo desejável. O inverso daquele conceito parece ser mesmo uma noção de soberania relativizada, malgrado a incongruência semântica que esta expressão possa *prima facie* denotar. Existem demandas sociais por regulação nas mais diversas áreas que não cabem tão somente ao Estado responder, pois muitas dessas demandas são de escala global e requerem instituições capazes de representá-las também em esferas supranacionais. Porém, o processo tácito de relativização da soberania precipitado pela globalização não possui como escopo atender a demandas de quaisquer agentes que não sejam aqueles responsáveis pela condução da política e da economia mundial.

Considerando os resultados apresentados até o presente momento pelas formas de globalismo político-jurídico existentes, podemos concluir que "a globalização parece ter tido muito mais sucesso em dar um novo vigor à inimizade

---

153. Sobre o tema dos fundamentos do direito e das relações internacionais, permito-me remeter aos aprofundamentos desenvolvidos na Parte II, Cap. 2, *infra*.

e à conflitualidade intercomunitária do que em promover a coexistência pacífica das comunidades"[154].

Enfim, a atual conjuntura internacional nos impõe a necessidade de uma expressa relativização da soberania do Estado em proveito exclusivo de instituições supranacionais capazes de transcender as vontades políticas circunstanciais das grandes potências e dar representatividade a indivíduos e países que atualmente se encontram excluídos tanto do mercado internacional quanto do cenário político internacional, sob pena de que o atual processo tácito termine por descaracterizar por completo a natureza e os propósitos do Estado-nação. Do mesmo modo como internamente a soberania foi dividida, sobretudo após as revoluções dos séculos XVII e XVIII, externamente a soberania carece de uma relativização *expressa* e *acordada* pelos Estados cedentes; para tanto, é imperioso que não se produza algo semelhante à concentração de poder nas mãos das grandes potências ocidentais, como o que atualmente está em andamento e a retórica universalista tenta mascarar.

---

154. Zygmunt Bauman, Liquid Modernity, Cambridge, Polity Press, 2000, trad. it. *Modernità liquida*, Roma/Bari, Laterza, 2006, p. 226.

PARTE II
Pluriversalismo *vs.* universalismo

Capítulo 1
Os fundamentos político-jurídicos das relações internacionais nas principais propostas de universalismo jurídico

Sob a perspectiva do direito internacional, o século XX se caracterizou pela definitiva superação do *jus publicum Europaeum* e pela consolidação de um sistema de Estados nacionais destinado a abraçar todos os confins do globo terrestre. Primeiro, com a Liga das Nações e, em seguida, com a Organização das Nações Unidas, um modelo universal de estruturação político-jurídica das relações internacionais começou a ganhar forma e conteúdo. Até 1890, por "humanidade se entendia, antes de tudo, a humanidade europeia, com civilização, obviamente somente a civilização europeia, e o progresso era a evolução linear desta civilização"[1]. No entanto, o crescimento do poder político e econômico dos Estados Unidos, somado aos diversos processos de independência política que tiveram sucesso, em especial, na América do Sul, forçou o eurocentrismo a ceder espaço ao globalismo.

Desde a Liga das Nações, mas, sobretudo, após a criação da ONU, a inspiração kantiana se tornou flagrante na própria Carta das Nações Unidas e em diversos outros documentos legais que consagravam, expressa ou tacitamente, a "paz perpétua" como um ideal a ser buscado por todas as nações civilizadas. Todas as mais significativas propostas de universalismo jurídico apresentadas durante o século XX

---

1. Carl Schmitt, *Der Nomos der Erde*, trad. it. cit., p. 288.

sofreram algum tipo de influência pela *Zum ewigen Frieden* [*À paz perpétua*], a qual foi – e ainda é – uma espécie de "profissão de fé cosmopolita" que inspirava tão profundamente juristas, filósofos, sociólogos e cientistas políticos, a ponto de H. Bull chegar a ironicamente denominá-los *Western globalists*[2].

Ainda que o direito cosmopolita[3] idealizado por Kant se resumisse a garantir a livre circulação de pessoas e bens de comércio por todo o mundo, permitindo que o estrangeiro fosse tratado como nacional, ou seja, sem sofrer discriminação, em qualquer país que estivesse, o autor alemão jamais demonstrou ter imaginado que algum dia o grau de aproximação das relações interculturais e de superação dos limites geográficos pudesse chegar ao ponto que o atual mundo globalizado nos apresenta. Para Kant, o princípio do universalismo permitiria que a violação do direito ocorrida em um dado lugar do mundo fosse sentida em toda a parte, o que importaria dizer que alguém que fosse ofendido em um país que não é o seu de origem devesse ser tratado como se estivesse em sua própria nação. Deste modo, podemos considerar que a diferença entre direito internacional e direito cosmopolita residiria no fato de que o primeiro trata das relações entre Estados, e o segundo concerne às relações entre Estados e indivíduos tidos

---

2. Cf. Danilo Zolo, *Globalizzazione*, cit., p. 71.

3. No Terceiro Artigo definitivo do *Zum ewigen Frienden*, "O direito cosmopolita deve ser limitado às condições de hospitalidade universal", Kant afirmava que: "Ora, uma vez que o estabelecimento de uma comunidade (mais ou menos estreita) entre os povos da Terra, que ao final acabou prevalecendo, chegou-se a tal ponto que a violação de um direito cometida em uma parte do mundo vem sentida em todas as outras partes, então, a ideia de um direito cosmopolita não parece mais como um tipo de representação quimérica e exaltada do direito, mas como um necessário complemento do código não escrito, tanto de direito político quanto de direito internacional, rumo ao direito público da humanidade, e, portanto, rumo à paz perpétua, de modo que somente sob tal condição podemos ficar em constante caminho rumo a esta." Immanuel Kant, *Zum ewigen Frieden* (1795), trad. it. *Per la pace perpetua*, Milano, Feltrinelli, 2005, p. 68.

como estrangeiros ao Estado que se está tomando como parâmetro[4].

Diante disto, entendemos ser fundamental que comecemos a definir o nosso posicionamento teórico em relação ao direito internacional a partir da análise das propostas de fundamentação da ordem internacional apresentadas pelos autores que mais contribuíram para que o universalismo jurídico iniciasse o século XXI na condição de proposta que goza de maior aceitação pela comunidade jurídica – e política, inclusive – internacional.

Da dialética entre globalização e soberania nacional nasce a necessidade por fórmulas, teorizações e interpretações capazes de compatibilizar estes dois conceitos conflitantes, os quais tendem à afirmação irrestrita da sua própria estrutura lógico-racional interna e à negação de qualquer legitimidade que possa ser atribuída ao seu oponente. Parece ser incontestável o postulado da lógica hegeliana de que, através da mera negação de uma afirmação, uma outra afirmação vem a surgir. Assim, será com as refutações, a serem formuladas a seguir, aos fundamentos da ordem político-jurídica internacional em Hans Kelsen, Norberto Bobbio, Richard Falk, David Held, John Rawls e Jürgen Habermas que começaremos a delimitar as primeiras afirmações e proposições que serão expostas ao final da presente pesquisa.

1.1. A *Peace through Law* de Hans Kelsen

Seria uma redundância tentar falar da dimensão e do significado que a vasta obra de Hans Kelsen produziu tanto na Teoria do Direito quanto em outras áreas do conhecimento jurídico. O fundamental para nós, no presente momento, devido ao impacto filosófico e político que as suas ideias produziram no direito internacional, é relembrar

---

4. Permito-me remeter ao nosso *Estado de Nações*, cit., p. 145.

quais os pontos da sua proposta de globalismo jurídico se mostraram os mais débeis e de pouco realismo, sobretudo quando contrastados com os fatos históricos do cenário político internacional que não conseguiram comprovar a possibilidade de efetividade de muitas das teses de Kelsen.

A sua bibliografia[5] ultrapassou as quatrocentas publicações, mas, quanto ao tema dos fundamentos da ordem

---

5. Para ulteriores estudos sobre o pensamento kelseniano acerca do direito internacional, ver Hans Kelsen, *Das Problem der Souveränität und die Theorie des Völkerrechts: Beitrag zu einer Reinen Rechtslehre*, Mohr, Tübingen, 1920, trad. it. *Il problema della sovranità e la teoria del diritto internazionale: contributo per una dottrina pura del diritto*, Milano, Giuffrè, 1989; *id.*, "Les rapports de système entre le droit interne et le droit international public", *in Recueil des cours de l'Académie de droit internacional*, 14 (1926), 4; *id.*, "The Legal Process and International Order", *in The New Commonwealth Research Bureau Relations*, Série A, l, London, 1934; *id.*, "The Separation of the Covenant of the League of Nations from the Peace Treaties", *in The World Crisis. Symposium of Studies Published on Occasion of the Tenth Anniversary of the Graduate Institute of International Studies*, Genebra, 1938; *id.*, "Law and Peace in International Relations", *in Oliver Wendell Holmes Lectures*, Cambridge, Harvard University Press, 1941; *id.*, "Essential Relations of International Justice", *in Proceeding of the 35th Annual Meeting of American Society of International Law*, 1941; *id.*, "International Peace by Court or Government", *in The American Journal of Sociology*, 46 (1941); *id.*, "Discussion of Post War Problem", *in Proceeding of the American Academy of Art and Sciences*, 75 (1942), 1; *id.*, "Revision of the Covenant of the League of Nations", *in World Organization, A Symposium of the Institute on World Organization*, 1942; *id.*, "Compulsory Adjudication of International Disputes", *in American Journal of International Law*, 37 (1943); *id.*, "Peace through Law", *in Journal of Legal and Political Sociology*, 2 (1943); *id.*, "Collective and Individual Responsibility *in* International Law with Particular Regard to the Punishment of War Criminals", *in California Law Review*, 31 (1943), 5; *id.*, *Peace through Law*, North Carolina, University of North Carolina Press, 1944; *id.*, "The Strategy of Peace", *in The American Journal of International Sociology*, 49 (1944); *id.*, "The Preamble of the Charter: A Critical Analysis", *in Journal of Politics*, 8 (1946), 2; *id.*, *The Law of the United Nations*, New York, F. A. Praeger, 1950; *id.*, *Principles of International Law*, New York, Rinehart, 1952; *id.*, "Théorie du droit international public", *in Recueil des cours de l'Académie de droit international*, 84 (1953), 3; *id.*, "Die Einheit von Volkerrecht und staatlichen Recht", *in Zeitschrift für ausländishes öffentliches Recht*, 19 (1958); *id.*, "Souveränität" (1962), *in* H. Kelsen, A. Merkl, A. Verdross, *Die Wiener rechtstheoretische Schule*, vol. 2, Viena, Europa Verlag und Anton Pustet, 1968; *id.*, "The Essence of International Law", *in* K. W. Deutsch, S. Hoffmann (orgs.), *The Relevance of International Law. Essays in Honor of Leo Gross*, Cambridge, Schenkman Publishing Company, 1968.

internacional, será nas seguintes obras que encontraremos suas principais contribuições: *Das Problem der Souveränität und die Theorie des Völkerrechts* (1920) [O problema da soberania e a teoria do direito internacional], *Les rapports de système entre le droit interne et le droit international public* (1926) [As relações de sistema entre o direito interno e o direito internacional público], *Peace through Law* (1944) [A paz por meio do direito], *Principles of International Law* (1952) [Princípios de direito internacional] e *Théorie du droit international public* (1953) [Teoria do direito internacional público].

Ao rejeitar por completo a teoria dualista (ou pluralista) defendida, em especial, por H. Triepel, G. Jellinek, P. Laband, H. Preuss, F. Somló, A. Lasson e D. Anzilotti, a qual concebia a ordem nacional e a ordem internacional como dois sistemas distintos e com uma fundamentação independente entre si, Kelsen apresentava uma proposta tão inovadora quanto controversa, sobretudo pelo fato de aproximar o formalismo kantiano do direito de uma forma até então inédita. Estendendo sua Teoria Pura do Direito[6] para a ordem internacional, o autor propunha a conversão dos direitos nacionais de todos os Estados soberanos em um "elemento de um todo, uma ordem parcial"[7]. Esse *todo* seria a ordem internacional, a qual, na sua visão, representaria a unidade objetiva do conhecimento jurídico; um conhecimento que deveria ser "imperiosamente uma concepção monista"[8]. Com a primazia do direito internacional, não seria mais a norma fundamental da ordem estatal que fundaria a unidade do sistema de direito, mas sim a norma fundamental de direito internacional[9].

---

6. Cf. Hans Kelsen, *Reine Rechtslehre*, Viena/Leipzig, Verlag Franz Deuticke, 1934, trad. bras. *Teoria pura do direito*, São Paulo, Martins Fontes, 1985.

7. Cf. Hans Kelsen, "Les rapports de système entre le droit interne et le droit international public", cit., p. 299.

8. Hans Kelsen, *Das Problem der Souveränität...*, trad. it. cit., p. 180.

9. "Com a primazia do direito internacional, não é mais a norma fundamental da ordem estatal que funda a unidade do sistema de direito, mas – subindo, por assim dizer, em um degrau – a norma fundamental do direito internacional." Hans Kelsen, "Les rapports de système entre le droit interne et le droit international public", cit., p. 310.

O grande problema que Kelsen vê na construção dualista é que, caso seja levada às últimas consequências, chegaria a fazer do direito internacional nada mais do que uma sorte de moral ou de direito natural, em vez de ser um verdadeiro direito, no sentido que mais lhe apraz, qual seja, um direito positivo, pois somente o direito interno seria possível de ser chamado de direito[10]. Quando dois sistemas normativos possuem duas normas fundamentais diferentes, independentes uma da outra e irredutíveis uma à outra, então esses sistemas terão uma natureza diferente, já que a validade e a coerência entre as normas de um sistema resultam, em última análise, da derivação a partir da norma fundamental que está na base do sistema[11]: "a unidade do sistema resulta da identidade do princípio sobre o qual se funda a validade dos seus diversos elementos"[12].

Kelsen compreende o Estado como uma "ordem da conduta humana"[13], em vez de uma "ordem da natureza" (*ordre de la nature*), dotado de poder (*puissance*)[14] suficiente para fazer com que os indivíduos que estão submissos a ele obedeçam a suas normas. Uma vez considerado como ordem de conduta humana, "o Estado, na medida em que é objeto do conhecimento jurídico, na medida em que existe uma doutrina de direito público, deve ter a natureza do direito, isto é, ser ou o próprio ordenamento jurídico ou uma parte deste"[15].

---

10. "E, em efeito, a construção dualista, levada até as suas últimas consequências, chegou a fazer disso que se chama direito internacional simplesmente uma sorte de moral ou de direito natural, e não um direito verdadeiro, no sentido pleno da palavra, no sentido pelo qual se qualifica o direito interno de 'direito positivo'. Somente o direito interno poderá, então, definir o que é direito e o que não é." Hans Kelsen, *op. cit.*, p. 276.

11. Hans Kelsen, *op. cit.*, p. 264.

12. *Ibidem*.

13. Hans Kelsen, *op. cit.*, p. 233.

14. "O Estado, diz-se que, por exemplo, é essencialmente Poder (*Puissance*); ele é, por consequência, superior aos indivíduos que se encontram submetidos as suas regras; esses indivíduos são seus 'sujeitos'." Hans Kelsen, *op. cit.*, p. 234.

15. Hans Kelsen, *Das Problem der Souveränität...*, trad. it. cit., p. 20.

E será precisamente neste momento, qual seja, o da definição do Estado como um ente necessariamente jurídico, que Kelsen faz a sua crítica mais pesada ao monismo, ao considerar que a teoria da soberania do Estado nacional produz, por consequência, a conclusão de "que um único Estado pode ter o caráter de entidade jurídica suprema, que a soberania de um Estado é incompatível com a de todos os outros Estados e exclui por consequência a existência de um outro Estado como ordem soberana"[16]. O reconhecimento por parte de um Estado da existência de outro igual a ele implicaria uma contradição lógica com o postulado da unidade do conhecimento[17] e com o princípio da soberania estatal, pois um Estado que se encontra acima de todos os demais não poderia vir a reconhecer a existência de alguém acima de si ou ao seu lado, sob pena de tornar inviável a defesa racional da sua própria soberania[18]. Na teoria kelseniana, o postulado da unidade do conhecimento "vale sem limites também para o plano normativo e encontra aqui a sua expressão na unidade e exclusividade do sistema de normas pressuposto válido ou – o que tem o mesmo significado – na necessária unidade do ponto de vista da consideração, avaliação ou interpretação"[19].

Kelsen acrescenta ainda que:

> Se, de fato, a soberania é indispensável para individualizar a diferença essencial entre um ordenamento ou o ente que o personifica, o objetiva, e os ordenamentos ou entes inferiores, subordinados, que fazem parte, por outro lado ela, como atributo do Estado, é inconciliável com a hipótese da

---

16. Hans Kelsen, "Les rapports de système entre le droit interne et le droit international public", cit., p. 259.
17. "O postulado da unidade do conhecimento se aplica também ao conhecimento normativo, onde ele significa que não se pode admitir mais do que uma ordem obrigatória. Lá está o verdadeiro nó, o nó lógico, do problema da soberania: assim se explica que a soberania não possa pertencer a mais do que um único Estado." Hans Kelsen, *op. cit.*, p. 268.
18. Cf. Hans Kelsen, *op. cit.*, pp. 277-9.
19. Hans Kelsen, *Das Problem der Souveränität...*, trad. it. cit., pp. 154-5.

coexistência de outros Estados, pressupostos como equiparados, igualmente soberanos, subordinados a um ordenamento jurídico internacional superior que une todos estes Estados.[20]

Ao afirmar a natureza do Estado como uma ordem humana essencialmente jurídica e ao defender a tese de que o dogma da soberania estatal impediria o reconhecimento recíproco entre os Estados como sendo todos entes com "existências jurídicas" soberanas entre si, Kelsen sintetiza aquilo que entende ser a meta de toda e qualquer teoria jurídica e até mesmo da própria ciência jurídica: "constituir uma ordem universal, que agrupe em um sistema único todas as regras do direito positivo"[21]. Deste modo, em vez de ser um conceito substancialmente – ou, ao menos, originariamente – político, "a soberania do Estado (ou da comunidade dos Estados) se revela, por isto, idêntica à positividade do direito"[22].

No que concerne a esta "ordem universal" referida por Kelsen, foi em Christian Wolff[23] e na sua noção de *civitas maxima* que o mestre de Viena encontrou sua inspiração para conceber o seu modelo de ordenamento jurídico internacional. Uma vez consagrada a hipótese jurídica de que as normas de direito internacional formem um ordenamento universal superior a todos os Estados nacionais e capaz de fechar em si todos estes, ou seja, como um ordenamento destinado a formar uma comunidade superior aos Estados e ao mesmo tempo os englobar em um único universo fenomenológico, então, "esta comunidade, tendo fundamentalmente a mesma natureza dos Estados, pode ser indicada como personificação do ordenamento jurídico

---

20. Hans Kelsen, *op. cit.*, p. 151.
21. Hans Kelsen, "Les rapports de système entre le droit interne et le droit international public", cit., p. 296.
22. Hans Kelsen, *Das Problem der Souveränität*..., trad. it. cit., pp. 126-7.
23. Cf. Christian Wolff, *Jus gentium methodo scientifica pertractatum* (1749), Oxford, Clarendon Press, 1934.

mundial ou universal, como Estado mundial ou universal, como *civitas maxima*"[24].

Do ponto de vista da teoria do direito, Kelsen defendia este modelo como o melhor para resolver os casos de conflito de leis, pois para resolver os conflitos entre direito interno e direito internacional se usariam "os mesmos métodos que são aplicados aos diferentes graus da ordem estatal. A contrariedade de uma regra de grau inferior a uma regra de grau superior dá lugar a sua nulidade ou a sua anulabilidade, seja a uma sanção contra um órgão responsável"[25]. As contradições que venham a ocorrer entre o direito interno e o direito internacional não serão contradições lógicas, mas apenas antinomias entre uma norma inferior e uma norma superior[26]. O princípio da autonomia do direito interno, o qual determina a necessidade de reconhecimento interno de todas as normas internacionais, daria lugar ao princípio elementar de direito de que *lex superior derogat inferiori*, isto é, ocorrendo uma antinomia entre uma norma de direito interno e uma de direito internacional, "a norma da ordem inferior é nula"[27].

Do ponto de vista do político, Kelsen profetizava que a condição atual do sistema político internacional, onde existem centenas de Estados divididos de forma arbitrária e regidos de forma autônoma, é apenas temporária, pois

> A sua unidade jurídica, a *civitas maxima* como organização do mundo: este é o núcleo político da hipótese jurídica do primado do direito internacional, que é, porém, ao mesmo tempo a ideia fundamental daquele pacifismo que no âmbito da política internacional constitui a imagem revirada do imperialismo. Como por uma concepção objetivista da vida o conceito ético de homem é a humanidade, assim

---

24. Hans Kelsen, *Das Problem der Souveränität*..., trad. it. cit., p. 367.
25. Hans Kelsen, "Les rapports de système entre le droit interne et le droit international public", cit., p. 317.
26. Cf. Hans Kelsen, "Théorie du droit international public", cit., pp. 193-4.
27. Hans Kelsen, *op. cit.*, p. 272.

por uma teoria objetivista do direito o conceito de direito se identifica com o de direito internacional e precisamente por isto é ao mesmo tempo um conceito ético.[28]

Kelsen alega que a escolha entre monismo e dualismo é uma escolha que só se pode fazer levando em consideração elementos metajurídicos, como ideias éticas e políticas[29]. No entanto, desde já devemos ressaltar que tal posicionamento constitui uma contradição, pois, como vimos acima, ele define o monismo como uma necessidade lógica imposta pela própria estrutura do sistema jurídico nacional, o qual, sendo soberano, não pode reconhecer nenhuma outra ordem acima ou ao seu lado; por consequência, não caberia alegar que o monismo pode ser preterido pelo dualismo. Além disso, o autor atribui à soberania estatal a responsabilidade por impedir que o desenvolvimento do ordenamento jurídico internacional rumasse para a formação de uma *civitas maxima* como organização política universal[30]. Mas Kelsen parece não atribuir qualquer importância para o significado histórico que o Estado Moderno representou para o Ocidente, permitindo que os povos pudessem se autolimitar sem necessitar recorrer a qualquer ordem superior.

As razões que fazem Kelsen colocar a soberania estatal como empecilho para o desenvolvimento da humanidade se devem ao fato de que a soberania representa a defesa de um subjetivismo egoísta personalizado na figura de um Estado que opta pelo "eu" quando deveria pensar no universal[31]. A concepção pluralista partiria de uma filosofia

---

28. Hans Kelsen, *Das Problem der Souveränität...*, trad. it. cit., p. 468; e também no mesmo sentido em *id.*, "Les rapports de système entre le droit interne et le droit international public", cit., p. 325.

29. "Não é possível decidir sem levar em consideração elementos metajurídicos – ideias éticas e políticas." Hans Kelsen, "Les rapports de système entre le droit interne et le droit international public", cit., p. 313.

30. Cf. Hans Kelsen, *Das Problem der Souveränität...*, trad. it. cit., p. 469.

31. "A unicidade da soberania, a unicidade deste *eu* que é o Estado soberano é homóloga – e, no fundo, mais do que homóloga – ao egoísmo (*So-*

subjetivista que é incapaz de cogitar que outro sujeito reivindique a soberania que eu mesmo me atribuo e que faz com que a existência do outro seja considerada somente como um objeto inferior a mim, nunca igual ou superior[32]. A sua oposição ao subjetivismo fica evidente quando ele afirma que:

> A concepção objetivista do conhecimento, ao contrário, parte do mundo para chegar ao eu; ela admite uma razão universal, um espírito universal, que se manifesta, se individualiza e se realiza de modo momentâneo, efêmero nos indivíduos que pensam e que querem, indivíduos dos quais o espírito não é mais do que um elemento do espírito universal, dos quais a razão que conhece não é mais do que a emanação da suprema razão universal, indivíduos iguais e similares, mas dos quais os "eu" não são, como no subjetivismo, estranhos por natureza e impenetráveis uns aos outros.[33]

Mais do que ignorar a importância histórica do Estado Moderno e do princípio de soberania, além de contradizer a si próprio quando afirma que o monismo é uma necessidade lógica que pode se tornar objeto de escolha política ou ética, Kelsen compromete a "pureza" do seu sistema ao colocar o monismo como "uma ideia eminentemente *ética* e um dos poucos traços verdadeiramente indiscutidos e plenos de valor da consciência cultural moderna"[34]. O grau de comprometimento da "pureza" da sua teoria se torna ainda mais profundo quando ele afirma que, estando garantida a primazia do direito internacional, "a noção de direito se perfaz igualmente do ponto de vista moral: o direito se

---

lipsismus), inevitável consequência do subjetivismo." Hans Kelsen, "Les rapports de système entre le droit interne et le droit international public", cit., p. 322.
    32. Cf. Hans Kelsen, "Théorie du droit international public", cit., p. 190.
    33. Hans Kelsen, "Les rapports de système entre le droit interne et le droit international public", cit., p. 322.
    34. Hans Kelsen, *Das Problem der Souveränität...*, trad. it. cit., p. 299.

torna a organização da humanidade e se identifica dessa forma com a ideia moral suprema"[35].

Isto é contra elementos básicos da teoria kelseniana, como a distinção entre direito e moral[36], e com o conceito de norma fundamental do ordenamento jurídico. A concepção de norma fundamental[37] como uma pressuposição lógico-transcendental, definida aprioristicamente apenas de modo formal, pois materialmente é vazia, e cuja função é fundamentar a validade objetiva de uma ordem jurídica positiva, ou seja, legitimar a forma a partir da qual o conteúdo será elaborado, não admite as referências que Kelsen faz a uma "ética universal" e, sobretudo, a uma "consciência humana universal" (*conscience humaine universelle*)[38]. A sua própria norma fundamental do direito internacional[39] não determina conteúdo material *a priori* para a ordem internacional, sendo descabido definir que um sistema que nem sequer se encontra institucionalmente consolidado – já que o próprio Kelsen reconhece que o direito internacional é apenas um direito primitivo, isto é, um direito que

---

35. Hans Kelsen, "Les rapports de système entre le droit interne et le droit international public", cit., p. 300.

36. "Afirmando a soberania do Estado (ou da comunidade jurídica dos Estados) se eleva a pretensão (ou se liquida o pressuposto) de que o ordenamento jurídico chamado Estado (ou aquele idêntico ordenamento jurídico internacional que agrega os ordenamentos jurídicos dos Estados na suprema unidade do sistema jurídico) tenha uma existência diferente, separada e independente da moral, da religião ou de qualquer outro ordenamento que seja; que a ciência jurídica – como conhecimento do ordenamento jurídico do Estado (ou do sistema jurídico mundial, universal, que compreende todos os ordenamentos jurídicos dos Estados) – seja uma disciplina independente, diferente da teologia, da política, da ética, que seja em geral uma doutrina ordenamental que pode operar com o seu ordenamento específico não diversamente que com uma validade suprema, não ulteriormente derivável, última. A soberania do Estado (ou da comunidade de Estados) se revela, por isso, idêntica à positividade do direito." Hans Kelsen, *op. cit.*, pp. 126-7.

37. Cf. Hans Kelsen, *Reine Rechtslehre*, trad. bras. cit., pp. 224-8.

38. Hans Kelsen, "Les rapports de système entre le droit interne et le droit international public", cit., p. 326; e *id.*, Hans Kelsen, *Das Problem der Souveränität...*, trad. it. cit., p. 469.

39. Cf. Hans Kelsen, *Reine Rechtslehre*, trad. bras. cit., pp. 239-42.

"sofre incontestavelmente de uma imperfeição técnica, que, contudo, não faz com que ele não seja um verdadeiro direito"[40] – possa vir a ter valores éticos e morais a nortear a sua criação.

O fato é que Kelsen desejava projetar uma ordem internacional capaz de fechar e compor com perfeição a sua teoria monista, mas, para tanto, a sua argumentação deveria evitar qualquer sorte de aproximação com conceitos éticos, morais e políticos. O que não ocorreu. Os fundamentos da sua *civitas maxima* são definidos através da negação da estrutura do Estado nacional, pois a este é atribuído um subjetivismo egoísta que o torna incapaz de reconhecer qualquer outro ente acima ou ao seu lado. No entanto, o monismo kelseniano, ao fazer a negação irrestrita da soberania estatal em proveito do Estado mundial, "tende a conceber o ordenamento internacional precisamente na forma estatal"[41]. Em suma, toda a construção teórica de Kelsen termina gerando um ente com as mesmas características do Estado soberano que ele julgava ser a fonte de quase todos os problemas da comunidade política internacional do século XX.

É importante ressaltar também que o rigorismo lógico da proposta de Kelsen a transforma em uma espécie de cientificismo jurídico-filosófico, pois não admite a existência de uma fundamentação do sistema a partir de elementos que estejam fora do próprio sistema. Não vamos aprofundar esta crítica no campo da lógica, sobretudo por ela já ter sido larga e insistentemente desenvolvida pelo pós-positivismo[42],

---

40. Hans Kelsen, "Les rapports de système entre le droit interne et le droit international public", cit., p. 318.
41. Danilo Zolo, *I signori della pace*, cit., p. 30.
42. Sobre este tema, ver Ronald Dworkin, *Taking Righs Seriously*, London, Duckworth, 1991; *id. Law's Empire*, London, Fontana Press, 1986; *id.*, *A Matter of Principle*, Cambridge, Havard University Press, 1978; Robert Alexy, *Theorie der juristischen Argumentation: die Theorie des rationalen Diskurses als Theorie der juristischen Begründung*, Frankfurt, Suhrkamp, 1978; *id.*, *Theorie der Grundrechte*, Frankfurt, Suhrkamp, 1985; e Josef Esser, *Grundsatz und Norm in der richterlichen Fortbildung des Privatrechts*, Tübingen, Mohr, 1956.

pelas teorias dos sistemas sociais[43], pelas teorias do discurso[44], entre outros. Entretanto, devemos registrar que atualmente a defesa das principais correntes de universalismo jurídico – inclusive a doutrina dos direitos humanos, a qual, devemos lembrar, tem como pressuposto material uma moral judaico-cristã – baseia-se em uma lógica estrutural de inspiração kelseniana, em que a consequente formação de instituições supranacionais – com competência política e judicial – recorre a argumentos que partem do pressuposto da unidade da experiência humana, da existência de uma moral válida universalmente para todos os seres racionais e da necessidade de se vincular todos os Estados, independentemente das vontades individuais destes, a um mesmo órgão centralizador, soberano e detentor da prerrogativa de conferir legitimidade a toda e qualquer ordem que esteja abaixo dele. Exatamente isso sustentava Kelsen, também, quando dizia que o seu modelo globalista de direito internacional "é válido independentemente do seu reconhecimento expresso ou tácito por todos os Estados e por todos os povos, mesmo por aqueles não civilizados"[45]. Não nos esqueçamos de que, como exposto anteriormente[46], foi esta mesma linha de raciocínio que legitimava a *Respublica Christiana* a tentar eliminar todos os povos que não optassem pela cruz (conversão ao cristianismo) quando intimados a escolher entre a cruz e a espada; igualmente, foi o mesmo pa-

---

43. Sobre este tema, ver, em especial, Niklas Luhmann, *Legitimation durch Verfahren*, Frankfurt, Suhrkamp, 1993; *id.*, *Soziale Systeme: Grudriss einer allgemeinen Theorie*, Frankfurt, Suhrkamp, 1985; *id.*, *Rechtssystem und Rechtsdogmatik*, Stuttgart, Kohlhammer, 1974; *id.*, *Zweckbegriff und Systemrationaliät*, Frankfurt, Suhrkamp, 1973; *id.*, *Öffentlich-rechtliche Entschädigung rechtspolitisch betrachtet*, Berlin, Duncker & Humblot, 1965; *id.*, *Grundrechte als Institution*, Berlin, Duncker & Humblot, 1965.
44. Sobre este tema, ver Jürgen Habermas, *Theorie des kommunikativen Handelns*, Frankfurt, Suhrkamp 1981; *id.*, *Faktizität und Geltung*, Frankfurt, Suhrkamp, 1992; *id.*, *Wahrheit und Rechtfertigung*, Frankfurt, Suhrkamp 1999; *id.*, *Der philosophische Diskurs der Moderne*, Frankfurt, Suhrkamp, 1986; *id.*, *Strukturwandel der Offentlichkeit*, Neuwied, Luchterhand, 1969.
45. Hans Kelsen, *Das Problem der Souveränität...*, trad. it. cit., p. 309.
46. Ver Parte II, Cap. 2, *supra*.

drão lógico-racional que fez o *jus publicum Europaeum* julgar ser legítimo recorrer a todos os meios que fossem necessários para tomar posse dos novos territórios conquistados fora da Europa, os quais se encontravam para além das *rayas* e das *amity lines,* isto é, para além de qualquer noção de moralidade e justiça no trato com os habitantes de tais territórios.

Assim, outra objeção que fazemos é a possibilidade que a teoria kelseniana gera de estabelecer um centro de poder político e legitimação jurídica desvinculado de qualquer relação com as necessidades e idiossincrasias próprias dos Estados nacionais e das comunidades regionais, uma vez que já estabelece *a priori* um conteúdo que deve ser apenas cumprido. A sua ideia de que "é da essência do direito internacional fundar uma sociedade de Estados iguais em direito"[47] não resiste à verificação histórica: o direito internacional tem se mostrado um meio destinado a legitimar juridicamente a conduta dos vencedores das duas grandes Guerras Mundiais e a se furtar de tomar medidas que sejam contrárias às vontades dos líderes políticos das grandes potências mundiais. A igualdade formal pensada por Kelsen se torna impensável em um sistema em que a regra geral é o voluntarismo jurídico.

Mesmo sem ter um suporte fático e histórico que sustente o seu otimismo, a convicção do autor no sucesso da sua proposta se deve ao fato de ele crer na natural passagem do direito internacional do seu atual estágio de direito primitivo para uma condição mais evoluída que permita eliminar a justiça privada das relações internacionais:

> Temos boas razões para crer que o direito internacional – quer dizer, o direito da comunidade interestatal, completamente descentralizada e dominada pelo princípio de justiça pelas próprias mãos – se desenvolve do mesmo modo que o direito primitivo da comunidade pré-estatal. Se isto está cer-

---

47. Hans Kelsen, "Les rapports de système entre le droit interne et le droit international public", cit., p. 299.

to, podemos prever com algum grau de probabilidade a direção em que pode se realizar uma tentativa relativamente bem-sucedida para conseguir a paz internacional, para eliminar o princípio de justiça pelas próprias mãos do direito internacional, destacando e fortalecendo essa tendência rumo à centralização. A evolução natural tende, diante de tudo, rumo à administração da justiça internacional, e não rumo ao governo ou à legislação internacional.[48]

Neste momento, chamamos a atenção para um outro elemento central na teoria de direito internacional kelseniana: a necessidade de centralização da administração da justiça em um tribunal internacional.

O problema da paz é o ponto em que o direito internacional é colocado à prova, tanto em suas instituições quanto em sua capacidade de apresentar meios para a solução do conflito. A característica de ser o direito o monopólio da força em uma ordem coercitiva vale somente quando existe um aparato institucionalmente estruturado permitindo que o fenômeno normativo possua efetividade na realidade material, o que não ocorre com o direito internacional. No entanto, Kelsen entendia que a guerra é o principal problema da nossa era, um problema de política internacional, e que "o meio mais importante de política internacional é o direito internacional"[49].

A concentração do poder da ordem internacional em uma espécie de Estado mundial, como a *civitas maxima*, seria a alternativa que, segundo Kelsen, poderia melhor apresentar resultados que assegurassem a paz internacional e a eliminação da força como forma última de solução de conflitos entre Estados[50]. O próprio autor qualificava a sua pro-

---

48. Hans Kelsen, *Peace through Law*, North Carolina, University of North Carolina Press, 1944; trad. esp. *Paz por medio del derecho*, Madrid, Trotta, 2003, pp. 54-5.
49. Hans Kelsen, *Peace through Law*, trad. esp. cit., p. 51.
50. "Quando se suscita a questão de como é possível assegurar a paz internacional, de como é possível eliminar o emprego mais terrível da força – a saber, a guerra – das relações entre os Estados, nenhuma resposta pode ser mais evidente por si mesma do que esta: unindo a todos os Estados indivi-

posta com base na *domestic analogy*: "a proposta de conseguir a paz internacional mediante um Estado mundial se baseia na suposta analogia entre um Estado mundial e o Estado nacional mediante o qual se consegue tão eficazmente a paz nacional"[51].

O globalismo proposto por Kelsen é essencialmente judiciário; coloca a criação de um tribunal internacional dotado de jurisdição própria como o primeiro requisito para que se possa estabelecer um referencial determinante em obrigar os Estados a renunciar à guerra e às represálias como meios de solucionar os seus conflitos internacionais, submetendo todas as suas disputas, sem exceção, à decisão de um tribunal internacional imparcial[52]. Segundo o autor, enquanto não seja possível privar os Estados da prerrogativa de soberanamente decidir sobre os seus conflitos e transferi-la para uma autoridade imparcial, qual seja, um tribunal internacional, será completamente impossível todo e qualquer progresso rumo à pacificação do mundo[53]. Porém, ele próprio reconhece que para que um tribunal deste tipo viesse a ter efetividade frente a todos os Estados seria necessário a criação de uma espécie de "força policial internacional", a qual "é uma restrição, se não a total destruição, da soberania dos Estados. É incompatível com o princípio

---

duais, ou pelo menos ao maior número deles possível, em um Estado mundial; concentrando todos seus meios de poder, suas forças armadas, e colocando-os à disposição de um governo mundial de acordo com leis criadas por um parlamento mundial. Se aos Estados é permitido seguir existindo unicamente como membros de uma poderosa federação mundial, então a paz entre eles restará assegurada com a mesma eficácia que entre os Estados que compõem os Estados Unidos de América ou os Cantões da República Suíça. Tal é a ideia principal das numerosas sugestões que foram feitas para a manutenção da paz ao se discutir a reconstrução do pós-guerra." Hans Kelsen, *op. cit.*, p. 40.
51. Hans Kelsen, *op. cit.*, p. 41.
52. Hans Kelsen, *op. cit.*, p. 47.
53. "Enquanto não é possível privar os Estados interessados da prerrogativa de decidir a questão de direito e transferi-la de uma vez a uma autoridade imparcial, a saber, um tribunal internacional, é completamente impossível todo novo progresso no caminho da pacificação do mundo." *Ibidem.*

de 'igualdade soberana' proclamado pela Declaração de Moscou"[54].

A crença absoluta de Kelsen no direito como meio de pacificação internacional mostra-se evidente quando ele afirma que "a ideia do direito, apesar de tudo, parece ser mais forte que qualquer outra ideologia de poder"[55]. Detalhe interessante, que cabe referirmos, é o autor falar em "qualquer outra" ideologia de poder, o que deixa implícito que, para ele, o direito é por si mesmo uma ideologia de poder, diferentemente de ser uma ciência com o alto grau de pureza que Kelsen sempre professou. Anteriormente, quando tratamos da questão da *civitas maxima* já se manifestava uma tendência a conceber o direito como algo mais amplo do que uma ciência, mas, agora, quando analisamos como se daria o funcionamento prático da sua proposta fica ainda mais evidente que o autor concebia o direito como uma verdadeira ideologia, como uma fonte inesgotável de respostas para os problemas do mundo.

A crítica que Kelsen fez à Liga das Nações ilustra com precisão como ele minimizava a atuação de outros campos do saber, como a política, por exemplo, como meios de solução de conflitos internacionais:

> Seu fracasso pode se atribuir a diversas causas. Uma das mais importantes, se não a decisiva, é um defeito fatal de sua estrutura, o fato de que os autores do Pacto colocaram ao centro de sua organização internacional não o Tribunal Permanente de Justiça Internacional, mas sim uma espécie de governo internacional, o Conselho da Liga das Nações. A Assembleia da Liga, seu outro órgão, colocado junto ao Conselho, produz a impressão de uma assembleia legislativa internacional. O dualismo de governo e parlamento estava provavelmente presente com maior ou menor clareza nas mentes dos fundadores quando criaram os dois órgãos principais da Liga.[56]

---

54. Hans Kelsen, *op. cit.*, p. 52.
55. Hans Kelsen, *op. cit.*, p. 53.
56. Hans Kelsen, *op. cit.*, p. 75.

Segundo Kelsen, a Carta da Organização das Nações Unidas representou um avanço em relação à Liga das Nações, sobretudo por ter aumentado o grau de centralização de poder naquela organização e criado uma estrutura internacional de segurança recíproca até então nunca antes vista no cenário internacional[57]. Todavia, assim como aumentou a centralização de poder também aumentou a sua concentração nas mãos de um número ainda mais restrito de Estados, quais sejam, os que fazem parte do Conselho de Segurança da ONU, impedindo que as questões concernentes à segurança internacional venham a ser tratadas com juridicidade, pois a tendência daquele Conselho seria enfrentar o problema sempre com uma abordagem eminentemente política[58].

Por considerar os Estados em uma condição de igualdade formal entre si, o autor afirma que a criação de um tribunal internacional com poderes amplos não ofenderia a soberania dos Estados:

> A criação de um tribunal internacional composto de juízes que não representam os Estados em disputa e que tomam, de acordo com a maioria de votos, decisões que obrigam aos Estados em disputa, é considerada em geral compatível com a soberania e a igualdade dos Estados. Isto se deve à ideia de que os tribunais internacionais são competentes unicamente para aplicar o direito internacional positivo às disputas que precisam resolver, de que mediante suas decisões não podem impor novas obrigações ou conferir novos direitos aos Estados em disputa. Parece que o princípio da igualdade de soberania é mantido, em primeiro lugar, para evitar a possibilidade da imposição de novas obrigações a um Estado que não as deseje.[59]

Entretanto, quando Kelsen considera o tribunal internacional a instituição fundamental do seu modelo de glo-

---

57. Cf. Hans Kelsen, *Principles of International Law*, cit., p. 40.
58. Hans Kelsen, *op. cit.*, pp. 47-9.
59. Hans Kelsen, *Peace through Law*, trad. esp. cit., p. 70.

balismo judiciário, ele sustenta, como já exposto acima[60], que a concordância com as normas de direito internacional e com as decisões judiciais tomadas nesta esfera não necessitarão ser voluntariamente aceitas pelo Estado ao qual se destina a norma ou decisão judicial, mesmo que se trate de uma civilização que não se encontra presente e reconhecida dentro da ordem internacional institucionalizada. Esta incongruência se deve, certamente, à distância de vinte e quatro anos que separa os dois textos, *Das Problem der Souveränität...* (1920) e *Peace through Law* (1944), já que este último foi escrito durante a Segunda Guerra Mundial e com o autor inserido em um contexto histórico que o obrigava a colocar a sua ideia de *civitas maxima* como uma profecia para um futuro não muito próximo. O texto de 1944 tinha inclusive a pretensão de se colocar como uma proposta imediata para o pós-guerra, estabelecendo uma "agenda jurídica"[61] a ser seguida pelos vencedores da guerra, caso desejassem dar uma maior legitimidade jurídica à nova instituição supranacional que seria logo em seguida criada e aos processos que se iniciariam contra os perdedores da Segunda Guerra Mundial. O autor afirma que "os Estados vitoriosos deveriam se mostrar desejosos de transferir a jurisdição sobre seus próprios súditos que tenham delinquido contra as leis da guerra ao mesmo tribunal internacional independente e imparcial"[62].

De outra sorte, uma última objeção ainda devemos fazer à teoria de direito internacional kelseniana: a sua ambiguidade em relação à guerra.

Mesmo defendendo o Pacto Kellog-Briand, o qual praticamente retirou dos Estados todas as possibilidades de *jus ad bellum*, o pacifismo judiciário de Kelsen nega a guerra

---

60. Hans Kelsen, *Das Problem der Souveränität...*, trad. it. cit., p. 309.
61. "A exigência de que se punam os criminosos de guerra é, ou deveria ser, antes de tudo, a exigência de que se punam os autores da Segunda Guerra Mundial, as pessoas moralmente responsáveis por um dos maiores crimes na história da humanidade." Hans Kelsen, *Peace through Law*, trad. esp. cit., pp. 91-2.
62. Hans Kelsen, *op. cit.*, pp. 125-6.

PLURIVERSALISMO VS. UNIVERSALISMO

como forma de solução de conflitos ao mesmo tempo que prescreve a criação de um Estado mundial competente para impor a paz mundial, nem que para isto seja necessário recorrer à guerra[63]. Se ocorrer a concentração do monopólio da força na ordem internacional em um único Estado mundial, como proposto na teoria monista, o resultado necessário será a ilegitimidade de qualquer guerra que não for autorizada ou perpetrada pela ordem suprema, qual seja, o Estado mundial.

Kelsen considera que "a força e o direito não se excluem mutuamente. O direito é uma organização da força"[64]. Nesse sentido, acrescendo-se ainda a compreensão de guerra como expressão máxima do uso da força armada[65], torna-se perfeitamente viável entender que a guerra não será apenas um recurso utilizável extraordinariamente no modelo de *civitas maxima* proposto pelo mestre de Viena, mas também um instrumento jurídico ordinário de conformação das vontades dos Estados individuais e, sobretudo, uma forma de pacificação dos conflitos internacionais, ainda que isto represente a paradoxal situação de recorrer a uma guerra como forma de solucionar outra.

Além disso, quando defendia a criminalização da guerra e a responsabilização pessoal dos culpados[66], Kelsen afirmava que somente "baseando-se na doutrina do *bellum justum* é possível a '*culpabilidade pela guerra*'"[67]. Entretanto, como bem lembrou C. Schmitt, a tentativa de criminalizar

---

63. Hans Kelsen, *op. cit.*, p. 71.
64. Hans Kelsen, *op. cit.*, p. 42.
65. "A guerra é, em princípio, uma ação de constrição que incluiu o emprego da força armada e uma intervenção ilimitada na esfera de interesses do Estado contra o qual ela é dirigida." Hans Kelsen, "Théorie du droit international public", cit., p. 41.
66. "Um dos meios mais eficazes para impedir a guerra e garantir a paz internacional é a promulgação de regras que estabeleçam a responsabilidade individual das pessoas que como membros do governo violaram o direito internacional recorrendo a ou provocando a guerra." Hans Kelsen, *Peace through Law*, trad. esp. cit., p. 91.
67. Hans Kelsen, *op. cit.*, p. 106.

a guerra dava nova forma para as medievais noções de *justus hostis* e de guerra justa (*bellum justum*)[68]. Assim sendo, do ponto de vista da teoria do delito, processar alguém e aplicar ao réu uma norma penal retroativa, visto que quando ocorreu o fato tal norma não existia, configura-se em uma expressa violação ao elementar princípio do *nullum crimen sine lege*. Kelsen refutava esta crítica alegando que existem princípios gerais de direito e, sobretudo, princípios morais que determinam que um indivíduo se abstenha de uma determinada conduta *moralmente reprovável*, mesmo que ele saiba que tal conduta não é reprimida pela legislação vigente. Note-se que, novamente quando o autor traz elementos extrajurídicos para fundamentar o jurídico, ele retoma a sua contradição interna já mencionada acima reiteradas vezes.

Ao comentar os atos dos perdedores da Segunda Guerra Mundial, Kelsen dizia que: "Moralmente eram responsáveis pela violação do direito internacional no momento em que realizaram os atos que constituem um dano desde um ponto de vista não apenas moral, se não também jurídico. O tratado não faz mais do que transformar sua responsabilidade moral em responsabilidade jurídica. O princípio que proíbe as leis *ex post facto* não é, com razão, aplicável a esse tratado."[69]

Após os fatos históricos terem demonstrado que o sucesso da criminalização da guerra de agressão, como idealizado por Kelsen, não chegou nem próximo daquilo que inicialmente este havia pensado, D. Zolo conclui que "não obteve, portanto, desenvolvimentos significativos, nem em termos normativos, dentro do ordenamento jurídico internacional, nem, menos ainda, do ponto de vista da sua eficácia no desencorajar o uso arbitrário da força por parte dos Estados"[70]. Deste modo, os tribunais internacionais criados

---

68. Cf. Carl Schmitt, *Der Nomos der Erde*, cit., pp. 347-50.
69. Hans Kelsen, *Peace through Law*, trad. esp. cit., p. 104.
70. Danilo Zolo, *La giustizia dei vincitori*, Roma/Bari, Laterza, 2006, p. 23.

nos moldes do Tribunal de Nuremberg tiveram como resultado maior a rotulação dos perdedores em "'piratas'a se exterminar em nome da justiça dos vencedores"[71].

Enfim, considerando os propósitos da presente pesquisa, optamos por limitar nossa abordagem ao pensamento kelseniano somente aos temas acima analisados: (1) a epistemologia jurídica da Teoria Pura do Direito, (2) a *civitas maxima*, (3) a função dos tribunais internacionais e (4) a condição jurídica da guerra no modelo monista.

1.2. O pacifismo cosmopolita de Norberto Bobbio

Na segunda metade do século XX, Norberto Bobbio desenvolveu uma série de críticas e proposições em relação ao direito internacional, de modo que nos torna possível colocá-lo como um dos referenciais teóricos que o cosmopolitismo e o universalismo jurídico vieram a adotar, ou ainda adotam. Não obstante ele ter escrito inúmeras obras ao longo da vida, será, sobretudo, em *Il problema della guerra e le vie della pace* [*O problema da guerra e os caminhos da paz*] e *Il Terzo assente* [*O terceiro ausente*] que poderemos encontrar o seu posicionamento mais bem definido sobre temas como paz, guerra e os fundamentos da ordem internacional. Em ambas as obras podemos ver todo o ambiente criado pela Guerra Fria conduzindo muitos dos seus raciocínios e fazendo com que um dos seus temas preferidos viesse a ser a guerra.

As suas influências teóricas podem ser claramente divididas de acordo com a matéria: em termos de filosofia política, a preferência de Bobbio pela Teoria da Autorização de Hobbes é incontestável; quanto à ética e ao modelo de jusnaturalismo a ser adotado, Kant é a sua inspiração filosófica; e, quanto à teoria do direito, Hans Kelsen será o seu maior referencial. Assim, herdando um pouco de cada um

---

71. Danilo Zolo, *op. cit.*, p. 9.

desses autores – e de outros mais –, Bobbio se afirmou como um dos maiores juristas italianos do século XX.

No que tange ao direito internacional, Bobbio entendia que os dois problemas fundamentais da nossa época são: a ineficácia dos direitos humanos e a dificuldade de se conseguir estabelecer a paz mundial[72]. Além disso, ele compreendia a paz como *conditio sine qua non* para a proteção efetiva dos direitos humanos, enquanto a garantia e eficácia destes é uma das formas de melhor se manter a paz[73].

Qualquer escolha racional que venha a ser feita no sentido de resolver esses dois problemas, ou seja, no sentido de buscar a paz mundial e o respeito aos direitos humanos, teria de obedecer a dois requisitos elementares: a efetividade, "onde se entenda por efetividade a possibilidade e facilidade de efetivação"[74], e a eficácia, "onde se entenda por eficácia o poder do meio, uma vez efetivado, de obter os resultados esperados"[75]. Bobbio ainda conclui que, de todas as tentativas já realizadas pela humanidade para resolver o problema da paz e o dos direitos humanos, nenhuma conseguiu ser "ao máximo grau, ao mesmo tempo, efetivável e eficaz"[76].

O período histórico em que Bobbio escreveu grande parte de sua obra, qual seja, a Guerra Fria, foi caracterizado por transmutar o conceito de equilíbrio de potência em "equilíbrio de terror"[77]. Aquele temor constante que imperava quando os homens se encontravam em estado de natureza foi uma das causas de instituição do Estado (*commonwealth*), segundo a teoria hobbesiana, mas o fato de, atualmente, todos os Estados-nação se encontrarem em condição similar à dos homens quando em estado de natureza,

---

72. Cf. Norberto Bobbio, *Il Terzo assente*, Milano, Sonda, 1989, trad. esp. *El tercero ausente*, Madrid, Catedra, 1997, p. 127.
73. Cf. Norberto Bobbio, *op. cit.*, p. 133.
74. Norberto Bobbio, *Il problema della guerra...*, cit., p. 90.
75. *Ibidem*.
76. Norberto Bobbio, *op. cit.*, p. 94.
77. Cf. Norberto Bobbio, *Il Terzo assente*, trad. esp. cit., p. 76.

ou seja, em "estado de nações"[78], não implicava, para Bobbio, um grau de perigo exatamente igual ao existente no estado de natureza. Ele alegava que o "que torna falso o chamado equilíbrio do terror, sempre buscado e nunca alcançado, reside no fato de que as relações de convivência entre entidades respectivamente independentes, dotadas de força própria e que competem entre si, são mais instáveis que as que se desenvolveram dentro de um mesmo Estado, onde se realizou o processo de monopolização da força legítima"[79].

O advento de armas nucleares, somado à consequente possibilidade de uma guerra atômica, a qual poderia ter como um dos prováveis resultados a dizimação da espécie humana, está trazendo o estado de nações o mais próximo possível para o verdadeiro estado de natureza hobbesiano. A energia nuclear atribuiu às nações a igualdade que os homens possuíam em estado de natureza e que lhes possibilitava destruir uns aos outros, ao passo que o agravante de ser possível a completa destruição da vida humana na Terra torna o contexto do estado de nações ainda mais ameaçador que o do hobbesiano estado de natureza.

Paralelamente à questão nuclear, Bobbio sustentava que a guerra moderna havia perdido qualquer critério de legitimidade e legalidade, pois tanto as causas da guerra (*jus ad bellum*) quanto o modo como esta se desenvolvia (*jus in bello*) haviam sido entregues ao poder absoluto dos Estados soberanos[80].

---

78. Ver David Gauthier, *Logic of Leviathan*, cit., p. 207, e o nosso *Estado de Nações*, cit., pp. 134-6.
79. Norberto Bobbio, *Il Terzo assente*, trad. esp. cit., p. 87.
80. "À crise de legitimidade da guerra se soma agora a crise de sua legalidade. A guerra moderna vem se colocar fora de qualquer possível critério de legitimação e de legalização, muito além de qualquer princípio de legitimidade e de legalidade; em uma palavra, ela é incontrolada e incontrolável pelo direito, como um terremoto ou uma tempestade. É absoluta no mesmo sentido em que se fala de um soberano absoluto em contraposição a um soberano constitucional." Norberto Bobbio, *Il problema della guerra...*, cit., p. 65.

Diante desse contexto de incerteza em relação à continuidade da espécie humana, de ilegitimidade e de ilegalidade de muitas das guerras ocorridas na segunda metade do século XX, Bobbio começava a apresentar os argumentos para a sua proposta em proveito da paz mundial ao alegar que "as guerras são tão pouco necessárias que o homem descobriu há milênios, e aplicou na época histórica sempre mais extensa e conscientemente, uma instituição apta a impedi-la, pelo menos em um dado âmbito: a monopolização da força"[81].

Como forma de resolver essa crise constante, Bobbio apelava para aquela teoria que se convencionou denominar *domestic analogy*[82]. O autor considerava que, a partir do seu modelo de pacifismo jurídico, para a guerra o "remédio por excelência é a instituição do Super-Estado mundial"[83]. Assim, Bobbio pensava em repetir no âmbito internacional a mesma solução que hipoteticamente teria dado certo no plano estatal:

> do mesmo modo que aos homens em estado de natureza foi necessário, primeiro, a renúncia por parte de todos a um poder único destinado a se tornar o detentor do monopólio da força, assim aos Estados, inseridos no estado de natureza mediante aquele sistema de relações ameaçadoras e precárias que foi chamado de equilíbrio do terror, ocorre realizar uma análoga passagem da situação atual de pluralismo de centros de poder (situação comparável à do oligopólio, ou propriamente do duopólio, mais do que à da livre concorrência) à fase de concentração do poder em um órgão novo e supremo que tenha frente aos Estados o mesmo monopólio da força que tem o Estado diante dos indivíduos.[84]

---

81. Norberto Bobbio, *op. cit.*, p. 49.
82. Remetemos à Parte I, item 1.3, *supra*, para rever a crítica de Hedley Bull à *domestic analogy*.
83. Norberto Bobbio, *Il problema della guerra...*, cit., p. 84.
84. Norberto Bobbio, *op. cit.*, p. 85.

O modo como se daria a monopolização da força existente na ordem internacional em um Estado Mundial passa por quatro fases distintas e sucessivas[85]:

1 – um primeiro *pactum societatis* no sentido de fazer os Estados acordarem entre si pela não agressão recíproca e pela constituição (ou autorização, de acordo com a terminologia hobbesiana) de uma associação permanente, isto é, a instituição de um terceiro acima de todos os Estados;
2 – um segundo *pactum societatis* de cunho positivo, ou seja, um acordo em que todos os Estados concordem em estabelecer entre si normas para a resolução de controvérsias futuras sem que, para tanto, seja necessário o uso da força militar;
3 – um *pactum subjectionis* em que todos os Estados concordem, voluntariamente, em se submeter ao poder comum exercido por este novo ente, mesmo nas situações em que as normas supranacionais venham a ser aplicadas em dissonância com os interesses internos dos Estados;
4 – um último acordo no sentido de garantir o reconhecimento e a proteção efetiva de todas as liberdades civis e políticas que sejam necessárias para impedir que o poder instituído venha a se tornar despótico.

O que Bobbio propõe é um modelo de organização internacional sustentado não apenas em um mero *pactum societatis*, pois este seria ineficaz sempre que um Estado se negasse a cumprir com as normas que são contrárias aos seus interesses particulares; o centro estrutural da sua proposta é propriamente o *pactum subjectionis*: por meio deste, o direito, garantido institucionalmente, torna-se o instrumento com o qual a paz será buscada e garantida[86].

---

85. Cf. Norberto Bobbio, *Il Terzo assente*, trad. esp. cit., pp. 12, 258-9, 302.
86. Cf. Norberto Bobbio, *op. cit.*, p. 184.

Segundo Bobbio, qualquer conceito de pacifismo tem como referência a noção de paz perpétua de Kant, em que a paz é vista como um bem digno de ser buscado por qualquer ser racional[87]. Dentro desta noção genérica de pacifismo, ainda será possível encontrar as seguintes espécies: a) pacifismo instrumental[88], b) pacifismo institucional[89] e c) pacifismo finalístico[90].

Ao considerar o instrumental e o finalístico demasiadamente difíceis de serem realizados e por os considerar, até mesmo, utópicos, Bobbio fazia uma defesa do pacifismo institucional como a forma mais viável de pacifismo, pois parte da ideia de que uma vez "perdida a ilusão de que o advento da paz seja um fato natural, escrito em letras inapagáveis na história da evolução, o problema da paz se tornou, ou seria melhor dizer, tornou-se novamente um problema moral. Nesse sentido, o pacifismo de hoje não é mais passivo, mas ativo: é uma busca pelos remédios mais hábeis a instaurar a paz, e de uma ação consequente"[91].

Um dos problemas do pacifismo institucional de Bobbio é o caráter ideológico que o seu discurso argumentativo muitas vezes assume. Ainda que ele nunca tenha nega-

---

87. Cf. Norberto Bobbio, *Il problema della guerra...*, cit., p. 138.

88. "No pacifismo instrumental convém distinguir dois momentos: o primeiro momento é representado pelo esforço para destruir as armas ou, pelo menos, reduzir ao mínimo a sua quantidade e a periculosidade; o segundo momento é representado por todas as tentativas realizadas com o escopo de substituir os meios violentos por meios não violentos, e de obter, portanto, com outros meios o mesmo resultado." Norberto Bobbio, *op. cit.*, p. 79.

89. Bobbio subdivide o pacifismo institucional em pacifismo jurídico e em pacifismo social, em que este busca a paz através da revolução social, e aquele através da consolidação do direito como forma de mediação dos conflitos na ordem internacional. Cf. Norberto Bobbio, *op. cit.*, p. 83.

90. Para Bobbio o pacifismo finalístico é tido como um problema ético--religioso ou como um problema biológico-instintivo, pois o "problema da guerra e da paz para os primeiros é um problema de conversão, para os segundos, visto que seja solúvel, de recuperação. Os primeiros confiam na pedagogia, isto é, em uma obra de persuasão, os segundos em uma terapia, isto é, em um tratamento." Norberto Bobbio, *op. cit.*, p. 89.

91. Norberto Bobbio, *op. cit.*, p. 115.

do ser o seu pacifismo institucional uma ideologia política[92], é muito dificultoso atribuir o grau de cientificidade jurídica que Bobbio desejava quando muitos dos conceitos – incluindo aqueles que são os mais essenciais, como direitos humanos e paz – já se encontram definidos *a priori* na proposta do autor e considerados por ele como universais, independentemente de qualquer consulta aos destinatários da sua proposta. Para ser mais preciso, basta apenas lembrarmos como Bobbio tinha na kantiana unidade do gênero humano um dos fundamentos da doutrina dos direitos humanos e da própria ordem internacional[93]. Se tal unidade pode ser sustentada do ponto de vista biológico, o mesmo não ocorre quando tomamos os conceitos de moral e de justo como referências, pois, mesmo diante de todas as tentativas já realizadas, não é possível afirmar com absoluta precisão que qualquer um dos inúmeros direitos constantes nas também inúmeras declarações de direitos humanos seja respeitado, ou apenas reconhecido como legítimo e válido, por todos os povos civilizados do mundo.

Não estamos aqui criticando o conceito material de direitos humanos em Bobbio (sobretudo porque esta tarefa não está entre os nossos objetivos), uma vez que este reconhecia, em diversos momentos do seu *L'età dei diritti* [*A era dos direitos*][94] e em outras obras, a dificuldade e talvez até impossibilidade de se chegar a um consenso universal sobre o conteúdo do catálogo de direitos humanos, já que se trata de uma doutrina com pouco rigorismo analítico e uma

---

92. "Também a história do pacifismo, como a história de outras ideologias, pode ser caracterizada por estes dois movimentos: a) da utopia à ciência, isto é, da elaboração de projetos destinados a restar sem nenhuma eficácia prática à pesquisa das causas que determinaram as guerras e, consequentemente, a pesquisa dos remédios aos quais deveriam pôr fim; b) da teoria à ação, isto é, da reflexão filosófica sobre a guerra e sobre a paz como momentos necessários do desenvolvimento histórico e da análise científica sobre as causas da guerra e sobre as condições da paz à constituição de movimentos organizados para realização desta ou daquela ideia de paz." Norberto Bobbio, *op. cit.*, p. 141.
93. Cf. Norberto Bobbio, *Il Terzo assente*, trad. esp. cit., pp. 159-62.
94. Cf. Norberto Bobbio, *L'età dei diritti*, cit., pp. 5-16.

insuficiente fundamentação filosófica. O ponto para o qual desejamos chamar a atenção é como a estrutura supranacional proposta por Bobbio nasce condicionada por uma compreensão deontológica e axiológica notadamente ocidental. Além de colocar o modelo republicano – assim como fazia Kant em *Zum ewigen Frieden* – como o mais adequado para um Estado que queira fazer parte de uma confederação de Estados, Bobbio acrescenta que "uma confederação de Estados é tanto mais estável quanto mais homogêneos são seus membros"[95]. Ele lembra que Kant reconhecia o fato de que todos os Estados não são homogêneos, mas que este critério tinha como finalidade estabelecer a homogeneidade como *conditio sine qua non* para que o seu projeto de paz perpétua pudesse lograr êxito[96].

São aporias como estas que fazem da proposta de Bobbio inviável ou de difícil concretização no contexto das relações internacionais. A defesa de critérios excludentes, como republicanismo e elementos que atribuam homogeneidade à confederação, permite-nos concluir que a sua proposta é formalmente cosmopolita, pois materialmente está de forma demasiada vinculada a um modelo de organização política ocidental, mas que nem mesmo no Ocidente conseguiria encontrar os requisitos que demanda.

Outro ponto altamente controverso é se o *Terzo* (*super partes*) que Bobbio defendia não tenderia a ser capturado por alguma grande potência ou por um grupo de grandes potências. Se observarmos, sem grande compromisso metodológico, o comportamento das principais organizações internacionais – em particular, a ONU – em relação às demandas das grandes potências mundiais, sobretudo diante dos Estados Unidos, e como estas mesmas organizações se comportam em relação aos Estados mais frágeis e pobres, não será difícil encontrar um padrão comportamental em que tais organismos internacionais tendem a atender às ne-

---

95. Norberto Bobbio, *Il Terzo assente*, trad. esp. cit., p. 145.
96. Cf. *Ibidem*.

cessidades dos países mais ricos em detrimento dos mais frágeis. A criação de um único e superpoderoso Estado Mundial – o qual poderia inclusive se chamar *World's Leviathan* – seria um passo avante não em direção à efetividade dos direitos humanos e à paz mundial, mas provavelmente em direção à institucionalização e concentração do poder político existente na esfera internacional nas mãos daqueles que já são atualmente os grandes detentores do poder econômico, político e militar no mundo; mas este não seria o pior resultado: ainda existiria a possibilidade de um único Estado vir a manipular com exclusividade este novo "Leviatã supranacional". Depois de perdida as suas soberanias, não restará muito mais aos Estados nacionais do que obedecer às ordens daquele Estado Mundial por eles instituído e autorizado.

Questionável também é o "avanço institucional" que Bobbio consegue enxergar nas Nações Unidas no sentido de uma maior democratização das relações internacionais, tanto que, para ele, tal instituição careceria de apenas algumas reformas para se tornar o "Terceiro" (*Terzo*) proposto na sua obra[97]. Há de se reconhecer que, quando comparada com a Liga das Nações, a ONU realmente apresentou vários avanços e conquistas para os seus membros – em especial, para aqueles que compõem o Conselho de Segurança[98]. Todavia, falar em democratização dentro de um órgão que mantém todo o poder decisional concentrado nas mãos do Conselho de Segurança, sobretudo em relação às matérias mais importantes para a política internacional, parece ser contraditório com a própria estrutura institucional da ONU. É bem verdade que Bobbio não pôde acompanhar tudo que se sucedeu no pós-11 de setembro, mas ainda no período em que esteve vivo Bobbio presenciou in-

---

97. Cf. Norberto Bobbio, *op. cit.*, pp. 302-3.
98. Bobbio reconhece que o direito de veto que o Conselho de Segurança possui é uma prova de que as Nações Unidas não criaram um Super-Estado; mas, mesmo assim, ele não deixa de considerar que houve um avanço institucional dentro da ONU. Cf. Norberto Bobbio, *op. cit.*, pp. 141-2.

contáveis episódios no cenário internacional que colocavam a própria utilidade da ONU à prova, além de ter sido a Guerra Fria fonte inesgotável de situações, dentro daquela organização, em que o conceito de democracia parecia ser incompatível com o modelo político adotado de distribuição interna de poderes e competências naquele organismo internacional, já que toda a tomada de decisões diante das matérias mais cruciais esteve sempre concentrada nas mãos dos líderes políticos da União Soviética e dos Estados Unidos. Com isso, conclusões muito otimistas quanto às conquistas que a ONU obteve no cenário internacional devem ser tomadas com cautela e sempre tendo os fatos históricos como contraprova.

Por fim, deve-se dizer que os propósitos que nortearam a obra de Bobbio foram sempre os mais nobres em relação ao direito internacional e às relações internacionais. Porém, o fato de ter tratado de diversos temas e ter deixado muitas perguntas sem respostas – como ele próprio reconheceu em diversos momentos – torna a sua obra passível de críticas em virtude das falhas teóricas que inevitavelmente surgem; todavia, o que realmente importa no contexto geral da sua obra é ter legado um vasto material bibliográfico a ser estudado e usado como referencial teórico para seus seguidores, admiradores e críticos.

O que propusemos com a nossa abordagem ao pacifismo cosmopolita de Bobbio não foi fazer uma crítica ao conteúdo material da sua obra, pois seus fins e propósitos são inquestionavelmente valorosos para a humanidade, mas tentamos expor quais os pontos em que a forma, isto é, o meio para chegar a tais fins se demonstrou teoricamente deficitário e incompatível com muitos elementos factuais apresentados pela atual conjuntura das relações internacionais.

Assim como ocorre com outras correntes do universalismo jurídico, o aspecto instrumental tende a preponderar quando confrontado com o aspecto material, fazendo com que seja de pouca utilidade prática aqueles fins que não encontram meios hábeis a torná-los realizáveis.

1.3. O constitucionalismo global de Richard Falk

Durante as últimas três décadas do século XX e ainda no início do século XXI, Richard A. Falk se destacou construindo uma teoria político-filosófica que o coloca como um dos autores que mais contribuíram para a afirmação do universalismo jurídico como a (supostamente) melhor proposta a ser seguida pela comunidade internacional. A sua obra tem o mérito de ter mantido uma coerência interna mesmo tendo começado a ser construída quando o mundo ainda era ideologicamente dividido em comunismo/capitalismo, ou seja, entre Estados Unidos e União Soviética. Além disto, o pensamento do autor absorveu os efeitos dos diversos processos de globalização também de forma coerente com aquilo que ele propôs, sobretudo no início dos anos 80 do século passado. "Institucionalismo pacifista", "centralismo global", "salvacionismo radical" e "globalismo jurídico" são algumas das rotulações que o trabalho de Falk costuma receber. Porém, adotaremos aqui o rótulo "constitucionalismo global", em virtude de ser este o mais adequado para explicar o fundamento teórico de sua proposta filosófica para o direito internacional.

O primeiro ponto controverso na obra de Falk é como epistemologicamente ele aborda a doutrina dos direitos humanos. Tentando manter uma argumentação científica, supostamente restrita aos fundamentos teóricos da ordem político-jurídica internacional, o autor reiteradas vezes e em diversos momentos – trata o tema dos direitos humanos como se este fosse uma ideologia política.

Ainda sob a égide da bipolarização política que dividiu o mundo durante a Guerra Fria, Falk sustentava que "promover os direitos humanos necessariamente implica mover um ataque ideológico anticomunista, com tudo o que indica para a deteriozação das relações Estados Unidos/ União Soviética"[99].

---

99. Richard Falk, *Human Rights and State Sovereignty*, New York, Holmes & Meier, 1981, p. 25.

De início, percebe-se que, assim como qualquer ideologia política, a contingência é a nota característica desta doutrina, tanto que Falk reconhece que:

> Se a ênfase de Carter for abandonada ou conduza para a sua rejeição eleitoral, o *status* e causa dos direitos humanos provavelmente terá sérios retrocessos. Se tiver sucesso, ainda que em parte, todo o ciclo de minguar e crescer poderá ser mudado levemente para a esquerda, fazendo o espaço II (*Composições Governamentais*), em vez do espaço IV (*Implementação Doméstica dos Direitos Humanos nos Estados Unidos*), o principal foco para a construção de atividades de coalizão.[100]

Deste modo, o autor, indiretamente, demonstra que a doutrina dos direitos humanos é substancialmente uma ideologia política, por reconhecer que a essência da proteção dos direitos humanos é produto de um confronto entre forças sociais opostas e não pode ser compreendida como uma atividade criadora de direitos ou como uma forma de persuasão racional[101]. Se estivesse correta a *naturalist notion* de que alguns direitos são inerentes à natureza humana e que, simplesmente por isso, devem ser respeitados por qualquer sociedade civilizada, não ocorreria aquela que, segundo Falk, é a principal dificuldade da lógica naturalista: "a vagueza das normas e a ambiguidade do mandato"[102].

A vagueza da prescrição normativa, a qual refere Falk, caracteriza a retórica dos direitos humanos, uma vez que é decorrência direta da pretensão universal que esta doutrina se propõe alcançar. A indiferença pelo particular, pelas realidades próprias das comunidades regionais e nacionais, somada à necessidade que o conceito tem de restringir em

---

100. Richard Falk, *op. cit.*, p. 30.
101. "Em essência, então, a proteção dos direitos humanos é um resultado de uma luta entre forças sociais opostas e não pode ser entendida primariamente como um exercício de criação de direito (*law-creation*) ou persuasão racional." Richard Falk, *op. cit.*, p. 34.
102. Richard Falk, *op. cit.*, p. 43.

sua própria existência linguística toda a dimensão fenomenológica apresentada pelos mais variados povos, resulta que o conteúdo dos direitos humanos sempre venha a falhar em efetividade, seja pela vagueza ou pela demasiada precisão normativa.

Não obstante todos estes problemas decorrentes da estrutura epistemológica própria da lógica naturalista, o autor conclui que, em relação às demais lógicas por ele arroladas (*statist, imperialist, globalist, transnationalist* e *populist*), a naturalista é a que mais se adapta ao período de transição em que vivemos, pois ela "ajuda a orientar outras lógicas ordenadoras acerca de valores emergentes, construindo uma fundação normativa e consenso social que ajudará a criar o tipo de sentimentos de comunidade requeridos se uma benéfica forma de ordem mundial estiver para ser realizada em algum momento no início do século XXI"[103].

Paralelamente e como consequência à ideologização que permeia – ou, melhor dizendo, fundamenta – a doutrina dos direitos humanos, vemos Falk repensar o conceito de Estado-nação na era da globalização.

O autor afirma que o modelo westphaliano está sendo gradualmente substituído por uma nova perspectiva normativa em que a dimensão territorial própria do Estado moderno não é mais um elemento impeditivo à comunicação e ao contato intercultural[104]. O lado positivo desse deslocamento (*displacement*) do Estado nacional da condição de único ator da política mundial seria a possibilidade de se pensar uma ordem internacional menos militarizada e mais propícia à solidificação de instituições globais[105]. A erosão da soberania nacional[106], caso fosse combinada com uma política global de *human governance*, ou seja, com uma agen-

---

103. Richard Falk, *op. cit.*, p. 62.
104. Cf. Richard Falk, *Predatory Globalization*, Cambridge, Polity Press, 1999, p. 35.
105. Cf. Richard Falk, *On Human Governance*, cit., p. 79.
106. Sobre o tema da erosão da soberania nacional, ver Richard Falk, *op. cit.*, pp. 96-103.

da política internacional norteada pelos valores supostamente universais protegidos pela doutrina dos direitos humanos e guiados também por uma "globalização vinda de baixo" (*globalization-from-below*)[107], permitiria transformar o papel da sociedade civil global em algo não meramente secundário, mas sim central na criação e condução das políticas globais[108].

Falk chega a reconhecer que o enfraquecimento da soberania nacional não implica, necessariamente, o fortalecimento de uma *geogovernance* norteada pelo interesse humano, pois as forças dos mercados internacionais podem tomar o controle da política internacional e determinar a agenda desta a partir dos seus interesses econômicos[109]. Ele também sustenta que uma mudança funcional na lógica da ordem internacional não implicaria redução interna da autonomia política dos Estados[110] – como se fossem absolutamente dissociáveis a soberania externa e a soberania interna de um Estado. Porém, o mais grave parece ser o fato de

---

107. "Esses aspectos ideológicos e operacionais da globalização estão associados com o modo pelo qual as forças dos mercados transnacionais dominam o cenário político, incluindo a significante cooptação do poder do Estado. Este padrão de desenvolvimento está identificado aqui como uma 'globalização vinda debaixo' (*globalization-from-above*), um conjunto de forças e ideias legitimadoras que em muitos aspectos se localiza além do efetivo alcance da autoridade territorial e que arrolou a maioria dos governos como parceiros tácitos. Mas globalização, assim concebida, gerou críticas e resistência, tanto no plano local, com origens variadas, baseadas na concretude das especificidades do tempo e lugar – por exemplo, a construção de uma represa ou de uma usina nuclear ou a destruição de uma floresta –, quanto no plano transnacional, envolvendo a vinculação entre conhecimento e ação política em centenas de iniciativas civis. É esse amplo agregado de fenômenos que é aqui descrito sob a rubrica de 'globalização vinda debaixo'. (...) Qual o potencial normativo da 'globalização vinda debaixo'? A ideia de potencial normativo é para conceituar os amplamente compartilhados valores da ordem mundial: minimizar a violência, maximizar o bem-estar econômico, alcançar a justiça social e política, e aumentar a qualidade do meio ambiente." Richard Falk, *Predatory Globalization*, cit., p. 130.
108. Cf. Richard Falk, *On Human Governance*, cit., p. 101.
109. Cf. Richard Falk, *op. cit.*, p. 103.
110. Cf. Richard Falk, *Human Rights and State Sovereignty*, cit., p. 60.

o autor subestimar o grau de consolidação e pressão que os mercados internacionais já gozam diante das economias locais e que, caso desaparecesse por completo a soberania nacional, somente tenderia a aumentar, enquanto as estruturas de *human governance* propostas por ele são ainda muito incipientes ou inexistentes.

Além disso, ao dizer que os Estados que mais se beneficiam das prerrogativas advindas do poder soberano são os que recentemente passaram por um período ditatorial ou neocolonial, Falk ignora totalmente o fato de que a soberania não é mera potência, ela também demanda ação – e possibilidades reais de ação –, ao passo que os Estados por ele referidos quase sempre terminam por ceder diante do mínimo conflito com os Estados mais industrializados, pois estes detêm o poder econômico, político e militar para fazer suas vontades preponderarem quando em conflito com Estados de menor expressão no cenário internacional[111].

Entretanto, Falk também afirma que

> Uma crítica vinda da ordem mundial contra o Estado não representa uma demanda pela sua eliminação como forma de ordem política. Sustenta em favor da erosão do domínio do Estado, especialmente nas sociedades mais in-

---

111. "Não obstante, a generalização negativa permanece ainda no Terceiro Mundo na medida em que coalizões de governo devem se basear em prerrogativas autoritárias para sustentar a ordem. Uma vez que tal condição está tão amplamente presente, a mais elaborada demanda normativa que pode ser introduzida em proveito do Estado como uma estrutura para a vida nacional é que isto tem mostrado uma capacidade impressionante de assegurar uma crescente medida de autonomia nacional para os povos do mundo, especialmente naquelas áreas liberadas da dominação colonial nas últimas décadas. Para essas sociedades, o Estado como um ator político alcançou importantes objetivos, e é visto por todas as partes do espectro político como um fenômeno positivo. Tais elites governantes não estão prontas a renunciar a suas soberanias em proveito de nenhum ator externo, qualquer que seja a razão global, nem a diminuir seus controles internos, ainda que em proveito de grupos étnicos que pressionem com suas próprias demandas por autonomia e autodeterminação." Richard Falk, *op. cit.*, p. 99.

dustrializadas, mediante o aprimoramento das estruturas de governo de caráter tanto internacional quanto intranacional. Este processo pode e deveria ocorrer inicialmente em países do Norte, sendo, então, gradualmente estendido ao Terceiro Mundo.[112]

Como nós já expusemos anteriormente[113], os fatos têm nos mostrado que aqueles que mais se valem das estruturas supranacionais de *governance,* seja na economia, política ou qualquer outra área, são, via de regra, os países que formam a Tríade, ou aqueles em desenvolvimento – como a Índia e a China – que são capazes de explorar a relação com algum dos membros da Tríade. Quando Falk sustenta a erosão do Estado nacional em proveito do aprimoramento das "estruturas de governo de caráter tanto internacional quanto intranacional", ele despreza um dos elementos mais importantes em qualquer processo de investigação que se proponha apresentar considerações prescritivas: o elemento factual.

Segundo Falk, o Estado nacional possui o grande problema de ser constantemente envolvido em políticas que são destituídas de qualquer consideração pelos "valores da ordem mundial" (*world order values*)[114]. Os valores de tais políticas são orientados de modo que para cada passo dado avante um outro é dado para trás, pois a burocracia estatal impede que sejam implementadas políticas de proteção dos direitos humanos.

No entanto, o modelo supranacional genuinamente universal defendido por ele, onde haveria espaço somente para aqueles países que deixassem de adotar formas de autoritarismo e reconhecessem os direitos humanos como universalmente válidos, seria também baseado em uma estrutura política que tende a repetir a mesma burocracia e vícios que caracterizam o Estado nacional. O fortalecimento

---

112. *Ibidem.*
113. Ver Parte I, Caps. 1 e 2, *supra*, sobretudo item 2.3.
114. Richard Falk, *Human Rights and State Sovereignty*, cit., p. 102.

das Nações Unidas – ou de qualquer outra estrutura supranacional com abrangência quase ilimitada e concentração de poder, como ocorre com a ONU – significaria a repetição do modelo estatal de gestão político-administrativa.

Poucos, certamente, discordariam do fato de que "nós precisamos de um crescente número de indivíduos influentes e grupos que pensarão, sentirão e agirão como cidadãos planetários, bem como preencherão as tradicionais funções como participantes leais nos processos comunitários locais e nacionais"[115]; mas os efeitos concretos da influência desses "cidadãos planetários" na produção de políticas globais seriam mínimos – assim como o são hoje – quando confrontados com o poder de barganha que os grandes atores do cenário internacional gozam. Hedley Bull lembra que "talvez seja mais provável que uma autoridade centralizada reflita os valores das grandes potências hoje prevalecentes, as únicas a ter a possibilidade de colocá-la em prática"[116].

Existe uma outra questão que merece ser brevemente referida, ainda que nesta sede não tenhamos como objetivo enfrentá-la: a questão do conteúdo substancial dos direitos humanos.

No *Human Rights and State Sovereignty* [Direitos humanos e soberania estatal], o autor critica o caráter autoritário de muitas formulações existentes no direito internacional sobre direitos humanos, reconhecendo, inclusive, que esta é uma doutrina peculiar ao liberalismo ocidental que procura ser aplicada como se fosse universal[117]. Falk ainda acrescenta que reformulações no que diz respeito ao conteúdo e às prescrições dadas por tal doutrina precisam ser tratadas dentro de um contexto em que os países das mais diversas ideologias sejam ouvidos, mas, para tanto, ele considera que, não obstante as críticas existentes, a Declaração Uni-

---

115. Richard Falk, *op. cit.*, p. 103.
116. Hedley Bull, *op. cit.*, p. 349.
117. Cf. Richard Falk, *op. cit.*, p. 137.

versal dos Direitos do Homem e do Cidadão é um documento que se enquadra nos interesses de países não apenas capitalistas e ocidentais[118]. Para ele, é como se todo o debate doutrinário existente em torno da própria validade universal de muitos dos direitos presentes em tal documento fosse mero debate acerca da efetividade ou instrumentalização[119]. Como forma de aprimoramento do conteúdo do catálogo dos direitos humanos, o autor entende que dentro de um contexto de *global governance* solidamente fundado em um projeto normativo, capaz de contar, sobretudo, com um Tribunal Mundial (*World Court*), é que será possível que sejam rompidas as lógicas autoritaristas e pretorianas que preponderam nos países que não reconhecem ou não implementam a doutrina dos direitos humanos[120]. Em suma, ele propõe que se estabeleça um debate intercultural – inclusive chamando ideologias distintas – sobre o conteúdo material dos direitos humanos, mas *a priori* ele já estabelece as possibilidades de escolha que nós teremos e quais objetivos o debate deverá alcançar.

De acordo com Falk, a noção de *global community* é decisiva para que a concentração do poder político saia das mãos do Estado-nação e passe para a ordem supranacio-

---

118. Richard Falk, *op. cit.*, p. 138.
119. Para maiores informações sobre o debate acerca do conteúdo dos direitos humanos, remetemos em especial a Antonio Cassese, *I diritti umani oggi*, Roma/Bari, Laterza, 2005; *id.*, *Umano-Disumano. Commissariati e prigioni nell'Europa di oggi*, Roma/Bari, Laterza, 1994; Luca Baccelli, *Il particolarismo dei diritti*, Roma/Bari, Laterza, 1999; *id.*, *I diritti dei popoli*, Roma/Bari, Laterza, 2009; Norberto Bobbio, *L'età dei diritti*, cit.; Luigi Ferrajoli, *Diritti Fondamentali: un dibattito teorico* (org. Ermanno Vitale), Roma/Bari, Laterza, 2001; Michael Ignatieff, *Human Rights as Politics and Idolatry*, Princeton, Princeton University Press, 2001; Elena Pariotti, *I diritti umani. Tra giustizia e ordinamenti giuridici*, Torino, Utet, 2008; Philip Alston e Henry J. Steiner, *International Human Rights in Context*, Oxford, Oxford University Press, 2000; Jurgen Habermas e Charles Taylor, *Multiculturalismo*, Milano, Feltrinelli, 1998; e Francesco Maria Tedesco, *Diritti umani e relativismo*, Roma/Bari, Laterza, 2009.
120. Cf. Richard Falk, *On Human Governance*, cit., pp. 249-50; *id.*, *Human Rights and State Sovereignty*, cit., pp. 181-2; e *id.*, *Predatory Globalization*, cit., pp. 182-4.

nal, pois aquela noção é "o ideal motor de um sistema alternativo para a ordem mundial, conduzindo para uma ênfase dialética na unidade do todo e na dignidade do indivíduo e dos distintos grupos subestatais"[121]. Trata-se de um "globalismo centralista", filosoficamente lockeano, diretamente ligado às noções de "democracia transnacional" e de "constitucionalismo global", tendo como norte a garantia da paz mundial e a proteção dos direitos humanos[122].

O que ele propõe é um modelo de "constitucionalismo global" em que fosse criada uma estrutura supranacional destinada a tornar efetivos os direitos humanos independentemente das vontades dos líderes políticos dos Estados nacionais, uma vez que:

> O constitucionalismo deveria ser entendido, antes de tudo, como a dinâmica complexa de "constituir" mediante iniciativas democráticas, sob os auspícios de mulheres e homens de todo o mundo que agem localmente, em nível de movimentos de base, dentro de comunidades políticas existentes, e todavia com um olho político em um mais vasto horizonte de tempo e espaço. "Constituir" é o princípio democrático do constitucionalismo (agir localmente, pensar globalmente; esforço agora em nome do amanhã).[123]

O caráter "inicial" desta nova ordem projetada por Falk é fortemente questionado por H. Bull, pois, segundo este, "nos dizem também que devemos dar vida a um novo início, e projetam uma nova ordem mundial, mas nós estamos no meio de um processo, e não no seu início, e não se dá algo como um 'novo início'"[124].

Esse constitucionalismo global seria alcançado mediante a instituição de uma estrutura "quase governativa"

---

121. Richard Falk, *Human Rights and State Sovereignty*, cit., p. 182.
122. Cf. Danilo Zolo, *Globalizzazione*, cit., p. 72.
123. Richard Falk, "Raccomandazioni positive per il futuro prossimo: una prospettiva di ordine mondiale", in D. Held, D. Archibugi, R. Falk, M. Kaldor, *Cosmopolis*, Roma, Manifestolibro, 1993, p. 132.
124. Hedley Bull, *op. cit.*, p. 350.

em escala internacional, mantendo relação à "lei fundamental" referida por Falk, qual seja, a Carta das Nações Unidas[125]. Enquanto as condições históricas não se apresentam propícias a uma proposta de constitucionalismo global como esta, ele coloca a ação da sociedade civil global, das organizações não governamentais de proteção de direitos humanos e de defesa do meio ambiente, além da atuação, dentro da própria ONU, de um grupo de trabalho destinado a "preparar um conjunto coerente de objetivos e de propostas para substanciar a demanda pelo constitucionalismo global"[126]. O autor ainda afirma que os estudos deste grupo de trabalho deveriam defender "a ideia de uma segunda assembleia, eleita diretamente pelas populações, dentro das Nações Unidas, que teria autoridade concorrente à seleção do secretário-geral da ONU, assim como às operações para colocar em vigor o direito e as sanções supranacionais[127]. Conclui, sobre este tema, sustentando que o objetivo maior deste grupo de trabalho "seria o de delinear os contornos de uma política global dedicada à paz, ao bem-estar econômico, aos direitos humanos, à democracia e à proteção ambiental"[128].

D. Zolo opõe algumas objeções à proposta de Falk, por considerar que este parte de uma retórica universalista que vê o preâmbulo da Carta das Nações Unidas como fundamento para a ordem internacional, mas esquece que a inteira estrutura constitucional da ONU é inspirada no mo-

---

125. "Este constitucionalismo global representaria uma presença institucional complexa em escala internacional, com um caráter potencialmente quase governativo e uma presença operativa dentro de um quadro constitucional desprovido de vínculos rígidos, ao qual poderia ser conferido um conteúdo mais específico fazendo referência a uma lei fundamental já existente (ou seja, a Carta das Nações Unidas); poderia também ser uma ação mirada a realização de alguns princípios normativos que estão sancionados de modo inequívoco no direito positivo internacional." Richard Falk, "Raccomandazioni positive per il futuro prossimo...", cit., p. 135.
126. Richard Falk, *op. cit.*, p. 155.
127. Cf. *Ibidem*.
128. *Ibidem*.

delo hierárquico da Santa Aliança, de modo que "a tarefa de manter e restabelecer a paz está confiada, de fato, apenas aos membros permanentes do Conselho de Segurança e a direção estratégica das operações bélicas está atribuída, de direito, exclusivamente aos seus vértices militares"[129].

Analisando o *global constitutionalism* de Falk a partir da conjuntura político-jurídica internacional no pós-Guerra Fria, sobretudo após a consolidação, na última década do século XX, dos Estados Unidos como a única superpotência existente, D. Zolo aponta também que

> é pouco realista, enfim, a expectativa de que a maior potência mundial se empenhe em uma guerra que tenha as proporções, os riscos e os custos da Guerra do Golfo somente para repristinar a ordem internacional e garantir a paz. Mais realista é considerar que do ponto de vista do governo dos Estados Unidos o esforço em reagir às violações da ordem internacional coincide com o esforço para restabelecer seletivamente o *status quo* todas as vezes em que – e somente quando – estiverem em jogo os "interesses vitais" do país. Não é um mistério que dentro da estratégia da *global security* entrava a proteção dos interesses dos Estados Unidos na área do Golfo.[130]

Após ver sua obra receber críticas no sentido de ser utópica ou idealista, a questão concernente à possibilidade de reforma das Nações Unidas é enfrentada por Falk em termos mais realísticos em sua obra de 1999, *Predatory Globalization* [*Globalização predatória*]. Aqui, ele enfrenta as críticas, sobretudo de H. Bull, e reconhece que, mesmo sendo possível, é improvável uma reforma da ONU capaz de torná-la mais democrática e coerente com a doutrina dos direitos humanos[131]. Porém, ele acena com a possibilidade de se combinar um Gandhismo e uma "cultura de direitos hu-

---

129. Danilo Zolo, *Cosmopolis*, cit., p. 58.
130. Danilo Zolo, *op. cit.*, p. 59.
131. Cf. Richard Falk, *Predatory Globalization*, cit., p. 124.

manos" (*culture of human rights*) como instrumentos de pressão não institucionalizados, mas que necessariamente não deixariam de produzir efeitos, até mesmo reformadores, na estrutura da ordem internacional e, por consequência, na própria estrutura institucional da ONU[132].

Ao se socorrer em tais argumentos, parece ter ocorrido uma cisão entre o racional e o metafísico na fundamentação de Falk. Até então, ele vinha sustentando sua argumentação em termos que remetiam a princípios lógico-racionais, mesmo que fossem meramente ideais, enquanto ao apelar para o imponderável e o absolutamente contingente, citando como exemplos bem-sucedidos disto os casos do fim da Guerra Fria e o fim do *apartheid* na África do Sul, o autor dá claros sinais de que os seus fundamentos transcenderam os limites da lógica para retomar a antiga – e já utilizada, em especial, pelos sofistas da Grécia Antiga – transcendência metafísica como argumento final: o que importa não é o contexto atual, mas sim a possibilidade de mudança que as nossas ações podem causar no futuro, mesmo que tais possibilidades não apontem para um objeto racionalmente possível e o fim alvejado seja viável somente a partir da ocorrência de algo transcendental à nossa realidade cognitiva atual. Entretanto, caso esse "ativismo mundial", essa "academia de *peacekeepers*", não venha a atingir

---

132. "Mas este não é o único caminho que leva em tal direção. Outra possibilidade mais radical seria a substituição do realismo político como base para governança em todos os níveis da organização social. Tal substituição poderia assumir muitas formas, mas talvez a perspectiva mais atraente a partir do ponto atual seja alguma combinação de Gandhismo e o que veio a ser recentemente chamado de 'cultura dos direitos humanos'. Tal futuro desejado parece mais com um sonho vazio no momento; mas, como observado anteriormente, apenas uma década atrás também pareceria um mundo pós-guerra fria e uma África do Sul pós-*apartheid*. Quantos acontecimentos desse tipo ocorreram sem a presença de ocultas, ainda latentes e formidáveis, forças sociais comprometidas com imagens de drásticas reformas que foram condescendentemente descartadas em círculos realistas por serem 'utópicas' e 'irrelavantes'? Presumivelmente, tais oportunidades ocultas para uma política transformadora existem em relação ao futuro das Nações Unidas e são comprometimentos e lutas dignos de se pôr em prática." *Ibidem*.

seus objetivos, H. Bull ironiza que caberá a uma versão moderna da Arca de Noé superar o Dilúvio e reconstruir o mundo com os "iluminados" que conseguiram sobreviver à destruição provocada pelo acirramento das guerras e por outros fatores, como a poluição do meio ambiente[133].

Outro ponto altamente problemático do pensamento de Falk é a sua posição diante do tema da jurisdição penal internacional.

Ele considera ter sido um sucesso o Tribunal de Nuremberg – passível de vir, até mesmo, a se tornar um modelo a ser seguido atualmente. A inovatividade deste tribunal foi ter tentado atribuir responsabilidade penal aos líderes políticos por fatos ocorridos durante a Segunda Guerra Mundial, pois, de acordo com Falk, "a ideia de responsabilidade individual iniciada de modo tão contundente, ainda que imperfeitamente, em Nuremberg, necessita ser estendida aos perpetradores de 'crimes contra a humanidade' mesmo quando os abusos são associados de qualquer modo com uma guerra estrangeira"[134].

O fato de ter tido os seus princípios legais fundamentais aprovados unanimemente pela recém-criada Assembleia Geral da ONU representaria um "autorizado critério legal para determinar a conduta oficial, e, consequentemente, estão incorporados no direito internacional moderno"[135]. É como se o caráter de exceção de tal Tribunal – o qual foi instituído apenas para julgar os japoneses e alemães vencidos na Segunda Guerra Mundial – tivesse sido sublimado pela "unanimidade" que foi a sua aprovação.

---
133. "Para elaborar esta estrutura política, Falk imagina um programa caracterizado pelo 'ativismo mundial', 'crescimento da consciência', mediante 'declarações de emergência ecológica', 'universidade da sobrevivência', 'academias de *peacekeeper*', um partido político mundial, e (para antecipar diante da possibilidade de que esses esforços não logrem sucesso e que um equivalente moderno do Dilúvio se realize) uma 'arca da renovação' que permitirá a um núcleo de iluminados que tiver sobrevivido reconstruir o mundo." Hedley Bull, *op. cit.*, pp. 347-8.
134. Richard Falk, *Human Rights and State Sovereignty*, cit., p. 5.
135. Richard Falk, *op. cit.*, p. 195.

Mesmo defendendo o modelo de Nuremberg, o autor acrescenta que, em razão das pressões advindas da ordem internacional, a qual se apresenta como sendo notadamente imperialista, é pouco razoável pensar que um tribunal semelhante pudesse se tornar um "quadro institucional permanente"[136]. As novas elites surgidas em países de Terceiro Mundo, as quais muitas vezes não se submetem aos padrões morais e legais da comunidade internacional, constituir-se-iam em outro empecilho à efetividade de qualquer decisão tomada por um tribunal internacional com semelhante finalidade e abrangência[137]. No entanto, novamente, Falk pauta seu pensamento pela construção de uma ideal sociedade global capaz de superar tais problemas, os quais são, ao nosso sentir, inerentes ao atual modelo de sistema internacional e a qualquer outro modelo de matriz universalista.

Refira-se também que, assim como ocorre em inúmeros momentos ao longo de toda a obra de Falk, o problema da inefetividade dos direitos humanos tende a sempre ter como causa maior os países de Terceiro Mundo e suas pouco confiáveis instituições públicas, cabendo apenas restritas críticas às violações de direitos humanos e de normas de direito internacional perpetradas por países da Tríade, em especial pelos Estados Unidos.

Em síntese, no que concerne aos fundamentos da ordem internacional, a obra de Falk possui algumas falhas teóricas que podem ser resumidas nos seguintes pontos: (1) ignorar a pressão voluntarista exercida pelos líderes das grandes potências na formação das agendas políticas e dos órgãos internacionais, o que gera uma desigualdade material entre os Estados; (2) superestimar a capacidade de pressão e atuação da sociedade civil global (*global civil society*) no processo de formação dessas agendas políticas internacionais e na sua instrumentalização através das instituições

---
136. Richard Falk, *op. cit.*, p. 196.
137. *Ibidem*.

político-jurídicas de abrangência global; (3) tomar a doutrina dos direitos humanos como um dos fundamentos da atual ordem internacional, reconhecido como legítimo universalmente, ainda que Falk admita que se trata de um discurso claramente ideológico; (4) centralizar as estruturas de administração global em instituições que pouco possuem de diverso em relação aos atuais – e falhos – modelos presentes na ordem internacional, como ocorre com o caso da jurisdição penal internacional; (5) definir proposições normativas universalmente válidas a partir da conjuntura descritiva apresentada somente pelo Ocidente, mais especificamente, pelos países detentores do poder econômico e político, presumindo que o resto do mundo aceite entrar em um debate conceitual em que tanto as bases epistemológicas quanto os objetivos do debate já estão predefinidos.

1.4. A democracia social global de David Held

O pensamento político de David Held[138] possui muitos pontos em comum com os de R. Falk, sobretudo quando incorpora deste autor a ideia de "consciência global" como o elemento subjetivo responsável por dar dinamismo ao surgimento e afirmação da *global civil society* como uma realidade de fato, a qual repudia todo e qualquer ato contrário aos direitos humanos e aos valores universais determina-

---

138. Para maiores estudos sobre o trabalho deste autor, ver David Held, *Global Covenant. The Social Democratic Alternative to the Washington Consensus*, Cambridge, Polity Press, 2004, trad. it. *Governare la globalizzazione. Una alternativa democratica al mondo unipolare*, Bologna, Il Mulino, 2005; *id.* e Anthony McGrew (orgs.), *The Global Transformations Reader*, Cambridge, Polity Press, 2003; *id.* e Anthony McGrew, *Globalization/Anti-Globalization*, Cambridge, Polity Press, 2002, trad. it. *Globalismo e antiglobalismo*, Bologna, Il Mulino, 2003; *id.*, *Democracy and the Global Order*, Cambridge, Polity Press, 1995, trad. it. *Democrazia e ordine globale. Dallo Stato moderno al governo cosmopolitico*, Trieste, Asterios, 1999; *id.*, *Models of Democracy*, Cambridge, Polity Press, 1995, trad. it. *Modelli di democrazia*, Bologna, Il Mulino, 1997; *id.*, "Law of States, Law of Peoples: Three Models of Sovereignty", *in Legal Theory*, 8 (2002), 1, pp. 1-44.

dos dentro da conjuntura desta sociedade global[139]. No entanto, o primeiro diferencial da obra de Held é ter desenvolvido acuradas análises da democracia liberal e das suas diversas formas, uma vez que "não existe uma única forma institucional de democracia liberal. As democracias assumiram formas entre si muito diferentes, que qualquer clamor por valores liberais soaria ainda menos genérico"[140].

Assim, o autor britânico sustenta que a democracia social tradicionalmente é "empenhada em efetivar – por um lado – os princípios de justiça social e de solidariedade e – por outro lado – os princípios fundamentais da política liberal-democrática: o Estado de direito, a igualdade política e a cidadania"[141]. Todavia, diante dos novos desafios impostos pelos diversos processos de globalização ao poder de comando do Estado nacional, a "democracia social deve ser defendida e elaborada não somente no âmbito do Estado nacional, mas também em escala continental e global"[142]. A capacidade de enfrentar problemas e situações cuja origem se encontra fora das fronteiras territoriais dos Estados obrigaria a pensar a noção de democracia social liberal não somente a partir do Estado nacional, mas também estendendo e adaptando aquele conceito a todas as demais instâncias em que o Estado estiver inserido.

A democracia social liberal seria a melhor alternativa de *policy* e *governance* global diante do atual modelo apresentado pelo *Washington Consensus*, pois, segundo Held[143], teria os seguintes objetivos essenciais como referências norteadoras para qualquer política pública global que desejasse ter sucesso:

---

139. David Held; Anthony McGrew, *Globalization/Anti-Globalization*, trad. it. cit., p. 42.
140. David Held, "Democrazia: dalle città-stato a un ordine cosmopolitico?", *in id.*, D. Archibugi, R. Falk, M. Kaldor, *Cosmopolis*, cit., p. 18.
141. David Held, *Global Covenant*, trad. it. cit., p. 40.
142. David Held, *op. cit.*, p. 41.
143. David Held, *op. cit.*, p. 42.

- promover a preeminência do direito e as suas aplicações imparciais;
- aumentar a igualdade política e as suas condições essenciais;
- desenvolver a política democrática mediante um conjunto de normas e instituições que permitam a mais ampla participação possível dos cidadãos nas decisões que concernem a suas vidas;
- aumentar a solidariedade e a integração social, enquanto ambas dependem de uma série de valores comuns e de direitos humanos dos quais todos os seres humanos podem se beneficiar, independentemente da cultura ou religião em que nasceram;
- buscar a eficiência e a eficácia econômica.

A extensão que Held tenta defender da democracia liberal, peculiar ao Estado nacional, para a ordem internacional seria necessária porque os governos nacionais "estiveram sempre mais vinculados por uma série de sistemas de *governance* em diversos níveis – e não é fácil controlar a todos, e menos ainda tentar se colocar como guia. As políticas externas e internas estão cada vez mais permanentemente conexas, tornando sempre mais complexos o coordenamento e o controle da *policy* governativa"[144].

Assim, a necessidade de uma *global governance* guiada por um modelo de democracia liberal se apresentaria como a melhor alternativa à descentralização do poder decisional que outrora residia exclusivamente no Estado nacional. A *global governance* se impõe atualmente como um "sistema multiestratificado, multidimensional e multiator"[145]. O aspecto multiestratificado se deve ao desenvolvimento e implementação de políticas públicas que, mesmo sendo próprias de agências supranacionais, regionais, estatais e até subestatais, fazem com que se forme uma estrutura funcio-

---

144. David Held, *op. cit.*, p. 108.
145. David Held, *op. cit.*, p. 112.

nal que não vê o Estado como o centro referencial para a implementação de tais políticas; o caráter multidimensional é consequência da vinculação que se cria entre agência e matéria, permitindo que setores diversos, mas situados no mesmo nível de abrangência, tenham modelos de políticas públicas diferenciados em razão da matéria que devem abordar; e o aspecto multiator decorre do crescente número de agências, tanto públicas quanto privadas, que participam do desenvolvimento das agendas que definem as políticas públicas globais[146].

Ao analisar a nova função do Estado nacional e a sua capacidade de controle da sociedade civil interna, Held afirma que "o Estado se tornou uma arena de *policy-making* fragmentada, cortada por redes transnacionais, seja governativas ou não governativas, assim como agentes e forças internas. Do mesmo modo, também a sociedade civil foi cortada por forças de natureza transnacional que lhe alteraram a forma e as dinâmicas"[147].

Held coloca o seu modelo de *global governance* como um meio-termo entre um governo mundial e o atual sistema internacional baseado na mera cooperação entre Estados nacionais: trata-se de um sistema que compreende uma vasta gama de organismos e instituições supranacionais, tanto de abrangência regional quanto global, que trabalham conjuntamente com a participação de técnicos governamentais dos Estados nacionais, com representantes de grandes empresas, com grupos de pressão e organizações não governamentais, ao passo que o ponto que atribui unidade a este sistema de *governance* é a presença da ONU como o seu "coração institucional"[148]. A participação ativa

---

146. *Ibidem*.
147. David Held; Anthony McGrew, *Globalization/Anti-Globalization*, trad. it. cit., p. 24.
148. "Este sistema de *governance* global em evolução está longe de representar um governo mundial dotado de suprema autoridade e de poderes coercitivos, mas é muito mais que um simples sistema de limitada cooperação intergovernativa. Ele compreende, de fato, um vasto aparato de organismos

de novos atores não estatais (organizações supranacionais como a ONU e a OMC) no cenário internacional, iniciado ao longo do século XX, "criou novas arenas nas quais a voz dos povos – em vez de apenas dos governantes – ressoa sempre mais alta"[149].

Para tentar apresentar um fundamento capaz de interligar subjetivamente os novos atores responsáveis pela *global governance*, Held avança ainda mais seus argumentos e chega a afirmar que o "multilateralismo democrático-social deve assumir como ponto de partida um mundo de 'comunidades de destino sobrepostas'"[150]. Isto importa, inclusive, em sustentar que o bem político estaria hoje sendo formado além dos limites territoriais e nacionais que são próprios do Estado-nação: a sociedade civil transnacional e as políticas públicas globais que se formam no interior desta seriam as peças motrizes de um quadro referencial que define a noção de bem político a partir de concepções com pretensão de validade universal[151].

Entretanto, o momento mais significativo da sua proposta, no que concerne aos fundamentos da ordem internacional, ocorre quando Held redefine a noção de soberania: esta deixa de ser nacional para se tornar uma "soberania internacional liberal". Antes de definir sua proposta, ele afirma que desde o fim da Segunda Guerra Mundial "a soberania foi sempre mais redefinida como autoridade legítima, como autoridade baseada na tutela dos direitos humanos e no respeito pela democracia"[152]. Acrescenta também que "a soberania e a autonomia nacional estão agora in-

---

supranacionais e de organizações regionais formais, com as Nações Unidas ao seu coração institucional, além de comitês e redes políticas transnacionais que incluem funcionários governamentais, tecnocratas, representantes de grandes empresas, grupos de pressão e organizações não governamentais." David Held; Anthony McGrew, *op. cit.*, p. 64.
    149. David Held; Anthony McGrew, *op. cit.*, p. 71
    150. David Held, *Global Covenant*, trad. it. cit., p. 141.
    151. David Held; Anthony McGrew, *Globalization/Anti-Globalization*, trad. it. cit., p. 91.
    152. David Held, *Global Covenant*, trad. it. cit., p. 155.

corporadas em quadros mais amplos de *governance* e direito, dentro dos quais os Estados são apenas um dos lugares de exercício do poder e da autoridade política"[153].

O conceito de soberania internacional liberal pode ser sinteticamente resumido como "a extensão à esfera internacional da preocupação liberal de impor os limites ao poder político e ao governo"[154]. O centro funcional de poder político soberano deixa de ser o Estado nacional e passa a ser a ordem internacional, mas sem concentrar todo o poder decisional nas mãos de um único órgão, pois a alta fragmentação funcional desta ordem dispersaria o poder em diversos atores, dimensões e estratos que são os responsáveis pela *global governance*.

Um primeiro problema teórico ocorre já quando Held afirma que, dentro deste novo contexto, um Estado só será legítimo se for baseado em um regime democrático e reconhecer os direitos humanos[155]. Ora, torna-se expressa a exclusão do cenário político internacional que esta definição de Estado procede em relação a todos os países que não preencham estes dois requisitos (democracia e direitos humanos). Além disso, a liberdade de autodeterminação dos povos, considerada um dos princípios mais elementares do direito internacional, também é afrontada pela proposta do autor. Não desejamos que nossa crítica seja vista como uma refutação à democracia e aos direitos humanos, mas ocorre que a posição de Held termina por excluir do debate político todos aqueles Estados que não venham a satisfazer os dois referidos requisitos materiais, permitindo que se criem duas ordens internacionais: a dos Estados legítimos e a dos Estados ilegítimos (ou marginais). Se o modelo atual de ordem internacional já apresenta sérios problemas estruturais e de efetividade, institucionalizar a marginalização dos Estados "ilegítimos" seria simplesmente criar um problema

---

153. David Held, *op. cit.*, p. 175.
154. David Held, *op. cit.*, p. 160.
155. Cf. David Held, *op. cit.*, p. 175.

que poderia levar à desestabilização completa do já não muito estável sistema internacional.

Held sustenta que a soberania internacional liberal não representa o enfraquecimento, ou a extinção, do Estado nacional[156]. A partir desta nova concepção de soberania, caberia ao Estado nacional "uma função importante na proteção e na manutenção da segurança e do bem-estar dos seus cidadãos"[157]. O que o autor não menciona é que a suposta função "importante" que caberia ao Estado não seria nada além de tratar de questões triviais de municipalidade, isto é, enfrentar problemas mundanos e, sobretudo, instrumentalizar a aplicação das políticas públicas decididas pelos demais estratos, dimensões e atores responsáveis pela *global governance*, os quais tratam dos assuntos verdadeiramente "vitais" que não competem mais ao Estado abordar[158].

Tendo a soberania internacional liberal como uma espécie de pressuposto formal, a real estrutura política de *global governance* proposta por Held residirá em torno de uma noção de cosmopolitismo que "se refere aos valores fundamentais que fixam novos padrões ou vínculos que nenhum sujeito, seja este representante de um organismo global, de um Estado ou de uma associação civil, pode violar"[159]. Após a perda do monopólio da força por parte do Estado nacional[160], somada à dependência que este se encontra em relação à economia global[161], a condição do Estado na ordem internacional "precisa ser articulada com e reposicionada dentro de um quadro cosmopolita dominante"[162].

A universalidade deste modelo de cosmopolitismo estaria orientada por sete princípios que são a base para a

---

156. Cf. David Held, *op. cit.*, pp. 169-70.
157. David Held, *op. cit.*, p. 170.
158. Cf. Paul Hirst; Grahame Thompson, *op. cit.*, p. 263.
159. David Held, *Global Covenant*, trad. it. cit., p. 215.
160. Cf. David Held, *op. cit.*, p. 117.
161. Cf. David Held, "Democrazia: dalle città-stato a un ordine cosmopolitico?", cit., pp. 41-2.
162. David Held, "Cosmopolitanism: Taming Globalization", *in id.*; Anthony McGrew (orgs.), *The Global Transformations Reader*, cit., p. 522.

proteção e o sustento da defesa dos interesses dos indivíduos diante das instituições que governam suas vidas[163]. Tais princípios são elencados por Held da seguinte forma:

1. igual valor e dignidade;
2. fiscalização ativa;
3. responsabilidade pessoal;
4. consentimento;
5. democracia reflexiva e tomada de decisões coletivas mediante procedimentos de votação;
6. inclusividade e subsidiariedade;
7. afastamento de danos graves e melhoria de necessidades urgentes.[164]

Tomando como base esses sete princípios, o autor entende que a formação de um direito cosmopolita seria o passo seguinte ao surgimento e afirmação do atual sistema de *global governance*, pois, "se estes princípios fossem sistematicamente impregnados como fundamentos do direito, as condições para a possibilidade da regulação cosmopolita da vida pública poderiam ser inicialmente estabelecidas"[165]. A definição de uma estrutura de *global governance* passa necessariamente pela criação de instituições públicas globais, como parlamentos regionais, tribunais internacionais e uma "força policial global", em que seja possível dar efetividade às decisões tomadas pelas muitas agências e instituições que atuam nos diversos estratos e dimensões globais[166].

Uma sutil incongruência se avulta quando Held defende a não centralização de poder em um único órgão supranacional, mas afirma que é fundamental para a sua proposta "uma Organização das Nações Unidas reformada e

---

163. Cf. David Held, *op. cit.*, p. 515.
164. *Ibidem*; e também em David Held, *Global Covenant*, trad. it. cit., p. 216.
165. David Held, "Cosmopolitanism: Taming Globalization", *in id.*; Anthony McGrew (orgs.), *The Global Transformations Reader*, cit., p. 521.
166. Cf. David Held, "Democrazia: dalle città-stato a un ordine cosmopolitico?", cit., pp. 52-3.

sustentada pelo fortalecimento das formas regionais de *governance* internacional, como a União Europeia"[167]. No entanto, o autor não considera o fato de que o resultado prático mais provável que a sua proposta poderia alcançar é a solidifição de um sistema institucional de controle social global em que a desigualdade socioeconômica entre países dificilmente seria reduzida, sobretudo por algo que o próprio Held reconhece: a arrogância política das grandes potências historicamente tem dificultado a implementação de qualquer medida internacional que seja desfavorável aos interesses das elites políticas que internamente condicionam a vontade externa das grandes potências[168]. Além disso, "característica central da *governance* global é ter redesenhado os confins entre autoridade pública e poder privado mediante uma consistente privatização de setores que vão desde a instituição de padrões técnicos e ajudas oficiais mediante organizações não governamentais"[169]. Parece ilógico pensar que reforçar a aproximação entre estruturas que possuem lógicas internas diferentes, como o capital privado e a administração pública, não produzirá efeitos recíprocos em ambos os lados, de modo que é impossível definir *a priori* que aquele não capturará este.

Porém, o problema imediato mais concreto que a sua proposta enfrenta é a política externa dos Estados Unidos, baseada na "lógica do poder"[170]. Held vê com clareza a dimensão das dificuldades apresentadas por países que colocam os interesses nacionais acima de tudo e, como forma de proteção de tais interesses, contam com arsenais nucleares[171]. Mas a solução que Held propõe não apresenta qualquer perspectiva de sucesso a curto ou médio prazo, pois

---

167. David Held; Anthony McGrew, *Globalization/Anti-Globalization*, trad. it. cit., p. 104.
168. Cf. David Held, *Global Covenant*, trad. it. cit., pp. 178-9.
169. David Held; Anthony McGrew, *Globalization/Anti-Globalization*, trad. it. cit., p. 72.
170. David Held; Anthony McGrew, *op. cit.*, p. 23.
171. Cf. David Held, *Global Covenant*, trad. it. cit., p. 186.

potências nucleares como os Estados Unidos, por exemplo, não costumam – e nunca tiveram esse hábito – sentar à mesa para discutir questões de segurança com países que não sejam os seus aliados políticos.

Quanto aos tribunais internacionais, considerando Nuremberg um sucesso para a sua época[172], o autor britânico entende que os resultados dos tribunais internacionais penais de Haya e Arusha representam um avanço na busca pela implementação e defesa dos direitos humanos; a superação do clássico regime da soberania estatal remete à afirmação da soberania internacional liberal como "um novo quadro de boa *governance*, no qual os Estados podem perder as suas soberanias absolutas na medida em que violam os padrões e os valores incorporados na ordem internacional liberal"[173]. Acrescenta ainda que:

> o problema de fazer respeitar as leis em nível regional e global não é impossível de se resolver por princípio: uma parte (talvez crescente no tempo) das forças de polícia e do exército do Estado poderia ser "cedida" às novas autoridades internacionais e colocada habitualmente a sua disposição. Para este escopo, poder-se-ia determinar os modos de enfrentar o problema bem explicitado por Hobbes, com as palavras "os pactos, sem a espada, não são mais do que palavras".[174]

A questão concernente à formação de uma força policial mundial soa utópica quando contrastada com a realidade atual. Se pensarmos em como se daria desde o financiamento desta força policial até o recrutamento de pessoal, qualquer projeção prática que se tente fazer não encontra a mínima viabilidade possível. As forças multilaterais coordenadas pela ONU já apresentam sérias dificuldades econômicas, pois não é qualquer país que se dispõe a gastar seus

---

172. Cf. David Held, *op. cit.*, pp. 158-9.
173. David Held, *op. cit.*, p. 169.
174. David Held, "Democrazia: dalle città-stato a un ordine cosmopolitico?", cit., p. 54.

recursos próprios com as intervenções militares conduzidas por aquela organização.

Por fim, Held demonstra ter consciência de que a sua proposta encontra uma série de objeções, tanto que afirma ser "um erro rejeitar a linguagem do igual valor e da autodeterminação por causa da sua contingente associação com as configurações históricas do poder ocidental. As origens dos princípios não são confundidas com a sua validez"[175]. É fato que os princípios defendidos na sua proposta são válidos no plano teórico e podem ser considerados dos mais nobres possíveis. No entanto, a contingência imposta pela história à sua implementação prática não se resume a efêmeros momentos esparsos no tempo, mas, de fato, trata-se de uma constante na história das relações internacionais. A grande dificuldade deixada pela versão de democracia cosmopolita proposta pelo autor não pode ser superada apenas com a crença de que o momento atual é apenas uma contingência histórica: a sua proposta não apresenta elementos concretos que demonstrem como fazer essa transição direta entre Estado nacional e *global governance*.

1.5. O neocontratualismo de John Rawls

O filósofo estadunidense John Rawls[176] apresentou, na última década do século XX, uma proposta de extensão (similar à *domestic analogy*, já referida diversas vezes anteriormente) para a ordem internacional da sua reinterpretação, inspirada em Locke, Rousseau e Kant, do contrato social, a qual foi inicialmente exposta na sua clássica obra *A Theory of Justice* [Uma teoria de justiça]. Todo o conteúdo essencial

---

175. David Held, *Global Covenant*, trad. it. cit., p. 197.
176. Sobre a bibliografia de John Rawls, ver em particular: *A Theory of Justice*, Cambridge, Harvard University Press, 2003; *The Law of Peoples*, Cambridge, Harvard University Press, 2002; *Political Liberalism*, New York, Columbia University Press, 1993; *Justice as Fairness*, Cambridge, Harvard University Press, 2001; e *Collected Papers*, Cambridge, Harvard University Press, 1999.

daquela sua proposta de neocontratualismo[177] entre Estados foi sintetizada na obra *The Law of Peoples* [Direito dos povos], na qual, de início, Rawls já adverte que não usa a expressão Estados, mas sim povos, pois, "como cidadãos na sociedade doméstica, povos liberais são razoáveis e racionais, e as suas condutas racionais, organizadas e expressas nas suas eleições e votos, e o direito e as políticas dos seus governos são similarmente limitados pelo seu senso do que é razoável"[178]. De outra sorte, o Estado seria preponderantemente racional, em vez de tomar o razoável como princípio-base, de modo que a própria imagem que caracteriza o Estado é a de um agente racional, cuja preocupação se volta, antes de tudo, para o seu poder (militar, econômico e político) e sua capacidade de influenciar (racionalmente) outros Estados[179]. Com isso, o fato de ser mais racional que razoável faz o Estado deixar de ser, em muitas oportunidades, minimamente razoável[180].

Convém notar, desde já, que a sua posição filosófica é assumidamente liberal, tanto que o próprio conceito de "sociedade dos povos" (*Society of Peoples*) representa somente aqueles povos que respeitam, em suas relações internacionais, os ideais e princípios do Direito dos Povos, ou seja, considerando que o conteúdo do Direito dos Povos é por essência liberal, isto significa que a sociedade dos povos será formada somente por "governos democrático-constitucionais liberais ou não liberais, mas decentes"[181]. Entretanto, segundo Rawls, o fato de ser o Direito dos Povos um direito de matriz liberal não implicaria tentar converter os demais povos ao liberalismo. Ele afirma que "a razão pela

---

177. "Essa ideia de justiça está baseada na ideia familiar do contrato social, e o processo seguido ante os princípios do direito e da justiça selecionados e acordados é, de certo modo, o mesmo tanto no caso doméstico quanto no internacional." John Rawls, *The Law of Peoples*, cit., p. 4.
178. John Rawls, *The Law of Peoples*, cit., p. 25.
179. Cf. John Rawls, *The Law of Peoples*, cit., p. 28.
180. Cf. *Ibidem*.
181. John Rawls, *op. cit.*, p. 3.

PLURIVERSALISMO VS. UNIVERSALISMO

qual vamos considerando o ponto de vista dos povos decentes não é para prescrever princípios de justiça para *eles*, mas para nos assegurarmos de que os ideais e princípios de política externa de um povo liberal são razoáveis a partir de um ponto de vista decente não liberal"[182]. Acrescenta ainda que "é importante compreender que o Direito dos Povos está desenvolvido dentro de um liberalismo político"[183].

Resumidamente, pode-se dizer que o contrato social de Rawls, quando estendido para a ordem internacional, parte do pressuposto de que todas as partes se encontram na "posição original", em que a existência do véu da ignorância (*veil of ignorance*)[184] tem como objetivo impedir que os representantes dos povos invoquem motivos inapropriados, podendo, assim, ser representados apenas como partes iguais e livres[185]. Quando na posição original, os agentes interagem tendo como única referência inicial dois princípios de justiça – presentes já no *A Theory of Justice*. Primeiro, o princípio da igualdade, o qual determina que "cada pessoa deve ter um igual direito ao mais extensivo quadro de iguais liberdades básicas compatível com um quadro similar de liberdades para os outros"[186]. E aquele que podemos chamar de princípio da diferença: "desigualdades sociais e econômicas devem ser ordenadas de tal modo que sejam ao mesmo tempo (a) consideradas razoavelmente em proveito de todos, e (b) vinculadas a posições e cargos abertos a todos"[187].

---

182. John Rawls, *op. cit.*, p. 10.
183. John Rawls, *op. cit.*, p. 55.
184. "Entre as características essenciais dessa situação é que ninguém tem o seu lugar na sociedade, sua posição profissional ou *status* social, nem ninguém conhece sua fortuna na distribuição de posses naturais e habilidades, sua inteligência, forma e similares. Eu devo supor que as partes não sabem as suas concepções de bem ou suas propensões psicológicas especiais. Os princípios de justiça são escolhidos atrás do véu da ignorância. Isso assegura que ninguém terá vantagens ou desvantagens na escolha dos princípios pelo resultado da oportunidade natural ou da contingência de circunstâncias sociais." John Rawls, *A Theory of Justice*, cit., p. 11.
185. Cf. John Rawls, *The Law of Peoples*, cit., p. 31.
186. John Rawls, *A Theory of Justice*, cit., p. 53.
187. *Ibidem*.

A partir disso, cinco características dos representantes dos povos determinarão como o contrato será estabelecido e como o conteúdo inicial do Direito dos Povos será determinado: (1) são razoáveis e justos, encontram-se livres e em condição de igualdade entre si; (2) são agentes racionais; (3) deliberam sobre um assunto determinado: o Direito dos Povos; (4) suas deliberações são conduzidas por boas razões, uma vez que se encontram sob o véu da ignorância; e (5) determinam os princípios do Direito dos Povos a partir dos interesses do povo que representam, sempre seguindo a concepção de justiça já selecionada na posição original[188].

Quanto aos princípios de justiça que formam o substrato mínimo do Direito dos Povos, Rawls apresenta o seguinte rol não taxativo:

1. Os povos são livres e independentes, e sua liberdade e independência deve ser respeitada por outros povos.
2. Os povos devem observar tratados e compromissos.
3. Os povos são iguais e são partes dos acordos que firmam entre si.
4. Os povos devem observar um dever de não intervenção.
5. Os povos têm o direito de autodefesa, mas não têm o direito de instigar a guerra por razões outras que não as de autodefesa.
6. Os povos devem respeitar os direitos humanos.
7. Os povos devem observar certas restrições especificadas na condução da guerra.
8. Os povos têm um direito de assistir a outros povos vivendo sob condições desfavoráveis que os impeçam de ter um regime político e social justo ou decente[189].

O modo de que o filósofo estadunidense se valeu para instrumentalizar esse seu novo – e global – contrato social

---

188. Cf. John Rawls, *The Law of Peoples*, cit., p. 33.
189. John Rawls, *op. cit.*, p. 37.

foi buscar em Kant, e no seu conceito de *foedus pacificum*, a referência primordial da sua proposta[190]. A federação é, de fato, o modelo institucional predileto de Rawls. No entanto, ele rejeita a ideia de um Estado Mundial com poderes centralizadores de todas as competências e prerrogativas que originariamente eram próprias do Estado nacional, pois entende, assim como Kant, que um modelo de governo mundial nestes termos poderia facilmente se tornar um despotismo global, ou vir a reinar sobre um frágil império que é constantemente abalado por guerras civis promovidas por povos que pleiteiam maior autonomia política[191]. Em vez de um direito de subordinação, o autor prefere um direito de cooperação.

Para Rawls, o Direito dos Povos seria implementado e julgado por diversas organizações internacionais destinadas a regular a cooperação entre os povos e fazer valer as obrigações estabelecidas entre estes; segundo ele, algumas dessas organizações, sobretudo as Nações Unidas, deveriam ter a "autoridade para expressar para a sociedade dos povos bem-ordenados a sua reprovação às instituições domésticas injustas em outros países e aos flagrantes casos de violação dos direitos humanos. Em casos graves eles devem tentar corrigi-las mediante sanções econômicas, ou mesmo mediante intervenções militares"[192]. A sua ideia central é no sentido da construção de instituições internacionais que não sejam baseadas na mera manutenção da própria segurança interna e na disputa por poder (político, militar e econômico), mas que sejam verdadeiramente orientadas por valores derradeiros (*ultimate values*) reconhecidos por todos os participantes da sociedade internacional[193].

---

190. Cf. John Rawls, *op. cit.*, p. 10.
191. Cf. John Rawls, *op. cit.*, p. 36.
192. *Ibidem*.
193. Cf. Thomas W. Pogge, *Realizing Rawls*, New York, Cornell University Press, 1989, pp. 227-8.

Do ponto de vista institucional, a proposta de Rawls nada muda em relação ao quadro existente atualmente: a ONU figurando como a organização internacional com maior poder e prerrogativas funcionais, enquanto diversas outras organizações e agências internacionais realizam funções específicas, como o Banco Mundial, o FMI, a OIT etc. O diferencial que o autor propõe não é exatamente uma mudança na configuração institucional, mas sim uma nova forma de pensar a dinâmica das relações internacionais. Mesmo apresentando duas versões da sua teoria, uma *teoria ideal*[194] e uma *teoria não ideal*[195], em ambas encontramos a noção de razão pública (*public reason*) como o componente subjetivo que atribui unidade e dinâmica ao sistema.

O razoável está presente já no próprio conceito de Direito dos Povos: "um (razoável) Direito dos Povos deve ser aceitável por povos razoáveis que sejam diferentes entre si; e deve ser justo entre eles e efetivo em modelar os quadros gerais de cooperação"[196]. Todavia, o autor adverte que exis-

---

194. "O início da teoria ideal na Parte I concerne à extensão da ideia geral de contrato social para a sociedade liberal de povos democráticos. A segunda parte da teoria ideal, na Parte II, concerne à extensão da mesma ideia às sociedades, tem certas características que as tornam aceitáveis como membros em boas condições em uma razoável Sociedade de Povos. A parte da teoria ideal da extensão da ideia de contrato social é completada demonstrando que ambos os tipos de sociedades, liberais e decentes, poderiam acordar com o mesmo Direito dos Povos. Uma Sociedade de Povos é razoavelmente justa na medida em que seus membros seguem o razoavelmente justo Direito dos Povos nas suas relações mútuas." John Rawls, *The Law of Peoples*, cit., pp. 4-5.

195. "Existem, como vimos na Introdução, dois tipos de teoria não ideal. Uma lida com condições de não comprometimento, isto é, com condições nas quais certos regimes se recusam a acordar com um razoável Direito dos Povos; esses regimes pensam que uma razão suficiente para entrar em guerra é que esta avança, ou deveria avançar, os interesses racionais (não razoáveis) do regime. Esses regimes denomino *Estados fora da lei*. O outro tipo de teoria não ideal lida com condições desfavoráveis, isto é, com condições de sociedades cujas circunstâncias históricas, sociais e econômicas tornam a realização de um regime bem-ordenado, seja ele liberal ou decente, algo difícil ou até impossível de ser alcançado. Essas sociedades denomino sociedades oneradas (*burdened societies*)." John Rawls, *op. cit.*, p. 90.

196. John Rawls, *op. cit.*, pp. 11-2.

tem duas razões públicas que não coincidem totalmente: a razão pública dos povos liberais e a razão pública existente na sociedade dos povos. A primeira se aplica somente entre cidadãos livres e iguais de um mesmo povo e que dentro da sua própria sociedade debatem os temas essenciais para o seu próprio governo, enquanto a segunda se aplica somente entre povos livres e iguais que debatem suas relações entre si[197]. O que Rawls propõe é uma teoria empírica de justiça que deixe em aberto a questão sobre qual perspectiva de justiça material deve ser adotada, de modo que o objeto da sua teoria será a determinação, através de um equilíbrio reflexivo, de um padrão normativo que sempre parta de uma justiça formal razoável e imparcial[198].

O requisito básico da razão pública é se manter acrítica em relação ao conteúdo abrangente de qualquer doutrina, religiosa ou não; para tanto, basta que essa doutrina seja razoável em aceitar o regime democrático-constitucional e o respeito ao direito legitimamente elaborado, pois a razão pública é incompatível com doutrinas abrangentes que determinam conceitos absolutos de verdade e direito em detrimento do politicamente razoável[199]. A ideia de razão pública, originariamente proposta para uma sociedade doméstica, tem por característica especificar "no mais profundo nível os valores morais e políticos básicos que devem

---

197. "Distinguo entre a razão pública de povos liberais e a razão pública da Sociedade de Povos. A primeira é a razão pública de cidadãos iguais de uma sociedade doméstica debatendo a sua essência constitucional e problemas de justiça em relação ao seu próprio governo; a segunda é a razão pública de povos liberais livres e iguais debatendo sobre as suas relações mútuas como povos. O Direito dos Povos com essas concepções políticas e princípios, ideias e critérios, é o conteúdo desta última razão pública. Embora essas duas razões públicas não tenham o mesmo conteúdo, a função da razão pública entre povos livres e iguais é análoga a sua função em um regime democrático constitucional entre cidadãos livres e iguais." John Rawls, *op. cit.*, p. 4.
198. Cf. Otfried Höffe, *Politische Gerechtigkeit. Grundlegung einer kritischen Philosophie von Recht und Staat*, Frankfurt, Suhrkamp, 1987, trad. it. *Giustizia Politica. Fondamenti di una filosofia critica del diritto e dello Stato*, Bologna, Il Mulino, 1995, pp. 37-41.
199. Cf. John Rawls, *The Law of Peoples*, cit., p. 132.

determinar a relação de um governo constitucional democrático com os seus cidadãos e as suas relações com os demais. Em suma, ela concerne ao modo como a relação política deve ser entendida"[200]. A partir disso, ao se estender tal ideia para a ordem internacional, basta substituir a palavra *cidadãos* por *povos*.

Assim, o critério de reciprocidade permitirá que povos liberais e não liberais, mas decentes, estabeleçam relações sólidas entre si, pois a objetividade do Direito dos Povos "certamente depende não do seu tempo, lugar, ou cultura de origem, mas de saber se satisfaz o critério de reciprocidade e pertence à razão pública da Sociedade dos Povos liberais e decentes"[201].

Inicialmente, podemos perceber que as dificuldades de aplicação prática da ideia de razão pública na ordem internacional decorrerão da quase inviabilidade de se aprofundar relações internacionais baseadas tão somente nas noções de reciprocidade e respeito mútuo entre povos, este último que "constitui uma parte essencial da estrutura básica e do clima político da Sociedade dos Povos"[202]. Rawls afirma que as relações internacionais não podem mais ser como na época de Tucídides, em que riqueza e poder (*wealth and power*) se constituíam nas principais causas de guerras[203]. As causas das guerras se tornaram mais complexas na atualidade, indo além de disputas por glória e dominação[204]. Entretanto, sustentar que o *politicamente razoável*[205] seja o ponto capaz de promover a cooperação entre povos distintos, como se fosse uma espécie de chave mestra válida para solucionar todos os problemas, parece mais utópico e otimista do que verdadeiramente realista. A ideia de razão pública pode até ser defensável no âmbito de uma so-

---

200. *Ibidem*.
201. John Rawls, *op. cit.*, p. 121.
202. John Rawls, *op. cit.*, p. 122.
203. Cf. John Rawls, *op. cit.*, p. 46.
204. Cf. John Rawls, *op. cit.*, p. 47.
205. Cf. John Rawls, *op. cit.*, p. 88.

ciedade doméstica, uma vez que tanto o número de variantes teóricas quanto o de possibilidades cognitivas são mais reduzidos e existem critérios mínimos que tornam viável tentar pensar a sociedade civil a partir do razoável (*reasonable*), em vez do meramente racional (*rational*); porém, a complexidade do sistema internacional, acrescida da volatilidade das relações estabelecidas dentro dele, faz com que se torne difícil imaginar um diálogo entre povos em que o bem externo seja considerado antes mesmo do bem interno, sobretudo porque isto desnaturaria a própria essência das noções de Estado e povo, qual seja, a busca pela realização do bem comum e manutenção da segurança interna.

Com relação à composição da Sociedade dos Povos, Rawls propõe uma divisão das sociedades domésticas em cinco tipos:

(1) povos liberais razoáveis (*reasonable liberal peoples*);
(2) povos decentes (*decent peoples*), os quais não são propriamente liberais, mas possuem instituições que respeitam padrões mínimos de justiça em relação aos seus cidadãos;
(3) Estados fora da lei (*outlaw states*);
(4) sociedades acometidas por condições desfavoráveis (*societies burdened by unfavorable conditions*); e
(5) absolutismos benevolentes (*benevolent absolutism*).[206]

Somente as duas primeiras podem ser consideradas "povos bem-ordenados" (*well-ordered peoples*), naquele mesmo sentido que Bodin referia com a expressão "república bem-ordenada" (*République bien ordonnée*)[207]. Os povos bem-ordenados têm como característica básica desejarem "viver em um mundo no qual todos os povos aceitem e sigam o (ideal do) Direito dos Povos"[208].

---

206. Cf. John Rawls, *op. cit.*, p. 4.
207. *Ibidem*.
208. John Rawls, *op. cit.*, p. 89.

Para chegar a uma definição de "povos decentes" (*decent peoples*) capaz de definir também o que faz uma sociedade ser bem-ordenada, Rawls se vale de dois critérios[209]:

(1) são sociedades que não possuem objetivos agressivos em relação aos demais países, adotando, assim, uma conduta pacífica e de tolerância na sua política externa;
(2) o segundo critério é dividido em três partes:
   a) são sociedades que respeitam um catálogo mínimo de direitos humanos[210], como o direito à vida, à liberdade (desde negação da escravidão até liberdade de consciência e religiosa) e a um tratamento igualitário;
   b) qualquer sistema de direito de uma sociedade decente deve ter a capacidade de estabelecer os deveres e obrigações morais dentro dessa sociedade a partir da noção de *bona fide*, pois uma organização sociopolítica não pode ser sustentada somente pela coercitividade da norma jurídica;
   c) deve existir uma sincera e razoável ideia, por parte dos juízes e oficiais que administram o sistema judiciário, de que o direito é guiado por ideias de bem comum e de justiça compartilhadas por toda a sociedade.

Os Estados fora da lei (*outlaw states*) não podem ser considerados decentes por não preencherem o primeiro critério, uma vez que os seus princípios são guiados por propósitos expansionistas, imperialistas e ofensivos aos demais países. A quarta espécie de sociedade doméstica proposta por Rawls, as sociedades acometidas por situações desfavo-

---

209. Cf. John Rawls, *op. cit.*, pp. 64-7.
210. "Os direitos humanos no Direito dos Povos, por contraste, expressam uma classe de direitos imediatos, como a liberdade da escravidão e servidão, liberdade (mas não igual liberdade) de consciência, e segurança de grupos étnicos da aniquilação em massa e do genocídio." John Rawls, *op. cit.*, pp. 78-9.

ráveis, não podem ser consideradas "bem-ordenadas" em virtude de condições geográficas, climáticas, sociais ou de qualquer sorte que dificultam, ou até inviabilizam, que tal sociedade seja considerada minimamente estruturada e, por consequência, bem-ordenada. Já a quinta espécie, os "absolutismos benevolentes", não são considerados sociedades bem-ordenadas por negar qualquer espaço no processo de tomada de decisões políticas para a maioria dos seus membros; ainda que sejam absolutismos que respeitam os direitos humanos, falta-lhes um mínimo de legitimidade democrática.

Neste sentido, a ordem internacional terminaria fortemente dividida entre dois grupos de Estados que estariam destinados a não se comunicar institucionalmente entre si e cuja única forma de contato seria a guerra: (1) o grupo de elite, isto é, aqueles Estados que se enquadram nos requisitos dos conceitos de povos liberais razoáveis ou de povos decentes, e (2) o grupo dos demais Estados, que reúne desde Estados fora da lei até países econômica e socialmente miseráveis. Rawls afirma que as sociedades bem-ordenadas têm o dever de assistir àquelas que se encontram em situações extremas, como as sociedades acometidas por condições desfavoráveis (*burdened societies*), e devem se empenhar em trazer para a legalidade os Estados fora da lei[211]. No entanto, o autor não considera o fato de que a ausência de identidade e reciprocidade entre os povos do grupo 1 e os povos do grupo 2 torna difícil até mesmo o diálogo entre eles, de modo que a implementação concreta de políticas sociais de auxílio a povos deste último grupo será uma tarefa hercúlea a ser realizada dentro de um sistema, como o proposto no *The Law of Peoples*, em que a comunicação e o contato entre a "elite" e o "resto" é institucionalmente desestimulada.

Existe ainda um problema nas bases epistemológicas da proposta de Rawls que termina por desorientar toda a

---

211. Cf. John Rawls, *op. cit.*, p. 106.

estrutura da sua proposta: a classificação quinária de tipos de sociedades domésticas parece se esquecer de que absolutizar o conceito é prendê-lo no tempo. Todos os cinco conceitos de sociedades, desde as sociedades liberais até os absolutismos benevolentes, tratam uma realidade dinâmica como se fosse estática: rotulam uma dada sociedade – a qual representa o somatório de pessoas com características diversas e cujos atos são igualmente diversos – somente tomando em consideração o momento imediatamente anterior – ou, na melhor das hipóteses, a tradição histórica de tal sociedade – à formação do conceito. No entanto, a volatilidade do ser – e, destarte, de uma sociedade, pois esta é a síntese das vontades individuais – impede que toda a sua dimensão existencial possa ser abraçada somente com uma conceituação altamente específica e restritiva como a proposta pelo autor. O movimento e a alternância de vontades, as quais possibilitam que em dado instante estejam preenchidos os requisitos de um "povo liberal razoável", podem fazer com que no instante seguinte – ou no mesmo instante, porém sob uma perspectiva diversa – tais requisitos não estejam mais preenchidos. Apenas a título exemplificativo, até mesmo o país símbolo do "liberalismo razoável" ao qual se refere Rawls, qual seja, os Estados Unidos, altera diversas situações em que se enquadra no conceito de "povo liberal razoável" e em que satisfaz todos os pré-requisitos de um Estado fora da lei: quando, internamente, estimulam a livre concorrência e promovem o desenvolvimento tecnológico estão plenamente enquadrados naquele primeiro conceito, mas quando, externamente, violam normas internacionais sobre direito de guerra, invadem e destroem as estruturas básicas de países (como Iraque e Afeganistão) que não apresentavam nada de concretamente ofensivo contra a segurança dos Estados Unidos, e quando conservam bases militares, cuja natureza jurídica é incerta, as quais têm como finalidade manter pessoas presas sem acusações formais e sem direito de comunicação, cometendo diversas violações aos mais elementares "direitos humanos", neste caso, então, os Estados Unidos deixam de ser, momentaneamente, um povo liberal razoável para se tornar um respeitável modelo de Estado fora da lei. Caso a proposta de Rawls fosse implementada e levada a sério, os Estados começariam o dia enquadrados como sociedades decentes, mas não saberiam se encerrariam esse mesmo dia em tal condição.

Situação curiosa ocorre quando Rawls afirma que povos decentes e povos liberais não toleram Estados fora da lei, pois estes não respeitam os direitos humanos; os conceitos políticos de decência e liberalismo político obrigam aqueles povos a não tolerar estes últimos[212]. Assim, podemos nos perguntar como ficariam aqueles povos classificados como liberais ou decentes que esporadicamente violam os direitos humanos. Seria oportuno pensar em intervenção militar contra tais países? Parece que não. A resposta para esta questão é consequência do fato de toda intervenção militar "humanitária" ser feita com base na eleição de quais as violações, cometidas por quais países, devem ser punidas pelo "Direito dos Povos", pois é possível afirmar, sem qualquer medo de errar, que todos os países cometem alguma violação aos direitos humanos em algum momento de sua história recente. A escolha é política e foge por completo à esfera jurídica. Ou será que as violações aos direitos humanos cometidas pela antiga Iugoslávia, de Milosevic, no Kosovo são muito mais graves que as reiteradas violações cometidas por Israel contra os muçulmanos na Faixa de Gaza ou pelos chineses contra as minorias étnicas na China?

---

212. "Conforme estamos trabalhando o Direito dos Povos para povos liberais e decentes, esses povos simplesmente não toleram Estados fora da lei. Tal rejeição a tolerar estes Estados é uma consequência do liberalismo e da decência. Se a concepção política do liberalismo político é saudável, e se os passos que demos no desenvolvimento do Direito dos Povos também são saudáveis, então, povos liberais e decentes têm o direito de, sob o Direito dos Povos, não tolerar Estados fora da lei." John Rawls, *op. cit.*, p. 81.

1.6. O cosmopolitismo de Jürgen Habermas

Jürgen Habermas se afirmou como o maior filósofo alemão na atualidade após quase duas décadas construindo sua teoria da ação comunicativa. No entanto, desde a última década do século XX suas atenções têm se voltado para temas atinentes ao direito internacional, como guerras humanitárias, cidadania universal e os fundamentos da ordem político-jurídica internacional. Mesmo não tendo produzido um tratado específico sobre a filosofia do direito internacional, tanto que sua principal obra, *Faktizität und Geltung* [*Facticidade e validade*], não possui um único capítulo tratando deste tema – somente um posfácio de 1994 –, é possível encontrar uma estrutura teórica a partir de diversos trabalhos por ele publicados desde então.

Buscando inspiração na *Zum Ewigen Frieden*, de Kant, sobretudo no direito cosmopolita idealizado por este, Habermas propõe uma revisão radical daquilo que Kant havia iniciado, indo muito além do proposto por Kelsen, Bobbio, Falk e Held. No cosmopolitismo jurídico habermasiano, a "globalização do risco" e as restrições à soberania[213] (tanto interna quanto externa) do Estado-nação se constituem em elementos substancialmente inovadores em relação à proposta kantiana original, determinando, por consequência, a necessidade de uma readaptação desta[214]. Segundo Habermas, a essência do "direito cosmopolita consiste sobretudo

---

213. "A *estatização das relações internacionais* significa que o direito se infiltra e transforma totalmente o poder político também na relação externa entre Estados. Desaparece com isso a diferença entre soberania externa e interna, não somente em virtude da extensão global do inclusivo Estado de povos, bem como por razoáveis normativas: a força coesiva da constituição republicana derrama a 'substância' de um poder de autoafirmação 'selvagem' no externo e juridicamente não submetido. O 'político' no sentido da força dos executivos estatais conservada por assim dizer 'atrás' do direito perde com o cenário internacional a última reserva de arbítrio." Jürgen Habermas, *Der gespaltene Westen*, Frankfurt, Verlag, 2004, trad. it. *L'Occidente diviso*, Roma/Bari, Laterza, 2007, pp. 117-8.

214. Cf. Jürgen Habermas, *Die einbeziehung des Anderen*, Frankfurt, Verlag, 1996, trad. it. *L'Inclusione dell'altro*, Milano, Feltrinelli, 2002, p. 190.

– passando por sobre os sujeitos coletivos do 'direito das gentes' – em afirmar diretamente a posição dos sujeitos jurídicos individuais e em fundar a sua (não mediada) pertença à associação dos cidadãos livres e iguais"[215].

Será já na própria definição dos atores do cenário internacional que o filósofo alemão definirá sua posição inicial: em vez de existirem somente os Estados nacionais como titulares de direito, também outros agentes poderiam gozar desta condição, restando atribuída ao indivíduo, considerado "cidadão do mundo", a modificação conceitual mais significativa, pois ele passaria a ser titular de direitos e responsabilidades, ou seja, "a consequência mais importante de um direito que ultrapassa, e corta transversalmente, as esferas estatais da soberania é a responsabilidade [*Haftung*] pessoal dos indivíduos em face dos crimes cometidos – tanto na paz como na guerra – em serviço ao Estado"[216].

Do ponto de vista do Estado-nação, suas atribuições soberanas passam a ser restringidas pela figura do cidadão (nacional e mundial, ao mesmo tempo), o qual se encontra em condições de ir diretamente à ordem internacional defender seus direitos frente ao Estado, uma vez que "a direta pertença a uma sociedade cosmopolita tutelaria cada cidadão frente às prevaricações do próprio governo"[217]. De outra sorte, do ponto de vista do indivíduo, sua conduta se torna regulada também como cidadão do mundo, não podendo se eximir de responsabilidade mesmo em relação aos serviços prestados em nome do Estado, de modo que líderes políticos criminosos não possam se esconder por detrás do cargo que ocupam.

No entanto, a modificação de maior relevo nesta proposta de compreensão da condição do indivíduo nas relações internacionais parece estar, propriamente, no seu sen-

---

215. Jürgen Habermas, *op. cit.*, p. 193.
216. *Ibidem*.
217. Jürgen Habermas, *Zeit der Übergänge*, Frankfurt, Verlag, 2001, trad. it. *Tempo di passagi*, Milano, Feltrinelli, 2004, p. 12.

tido democrático que estabelece a superação das referências nacionais – de cidadania e de território – como um momento inicial capaz de realizar a *inclusão* daqueles indivíduos – e povos – que se encontram fora do debate político internacional, pois inclusão "significa que a comunidade política se abre ao inserimento dos cidadãos de qualquer extração, sem que estes 'diferentes' devam se assemelhar a uma suposta uniformidade étnico-cultural"[218]. Trata-se de uma construção multicultural, dinamizada pela incessante aparição de novas subculturas determinadas por novas relações interculturais, que "reforça uma tendência – já presente nas sociedades pós-industriais – que vai em direção à individualização dos sujeitos e à projeção de 'identidades cosmopolitas'"[219].

Não obstante possa parecer estar sendo completamente anulada a área de atuação do Estado nacional, mediante o paulatino enfraquecimento do direito proveniente deste, Habermas afirma que existe uma continuidade evolutiva entre o direito estatal e o direito cosmopolita, porque este "não é mais do que um desenvolvimento da ideia do Estado de direito. Com este vem simplesmente se instaurar uma simetria entre a legalização [*Verrechtlichung*] das relações sociais e políticas dentro e fora das fronteiras estatais"[220]. Primeiramente, a transformação do direito internacional em um direito de cidadania universal seria a forma mais adequada de se encerrar o "estado de natureza"[221] existente

---

218. Jürgen Habermas, *Die postnationale konstellation*, Frankfurt, Verlag, 1998, trad. it. *La costellazione postnazionale*, Milano, Feltrinelli, 2002, p. 49.
219. Jürgen Habermas, *op. cit.*, p. 52.
220. Jürgen Habermas, *Die einbeziehung des Anderen*, trad. it. cit., p. 213.
221. Deve-se ressaltar que Habermas faz uma distinção entre o estado de natureza entre homens e o entre Estados: "Todavia, esta analogia, mesmo se a considerarmos à luz das premissas do direito racional kantiano, é enganadora. Diversamente dos indivíduos no estado de natureza, os cidadãos dos Estados naturalmente concorrentes entre si gozam de um *status* que garante os seus direitos e liberdades (embora sejam limitados). A errada analogia é motivada pelo fato de que os cidadãos de um Estado trazem já nas costas um longo processo de formação política. Possuem um patrimônio político de liberdades garantidas pelo direito, e colocariam em jogo este patrimônio se

entre os Estados, já que os direitos humanos determinariam uma pauta de conduta mínima a ser seguida por todos os Estados[222]. Além disso, nem mesmo um consenso mundial sobre os direitos humanos seria capaz de representar algo equivalente à solidariedade cívica existente no âmbito nacional[223]. De acordo com o filósofo alemão, "a solidariedade cosmopolita deve se fundar somente no universalismo moral representado pelos direitos humanos"[224].

Essa passagem do direito internacional para o direito cosmopolita deveria ocorrer a partir da afirmação moral da doutrina dos direitos humanos como universalmente válida e reconhecida por todos os povos. Todavia, o próprio Habermas reconhece que o fato de esta doutrina ter como pressuposto a secularização do poder político torna o diálogo intercultural ainda mais difícil, uma vez que a defesa de muitos dos direitos humanos pode parecer profana quando contrastada com as prescrições de determinada religião[225].

Habermas procura rejeitar expressamente a possibilidade de que sua proposta seja interpretada como a defesa de um modelo de Estado mundial[226]. Segundo o autor, "a

---

aceitassem uma limitação à soberania daquele poder estatal que garante esta condição jurídica. Os habitantes do primitivo estado de natureza não tinham nada a perder além do medo e do terror diante do confronto entre as suas liberdades naturais, diga-se que não garantidas. Por isso, o *curriculum* que os Estados e os seus cidadãos deveriam percorrer para passar do direito internacional clássico a uma condição cosmopolita não é completamente análogo, mas complementar em relação ao *curriculum* que os cidadãos dos Estados democráticos de direito levaram até o final, retrospectivamente, no processo de legalização de uma autoridade estatal que agia inicialmente sem freios." Jürgen Habermas, *Der gespaltene Westen*, trad. it. cit., pp. 123-4.

222. Cf. Jürgen Habermas, *Zeit der Übergänge*, trad. it. cit., p. 12.
223. Cf. Jürgen Habermas, *Die postnationale konstellation*, trad. it. cit., p. 95.
224. Jürgen Habermas, *op. cit.*, p. 96.
225. Cf. Jürgen Habermas, *Die einbeziehung des Anderen*, trad. it. cit., pp. 229-32.
226. "A institucionalização dos procedimentos por meio de uma harmonização pragmática dos interesses em nível mundial, por uma generalização dos interesses e por uma inteligente construção de interesses comuns não poderá ocorrer na figura organizacional de um 'Estado mundial' (que por cer-

institucionalização procedimental que possui a tarefa de harmonizar globalmente os interesses, de generalizá-los, de construir com inteligência interesses comuns, e assim por diante, não é realizável no quadro estrutural de um Estado mundial"[227]. A política mundial de atuação do direito cosmopolita "deverá se realizar (contentando-se com um fundamento de legitimidade menos ambicioso) nas formas organizativas não estatais dos sistemas internacionais de negociação já hoje existentes para outros setores da política"[228].

Existe uma questão concernente à competência material das constituições de um Estado nacional e de um possível Estado mundial que Habermas entende ser um óbice insuperável para a formação deste último:

> Esta extrapolação de uma *autorização* da pouco compacta comunidade de Estados soberanos, que corre complementar e paralela à *legalização* do poder substancial do Estado, pode nos salvar do perigo de retardar a constitucionalização do direito internacional apontando prematuramente ao objetivo de um *Estado* global dos povos. O Estado federal democrático de grande formato – a república mundial – é o modelo errado. Não existe, de fato, qualquer analogia estrutural entre a constituição de um Estado soberano que pode autonomamente decidir quais tarefas assumir (e, portanto, dispõe da competência sobre a competência) por uma parte,

---

tos aspectos não é nem menos desejável). Ela deverá, mais do que isso, levar em consideração a independência, as preferências e a especificidade de Estados precedentemente soberanos." Jürgen Habermas, *Die postnationale konstellation*, trad. it. cit., p. 27. Em outro momento, o autor alemão afirma também que: "No temor que uma república mundial, ainda que sua estrutura seja federal, deva fatalmente levar ao nivelamento das diferenças sociais e culturais, oculta-se a objeção, em princípio, que de um Estado de povos globais decorra, por razões funcionais, a tendência a degenerar em uma 'monarquia universal'. Em última análise, é a alternativa entre o domínio mundial de um único monopolista do poder e o sistema existente de mais Estados soberanos o que preocupa Kant, e de onde ele busca uma saída com a sua substituição por uma 'liga de povos'." *Id., Der gespaltene Westen*, trad. it. cit., p. 122.

227. Jürgen Habermas, *Die postnationale konstellation*, trad. it. cit., p. 96.
228. Jürgen Habermas, *op. cit.*, p. 97.

e por outra a constituição de uma organização mundial inclusiva sim, mas limitada a poucas funções bem definidas.[229]

O que Habermas propõe para a ordem internacional é um "sistema político multinível com uma organização mundial, no nível máximo, amplamente reformada, Estados nacionais domesticados, no nível mais inferior, e uma rede de regimes transnacionais entre"[230]. No entanto, para isso seria necessário que a opinião pública mundial, a qual, segundo o autor, encontra-se *in statu nascendi*, terminasse por se consolidar em uma verdadeira esfera pública mundial[231]. Seria o caso, continua ele, no mesmo sentido, em outra obra, de se tratar "da questão teórica sobre se a formação de uma opinião global em uma esfera pública informal possa, sem os meios constitucionalmente institucionalizados pela conversão em poder político do influxo produzido comunicativamente, fornecer uma suficiente integração à sociedade cosmopolita, e uma suficiente legitimação à ONU"[232].

Ainda que institucionalmente não estejam consolidados os meios políticos para a incorporação daquilo que vier a ser produzido por essa esfera pública mundial, Habermas entende que já existem conteúdos normativos e morais – pouco amplos, mas sólidos – que são universalmente válidos e que se encontram tutelados por um senso de "justiça universalista", de modo que é suficiente "para recolher conjuntamente em escala mundial tomadas de posições normativas sobre a agenda da comunidade de Estados, e confere força de legitimação às reações intensificadas pelas mídias de uma opinião pública mundial contínua e pontualmente estimulada"[233].

Ciente de que a opinião pública é manipulável de diversas formas, Habermas ainda se antecipa às críticas e re-

---

229. Jürgen Habermas, *Der gespaltene Westen*, trad. it. cit., pp. 128-9.
230. Jürgen Habermas, "A Short Reply", in *Ratio Juris*, 12 (1999), 4, p. 451.
231. Cf. Jürgen Habermas, *Die einbeziehung des Anderen*, trad. it. cit., p. 68.
232. Jürgen Habermas, *Der gespaltene Westen*, trad. it. cit., p. 138.
233. Jürgen Habermas, *op. cit.*, p. 139.

conhece que os meios de comunicação podem se prestar para a manipulação e o doutrinamento das massas, impedindo que a opinião pública mundial possa ser a fonte exclusiva de legitimidade do poder político na ordem internacional[234].

Em vez de defender a criação de uma estrutura institucional nova, o filósofo alemão entende ser necessária a reforma da ONU, pois esta já teria iniciado o projeto kantiano de construção de uma ordem internacional destinada à busca da paz perpétua e à formação de um direito cosmopolita[235]. Para Habermas, a criação da ONU, conjuntamente com as declarações de direitos humanos que se seguiram a partir desta, "foram todas respostas justas e necessárias às experiências moralmente significativas do século, ao desencadeamento total da política e ao Holocausto"[236].

Para que a ONU pudesse assumir uma condição institucional que lhe permitisse juridicizar as relações internacionais e a tutela dos direitos humanos com efetividade, não seria necessário o monopólio da força por parte de um Estado mundial ou de um governo mundial, bastaria que algumas reformas transformassem o Conselho de Segurança em um órgão mais democrático, que os tribunais internacionais passassem a ter jurisdição vinculante e que a Assembleia Geral fosse integrada com outros níveis de representação dos cidadãos do mundo[237].

Quanto ao Conselho de Segurança da ONU, Habermas sustenta que as condições geopolíticas do planeta não são satisfatoriamente representadas por aquele órgão, o qual ainda se encontra vinculado ao resultado da Segunda Guerra Mundial e não possui qualquer representatividade em relação às regiões do mundo e ao poder (econômico, político e militar) que estas possuem[238]. Com isso, seria ne-

---

234. Jürgen Habermas, *op. cit.*, pp. 140-3.
235. Jürgen Habermas, *op. cit.*, p. 107.
236. Jürgen Habermas, *Zeit der Übergänge*, trad. it. cit., p. 17.
237. Jürgen Habermas, *op. cit.*, p. 18.
238. Jürgen Habermas, *Der gespaltene Westen*, trad. it. cit., p. 174.

cessário estabelecer regras e procedimentos determinando quando e sob quais condições a ONU deve intervir ou tomar qualquer iniciativa, pois, até então, a referência maior seguida pelo Conselho de Segurança é sempre os interesses nacionais dos seus membros permanentes[239].

A influência das grandes potências, sobretudo dos Estados Unidos, e a possibilidade de uma dominação por este das estruturas de controle político e jurídico internacionais, como o Conselho de Segurança da ONU, é um ponto em relação ao qual Habermas insistentemente demonstra preocupação, tanto que a produção de um direito constitucional mundial é vista com uma certa cautela pelo autor, pois o domínio do direito interno de uma superpotência sobre o direito cosmopolita produziria a legalização e institucionalização de uma hegemonia política internacional[240].

Quanto aos tribunais internacionais, tomando como um sucesso o modelo de Nuremberg, o qual representou um "impulso moral"[241] a um futuro tribunal internacional penal permanente, faltariam a definição precisa das condutas puníveis e as medidas aplicáveis, além do desenvolvimento de um *jus in bello* que protegesse as populações envolvidas das medidas e intervenções militares perpetradas pela ONU[242].

Habermas, todavia, afirma claramente não propor um Estado mundial centralizador, mas defende que as decisões judiciais dos tribunais internacionais e as decisões políticas do Conselho de Segurança deveriam contar com uma força policial que as garantisse mesmo contra a vontade dos Estados nacionais: aquele órgão deveria ser "reforçado com base em monopólios de forças militares descentralizados nos Estados, em medida tal a poder garantir a efetiva execução das deliberações do Conselho de Segurança"[243]. Não

---

239. *Ibidem*.
240. Jürgen Habermas, *op. cit.*, pp. 144-5.
241. Jürgen Habermas, *op. cit.*, p. 157.
242. Jürgen Habermas, *op. cit.*, p. 174.
243. *Ibidem*.

seria suficiente poder contar com tribunais internacionais, já que "tais tribunais primeiro serão capazes de funcionar adequadamente somente quando a era da soberania individual dos Estados tiver chegado ao fim por meio de uma ONU que não possa apenas passar, mas também agir e dar execução, a suas resoluções"[244]. Entretanto, quem estruturará e manterá tais forças militares não é a ONU, mas sim os Estados nacionais. A justificativa desta medida decorreria das dificuldades financeiras que a ONU historicamente possui, enquanto aos Estados não seria tão difícil sustentar um exército, pois já contam com um.

Ora, parece forçoso pensar que algum país venha a passar o controle de parte do seu exército para a ONU poder puni-lo quando ele desrespeitar as decisões do Conselho de Segurança ou dos tribunais internacionais. Ainda que o poder militar fosse todo elaborado e financiado diretamente pela própria ONU, a carência de reconhecimento da legitimidade desta poderia acarretar uma crescente disputa por poder militar entre esta organização e os Estados, fazendo com que investimentos financeiros fossem feitos em material bélico e, consequentemente, os princípios fundamentais da Organização fossem por completo desvirtuados.

Mesmo não resolvendo com clareza a questão da formação do exército da ONU, Habermas afirma que a lógica do poder não pode basear o funcionamento desta, tanto que, para aumentar o grau de proximidade da Organização com os cidadãos do mundo, seria necessária "uma acentuada legitimação, seja mesmo com eficácia indireta, diante de uma opinião pública mundial bem informada"[245]. Este parece ser realmente o ponto central da sua proposta para a filosofia do direito internacional: a formação e consolidação de uma estrutura comunicacional, fundada a partir de uma perspectiva inclusiva, capaz de estabelecer o diálogo

---

244. Jürgen Habermas, *Faktizitat und Geltung*, Frankfurt, Suhrkamp, 1992, trad. ingl. *Between Facts and Norms*, Cambridge, MIT Press, 1996, p. 456.

245. Jürgen Habermas, *Der gespaltene Westen*, trad. it. cit., p. 175.

político no plano internacional entre todos os seus participantes, mas norteada pela defesa da doutrina dos direitos humanos e de toda a tradição ocidental que esta carrega consigo. Um sistema político-jurídico internacional que integre culturas e propicie um diálogo produtivo – subjetivamente orientado pela "razão comunicativa" – entre povos, Estados e indivíduos se faz necessário também como forma de justificação racional da nossa própria conduta, como ocidentais, diante das demais civilizações, pois "o que diremos nós se um dia a aliança militar de uma outra região, a Ásia, por exemplo, viesse a praticar uma política militar dos direitos humanos baseada em uma outra interpretação (a *sua* interpretação, precisamente) do direito internacional ou da Carta da ONU?"[246]

Porém, o aprofundamento da integração intercultural propiciada por esta abrangente esfera pública mundial permitiria chegar àquilo que D. Zolo denominou de "etnocídio", uma vez que a descaracterização das culturas locais em proveito de uma cultural global poderia levar a diversos processos sociais, como a desintegração social ou a completa desordem[247]. Para que essa integração intercultural seja possível, é necessário que se construa identidade e reciprocidade entre as partes envolvidas no diágolo político; o próprio Habermas reconhece que a sua concepção elementar de "razão comunicacional se afirma pela força da coesão inerente à concórdia intersubjetiva e ao reconhecimento recíproco; ela é circunscrita pelo mesmo universo de uma forma de vida comunitária"[248]. Todavia, em nenhum momento o autor aponta os nortes pelos quais devemos nos

---

246. Jürgen Habermas, *Zeit der Übergänge*, trad. it. cit., p. 19.
247. "Pelo contrário, é mais uma forma de penetração cultural que pode chegar aos extremos do puro 'etnocídio', e que em todo caso não produz ordem e integração comunitária, mas contaminação, resistência e desordem." Danilo Zolo, "A Cosmopolitan Philosophy of International Law? A Realist Approach", *in Ratio Juris* 12 (1999), 4, p. 441.
248. Jürgen Habermas, *Der philosophische Diskurs der Moderne*, Frankfurt, Suhrkamp, 1985, trad. fr. *Le discours philosophique de la Modernitè*, Paris, Gallimard, 1988, p. 383.

guiar para construir esses "mundos da vida" (*Lebenswelt*) comunitários entre povos que não possuem a mínima identidade entre si.

Além disso, ressalte-se a idealização que Habermas faz em relação à possibilidade de se alcançar uma "ordem política ótima" (*optimal political order*) que garanta não apenas uma ordem internacional estável, mas também consiga atingir uma paz universal e uma justiça distributiva que torne efetiva a proteção aos direitos humanos, permitindo que o desenvolvimento econômico e social caminhe junto com a manutenção do equilíbrio sustentável do planeta[249]. Porém, diante do cenário atual, parece mais razoável pensar em paulatinamente aprimorar o já elevado grau de cooperação existente no anárquico sistema internacional e convertê-lo em estruturas institucionais regionalizadas dotadas de uma mínima – mas com possibilidades de crescimento – efetividade vinculante, pois diante de situações como as apresentadas na esfera internacional, "de alta complexidade e turbulência de variáveis ambientais, torna-se mais funcional viver com um certo grau de desordem do que buscar impor uma ordem perfeita"[250].

Habermas demonstra admitir que o desenvolvimento de um sistema internacional em vários níveis é o mais realisticamente próximo das demandas apresentadas pela sociedade global:

> A pressão dos problemas gerados pela sociedade globalizada acentuará a sensibilidade à necessidade crescente

---

249. "O cosmopolitismo de Habermas, finalmente, parece inspirado pela ideia, típica dos *Western globalists*, de que a realização de uma 'ordem política ótima' é desejável no âmbito internacional, ou seja, que é desejável pela humanidade ser governada por uma autoridade mundial comprometida em garantir não apenas a paz estável e universal, mas também a justiça distributiva, o desenvolvimento econômico, a proteção internacional dos direitos, o equilíbrio ecológico do planeta diante do crescimento populacional, e assim por diante." Danilo Zolo, "A Cosmopolitan Philosophy of International Law? A Realist Approach", cit., p. 442.

250. Danilo Zolo, *op. cit.*, p. 443.

de regulamentação e à falta de uma équa política interna mundial no plano transnacional (em um plano intermediário entre os Estados nacionais e a ONU). Faltam, no momento, os atores e os procedimentos para sistemas negociais que possam iniciar uma tal política interna mundial. A sociedade mundial politicamente constituída é imaginável realistamente somente como um sistema em diversos níveis, que permanece incompleto sem aquele plano intermediário.[251]

No entanto, o filósofo alemão não desenvolve esta proposta apresentando como se daria o funcionamento da dinâmica interna de um sistema multiníveis, preferindo manter a defesa do seu direito cosmopolita e a formação de uma esfera pública mundial como as melhores alternativas ao modelo atualmente existente.

---

251. Jürgen Habermas, *Der gespaltene Westen*, trad. it. cit., p. 180.

Capítulo 2
Por um globalismo pluriversalista articulado em espaços regionais de Estados-nação

2.1. Sistema e ordem nas relações internacionais

Dentro do pensamento político-jurídico internacionalístico, sistema, ordem e sociedade são três categorias conceituais distintas que frequentemente são confundidas como se sinônimos fossem. Tal equívoco termina por causar uma confusão também sobre a própria definição de qual(is) elemento(s) problemático(s) carece(m) de novas soluções. Assim, para tentar definir com clareza em qual sentido desenvolveremos a parte final desta pesquisa, algumas considerações deverão ser feitas, em especial, quanto aos conceitos de sistema e ordem nas relações internacionais.

O mais elementar destes conceitos é, sem dúvida, o de sistema internacional. Sem ele não é possível sequer pensar em ordem ou em sociedade de Estados. Segundo H. Bull, um sistema internacional se forma quando dois ou mais Estados "estabelecem um suficiente contato e assumem cada um sobre as decisões do outro um impacto suficiente para permitir que cada um se comporte – pelo menos em uma certa medida – como parte de um todo"[1]. Traço distintivo da concepção de sistema internacional é o fato de ter a guerra como uma possibilidade real e iminente a

---

1. Hedley Bull, *The Anarchical Society*, trad. it. cit., p. 20.

todas as unidades políticas que interagem no seu interior[2]. O contato entre dois ou mais Estados, de modo a fazer que as ações (pacíficas ou bélicas) de um reflita no outro, é o ponto a partir do qual podemos falar da ocorrência de um sistema de Estados. Dois ou mais Estados (ou outras formas de organização política) podem existir sem que necessariamente se forme um sistema internacional, tanto que o conceito de *sociedade internacional* é próprio da Modernidade, uma vez que na Antiguidade grega, por exemplo, existia apenas a *pólis* como forma de organização política reconhecida pelos gregos; tudo que ocorria no "além do mar" não concernia à noção de política vigente à época, mesmo que, de outra sorte, existissem na Ásia diversas outras organizações políticas já estabelecidas e bem desenvolvidas do ponto de vista estrutural. Deste modo, formavam-se sistemas internacionais locais, sustentados pela proximidade geográfica e por noções políticas em comum, não importando – mesmo porque não tinham conhecimento – todas as outras formas de contato intercultural que existissem para além das fronteiras do seu sistema.

Já a organização política internacional na Idade Média, mais do que apresentar dificuldades de se enquadrar naquilo que seria um conceito de *sociedade internacional*, não apresenta elementos para sequer se enquadrar em uma noção geral de *sistema internacional de Estados*. Martin Wight define esta expressão como um sistema de Estados soberanos, enquanto, na definição do mesmo autor, os modelos encontrados na Idade Média – e, inclusive, em períodos anteriores – são mais bem definidos como "sistema sob um Estado soberano", pois, seja na Europa ou na Ásia, no caso da China Imperial, por exemplo, o sistema era composto de um único Estado soberano que mantinha sua soberania como elemento condicionante da validade das outras formas de

---

2. "Denomino sistema internacional o conjunto constituído pelas unidades políticas que desenvolvem umas com as outras relações regulares e que são todas suscetíveis de ser envolvidas em uma guerra geral." Raymond Aron, *Paix et guerre entre les nations*, Paris, Calmann-Lévy, 2004, p. 103.

organização política a ele sujeitas[3]. Ainda de acordo com as distinções feitas por M. Wight, pode-se também dividir os sistemas de Estados em modelos primários e secundários, em que os "sistemas de Estados primários" seriam compostos exclusivamente de Estados soberanos, enquanto os "sistemas de Estados secundários" seriam compostos não apenas de Estados soberanos, mas também por "sistemas sob um Estado soberano"[4].

Quanto à estrutura funcional do sistema internacional, pode-se dividi-lo em *systèmes homogènes* e *systèmes hétérogènes*[5]. A natureza do sistema homogêneo reside substancialmente na identidade de concepções políticas entre os Estados que compõem o sistema, ou seja, na homogeneidade existente em torno de noções políticas fundamentais, o que supostamente torna o ambiente mais estável e naturalmente propenso à paz. Já o sistema heterogêneo é composto de Estados com concepções políticas diferentes entre si, as quais, em última instância, terminam por sustentar valores contraditórios, tornando difícil a manutenção da estabilidade e da paz no interior do sistema, uma vez que falta reconhecimento mútuo e identidade política entre os seus membros[6].

---

3. "Podemos distinguir estes dos sistemas internacionais de Estados chamando-os de sistema de Estados suseranos (*suzerain state-system*) (na frase a palavra 'Estado' deve ser no plural, mas a segunda no singular). E devemos notar que, enquanto o princípio político fundamental do primeiro será manter o equilíbrio de potência, para o segundo será *divide et impera*." Martin Wight, *Systems of States*, Leicester, Leicester University Press, 1977, p. 24.

4. "Por tudo isso, a idade Armana parece ser um exemplo virtualmente único daquilo que chamo de sistema de Estados secundários, o que quer dizer, um sistema cujos membros não são Estados soberanos unitários, mas impérios complexos ou sistema de Estados suseranos (*suzerain state-systems*)." Martin Wight, *op. cit.*, p. 25.

5. Cf. Raymond Aron, *op. cit.*, pp. 108-9.

6. "Denomino sistemas homogêneos aqueles em que participam os Estados do mesmo gênero, obedecem a uma mesma concepção política. Denomino sistemas heterogêneos, ao contrário, os sistemas em que os Estados são organizados por princípios diversos e defendem valores contraditórios." Raymond Aron, *op. cit.*, p. 108.

No continente europeu, os primeiros esboços daquilo que culminaria em um sistema de Estados, como o visto no século XX, passam por dois momentos distintos: o do *jus gentium* e o do *jus publicum Europaeum*.

A tradição romana do *jus gentium* inicialmente o concebia como uma espécie de direito válido a todas as províncias que compunham o Império Romano, as quais ainda conservavam os seus próprios ordenamentos jurídicos locais. Porém, depois da constituição *caracalliana* de 212, que, concedendo a todos os súditos a cidadania romana, os obrigava a viver segundo o direito de Roma, isto é, o *jus civile*, a antítese entre este direito e o *jus gentium* permaneceu somente no sentido mais abstratamente doutrinário e filosófico[7]. Em um último momento, ao longo da Idade Média, o *jus gentium* passa a se restringir somente às relações entre organizações políticas, pois reconhecia a autonomia dos direitos locais (nacionais) e diante destes exercia não mais do que uma função supletiva. Durante a Idade Média competia ao *jus naturale* a função de tentar justificar tanto os direitos locais quanto o *jus gentium*. Martin Wight salienta que autores como Francisco de Vitória chegavam a confundir *jus naturale* com o *jus gentium*[8].

Por outro lado, Hugo Grócio usava o termo *jus gentium* em dois sentidos. Antes de tudo, como um conjunto de regras (de natureza jurídica, em vez de moral[9]) que buscava

---

7. Cf. Vincenzo Arangio-Ruiz, *Istituzioni di Diritto Romano*, Napoli, Jovene, 1979, p. 27.
8. Cf. Martin Wight, *International Theory: Three Traditions*, London, Leicester University Press, 1991, p. 73.
9. "Príncipes são pessoas, e Estados ou povos são uniões de pessoas; uma razão básica pela qual as relações entre príncipes e Estados estão submetidas ao direito, o qual limita as pessoas na grande sociedade da humanidade. Essas regras, refletindo a natureza racional e social do homem, são conhecidas *a priori* para todas as criaturas dotadas de razão, e também *a posteriori* porque elas foram confirmadas mediante acordo por todos, ou, pelo menos, pelo acordo de todas as melhores mentes. O Direito Natural para Grócio não pode ser equiparado à lei moral ou moralidade em geral; isto inclui apenas aquela parte da moralidade que define os princípios racionais de conduta em sociedade." Hedley Bull, "The Importance of Grotius in the Study of Interna-

disciplinar as relações entre os Estados soberanos: seria o *jus naturale*[10] aplicado às relações internacionais, pois tanto este direito quanto o Estado são "de origem humana, na medida em que é uma emanação automática da *natureza racional e social do homem*, que ele responde de modo direto a esta natureza e às suas exigências"[11]. E usava o termo *jus gentium* em um segundo sentido: como direito produzido pela vontade dos Estados (chamado por Grócio de *jus voluntarium*[12]), ou seja, o mesmo que Francisco Suárez chamava "direito internacional positivo"[13]. Todavia, H. Bull sublinhava que, na ideia de Grócio, tal *jus voluntarium* não seria ilimitado, dado que a sociedade internacional representa "a noção de que Estados e aqueles que governam os Estados estão limitados por regras e formam uma sociedade ou comunidade com os demais, de tipo rudimentar, no entanto"[14]. Neste sentido, Grócio entendia que, a partir do seu conceito de *magna communitas gentium*, os membros da sociedade internacional seriam, em última instância, não os

---

tional Relations", *in id.* (org.), *Hugo Grotius and International Relations*, Oxford, Clarendon Press, 1992, p. 78.

10. "Dito isto, porém, as regras de direito que Grócio chama 'natural' são, a partir da ideia que ele fez, as regras que governam efetivamente a vida da relação entre as formações políticas soberanas, que operam realmente na vida social, bem como aquelas que tais ditas formações voluntariamente criaram; elas não são em nada um simples produto da especulação abstrata de certos pensadores." Roberto Ago, "Le droit international dans la conception de Grotius", *in Recueil des cours de l'Académie de droit international*, 182 (1983), 4, p. 388.

11. Roberto Ago, *op. cit.*, p. 386.

12. Cf. Hugo Grotius, *De Jure belli ac pacis*, Paris, 1625, trad. fr. *Le droit de la guerre et de la paix*, Paris, Gallimard, 2005, p. 43, Livro I, Caps. I, XIII e XIV.

13. Deve-se referir que "A única diferença entre as regras do *jus naturale* e aquelas do *jus voluntarium* concerne a suas origens respectivas. Estas últimas existem, como o termo indica, enquanto produto de atos de vontade dos membros da sociedade, de atos visando intencionalmente a sua criação; ao passo que as regras do *jus naturale* resultam diretamente da natureza humana e são ditadas à consciência dos membros da sociedade, que as querem ou não, pela sua *recta ratio.*" Roberto Ago, *op. cit.*, pp. 387-8.

14. Hedley Bull, "The Importance of Grotius in the Study of International Relations", cit., p. 71.

Estados, mas as pessoas: estas seriam responsáveis por atribuir legitimidade ao Estado dentro da sociedade internacional[15]. Característica fundamental da sociedade internacional grociana é a sua universalidade, aquilo que H. Bull definia como "a participação de toda a humanidade em *magna communitas gentium*"[16]. R. Ago afirma que, mais do que considerar Grócio um dos "pais" do direito internacional, deve-se tomá-lo como responsável pela *ciência* do direito internacional, isto é, por "aquilo que concerne a este ramo das disciplinas jurídicas no qual o fenômeno jurídico não se apresenta como o produto, mas como o objeto de investigação, de conhecimento e de descrição"[17].

Dentro da *naturalist tradition* do início da Modernidade, Samuel Pufendorf foi talvez o mais importante de todos. Discípulo de Hobbes, Pufendorf entendia o direito natural no então recém-formulado sentido de liberdade anárquica do filósofo inglês, em vez de tomá-lo como princípio de coesão social[18]. Assim, o direito internacional não seria fundado em qualquer espécie de direito positivo entre os Estados, mas sim em princípios de direito natural[19].

Já Vattel entendia que a sociedade universal da raça humana era uma consequência natural da própria espécie humana, a qual determina que os indivíduos devem se relacionar com os seus semelhantes sempre com base em deveres morais comuns a todos[20]. Para determinar quais se-

---

15. Hedley Bull, "The Grotian Conception of International Society", *in* Kai Alderson e Andrew Hurrel, *Hedley Bull on International Society*, New York, St. Martin Press, 2000, p. 112.

16. Hedley Bull, *op. cit.*, p. 104.

17. Roberto Ago, *op. cit.*, p. 379.

18. Cf. Martin Wight, *International Theory: Three Traditions*, cit., p. 14.

19. Para uma breve análise do pensamento de Pufendorf, ver Giovanni Tarello, *Storia della cultura giuridica moderna*, cit., pp. 106-13.

20. "A sociedade universal da raça humana, sendo uma instituição da própria natureza, o que quer dizer, uma consequência necessária da natureza do homem – todos os homens, independentemente de onde estejam localizados, *são obrigados a cultivá-la e a cumprir os seus deveres*. Eles não podem libertar a si mesmos da obrigação por meio de qualquer convenção, por qualquer associação privada. Quando, portanto, unem-se na sociedade civil com a

riam esses deveres comuns, Vattel dizia que, encontrando-se as nações em condição de total liberdade semelhante à que os homens viviam quando em estado de natureza, a mútua assistência será um princípio elementar a guiar a conduta individual dos Estados, uma vez que será apenas com base neste princípio que estes poderão evoluir e melhor desenvolver as suas condições individuais[21].

Com isso, resta evidente que "uma sociedade pressupõe um sistema internacional, mas este último pode existir mesmo na ausência da sociedade internacional"[22]. A mútua assistência entre os Estados e a manutenção de um sistema internacional em que a autoridade doméstica dos Estados é preservada são dois fatores que provam a existência de

---

finalidade de formar um Estado separado ou nação, podem de fato assumir compromissos específicos para com aqueles com quem eles se associam; mas eles ainda permanecem vinculados ao desempenho de *seus deveres para com o resto do humanidade*. Toda a diferença consiste no fato de que, tendo concordado em agir em comum, em renunciar aos seus direitos e submeter sua vontade ao corpo da sociedade, em cada coisa que concerne ao seu bem-estar comum, daí em diante pertence ao corpo e aos seus governantes, para cumprir os deveres de humanidade para com estranhos, em cada coisa que já não depende da liberdade dos indivíduos; e é o Estado mais particularmente que deve desempenhar essas funções para outros Estados. Já vimos (§ 5), que os homens unidos na sociedade continuam sujeitos às obrigações que lhes são impostas pela natureza humana. Que a sociedade, considerada uma pessoa moral, uma vez que possui uma compreensão, uma vontade e uma força peculiares a si mesma, *é, portanto, obrigada a viver nas mesmas condições com outras sociedades ou Estados, como o homem individualmente foi obrigado, antes desses estabelecimentos, a viver com outros homens*, o que quer dizer, de acordo com as leis naturais da sociedade estabelecidas dentro da raça humana, com a única diferença de exceções, como pode resultar da diferente natureza dos assuntos." Emmer de Vattel, *Law of Nations*, cit., Preliminares, seção 11.

21. "Uma vez que o objeto da sociedade natural estabelecida entre toda a humanidade é que eles deveriam prestar assistência mútua, no sentido de alcançar a perfeição para si mesmos, e para tornar a sua condição a mais perfeita possível, e uma vez que nações, consideradas como muitas pessoas livres vivendo juntas em um estado de natureza, são forçadas a cultivar a sociedade humana entre si, o objeto da grande sociedade estabelecida pela natureza *entre todas nações* é também a troca de *assistência mútua* para o próprio crescimento de cada uma, e das suas condições." Emmer de Vattel, *op. cit.*, seção 12.

22. Hedley Bull, *The Anarchical Society*, trad. it. cit., p. 25.

mais do que um sistema internacional: uma sociedade internacional rudimentar em desenvolvimento[23].

O caráter subjetivo do jusnaturalismo que durante séculos tentou justificar o funcionamento das relações internacionais termina por perder espaço para a positividade e objetividade do *jus publicum Europaeum*, o qual, já não possuindo mais qualquer relação com a religião católica, estabelece um código de conduta que se aplicava somente aos relacionamentos entre países europeus, não disciplinando as relações destes com os demais países menos evoluídos[24]. A doutrina do *jus publicum Europaeum*, dos séculos XVIII e XIX, estabelecia que a sociedade internacional era uma associação composta dos Estados europeus, de modo que os Estados não europeus podiam ser admitidos somente quando tivessem atingido o nível de desenvolvimento civilizacional comparável ao nível europeu[25]. Quando se pensava em uma sociedade de Estados nacionais, pensava-se no modelo europeu de Estado Moderno como primeiro ponto de partida para poder ser admitido ao *jus publicum Europaeum*[26].

Segundo M. Wight, na história do pensamento político-filosófico internacionalístico existem três correntes (*traditions*) filosóficas distintas que tentam explicar os fundamentos da ordem internacional[27]: (1) a hobbesiana (realis-

---

23. Hedley Bull, "The State's Positive Role in World Affairs", *in* Kai Alderson e Andrew Hurrel, *op. cit.*, pp. 145-6.
24. Cf. Hedley Bull, *The Anarchical Society*, trad. it. cit., p. 46.
25. Cf. Hedley Bull, *op. cit.*, p. 47.
26. Ver Parte I, item 2.2, *supra*.
27. Para um maior estudo sobre o tema, recomendamos Hedley Bull, *The Anarchical Society*, cit.; Arthur Nussbaum, *A Concise History of the Law of Nations*, New York, Macmillan, 1954; Martin Wight, *Systems of States*, cit.; *id.*, *International Theory: Three Traditions*, cit.; Herbert Butterfield e Martin Wight (orgs.), *Diplomatic Investigations*, London, Allen and Unwin, 1966; Adam Watson, "Hedley Bull, States Systems and International Societies", *in Review of International Studies*, 13 (1987), 2, pp. 147-53; *id.*, "Systems of States", *in Review of International Studies*, 16 (1990), 2, pp. 99-109; e para um estudo mais recente, ver Edward Keene, *Beyond the Anarchical Society*, Cambridge, Cambridge University Press, 2002.

ta)[28], (2) a kantiana (universalista ou também chamada de cosmopolita) e (3) a grociana (internacionalista)[29]. A teoria hobbesiana já foi reiteradas vezes referida nesta pesquisa e pode ser sintetizada na ideia de que os sistemas de Estados representam a mesma situação amoral de guerra de todos contra todos que os homens viviam quando em estado de natureza, tanto que o próprio Hobbes dizia ter se inspirado nas relações internacionais (observadas por ele, a sua época) para definir o próprio conceito de estado de natureza[30]. A perspectiva naturalista do direito internacional, sobretudo após a obra de Pufendorf, manteve a mesma identificação feita por Hobbes entre relações internacionais e estado de natureza[31]. É a partir da matriz hobbesiana que as principais propostas[32] de *domestic analogy* para a ordem internacional costumam derivar, mesmo nunca tendo Hobbes figurado a possibilidade de um *imperium mundi*, pois o único reino do qual falava era o "Reino de Deus" (*Kingdom of God*) – sempre deixando claro que a lei divina se encontra submetida à reta razão (*right reason*) do Soberano[33/34].

De outra sorte, a teoria kantiana – ou universalista – concentra o foco não nas relações entre Estados, mas nas relações entre cidadãos e nas consequentes noções de di-

---

28. Ainda que seja correntemente denominada hobbesiana, a tradição realista encontra em Maquiavel o seu primeiro autor a tentar formular uma resposta que justifique objetivamente a existência da ordem internacional. Cf. Martin Wight, *International Theory: Three Traditions*, cit., pp. 30-1.

29. Ressalte-se que, do ponto de vista epistemológico, a distinção entre as tradições hobbesiana, grociana e kantiana também recebe a terminologia de, respectivamente, realista, racionalista e revolucionista, segundo Martin Wight, *op. cit.*, pp. 7-8: "Os Realistas são aqueles que enfatizam e se concentram nos elementos da anarquia internacional, os Racionalistas aqueles que enfatizam e se concentram nos elementos das relações internacionais, e os Revolucionistas são aqueles que enfatizam e se concentram nos elementos da sociedade de Estados, ou sociedade internacional."

30. Thomas Hobbes, *Leviathan*, cit., pp. 187-8.

31. Cf. Martin Wight, *International Theory: Three Traditions*, cit., pp. 138-9.

32. Ver Parte I, itens 1.1 e 1.2, *supra*.

33. Thomas Hobbes, *Leviathan*, cit., pp. 333-4.

34. Cf. Hedley Bull, "Hobbes and the International Anarchy", *in* Kai Alderson e Andrew Hurrel, *op. cit.*, p. 196.

reito e de moralidade cosmopolitas que disto decorre. Como visto anteriormente, autores como Kelsen e Habermas estruturaram suas propostas a partir do desenvolvimento de concepções cuja origem remonta a Kant. Entretanto, a tradição kantiana sempre se orientou por uma noção notadamente católica: a ideia de *civitas maxima*. Ainda que seja frequentemente vinculada a Christian Wolff, a noção de *civitas maxima* não foi uma invenção sua, pois no século XVI tal ideia veio a ser desenvolvida tanto por católicos, como Francisco de Vitória, o qual falava em uma comunidade universal de Estados (*societas naturalis*), quanto pelos protestantes, como Alberico Gentili, um italiano, professor de direito civil em Oxford, que também atuou como conselheiro da Coroa Britânica[35]. Porém, a dificuldade maior que a posição kantiana apresenta é que a descrição que faz das relações internacionais e a prescrição por ela indicada para o aprimoramento da ordem internacional são incompatíveis: Kant aponta para uma solução (a República Mundial) absolutamente contrária à natureza dos Estados (a soberania nacional)[36].

Por fim, a tradição grociana estabelece que as relações entre Estados são determinadas por regras e instituições formadas dentro da sociedade que eles compõem. Esta tradição nega o modelo hobbesiano, pois as relações entre Estados não se dariam a partir do mero interesse individual, mas a partir de imperativos jurídicos e morais determinados dentro da sociedade de Estados[37]; e nega também a tra-

---

35. Cf. Martin Wight, *International Theory: Three Traditions*, cit., p. 41.

36. Cf. Hedley Bull, "Society and Anarchy in International Relations", *in* Kai Alderson e Andrew Hurrel, *op. cit.*, p. 92.

37. "Pensadores na tradição grociana reconhecem com Hobbes que Estados estão em estado de natureza ou condição de anarquia no sentido em que não existe governo sobre eles. Mas os grocianos entendem a condição dos Estados mais como aquilo que Locke descreve na sua abordagem ao estado de natureza do que aquilo que é descrito por Hobbes. Eles entendem a sociedade internacional, o que quer dizer uma sociedade sem governo, como uma sociedade anárquica na qual as regras são grosseiramente interpretadas e administradas, o poder está descentralizado, e a justiça é incerta e imperfeita, mas

dição kantiana por ser esta defensora de uma comunidade humana universal e do fim do sistema de Estados. Em síntese, a proposta grociana prescreve a aceitação das regras e condições de coexistência e cooperação presentes na sociedade de Estados, uma vez que tais regras e condições são peculiares à natureza destes e, por consequência, também à sociedade internacional[38]. Assim, a aplicação coercitiva (*enforcement*) do direito internacional seria exercida pelos próprios Estados, em virtude da solidariedade – real ou potencial – existente entre eles dentro da sociedade de Estados[39]. Inclusive a guerra seria justificável contra aquele Estado que se opõe violentamente à ordem internacional, pois o crime cometido por um Estado termina por colocá-lo em uma situação de inferioridade aos demais, permitindo que eles apliquem uma punição àquele[40].

O fato mais significativo é que o atual sistema de Estados reflete "todos os três elementos elaborados respectivamente pela tradição hobbesiana, kantiana e grociana: (1) o da guerra e da luta pelo poder entre os Estados, (2) o da solidariedade transnacional e do conflito ideológico transversal aos confins nacionais e (3) o da cooperação e da relação regulada entre os Estados"[41]. Isto faz com que o sistema não seja propriamente caracterizável nem como anárquico, nem como cosmopolita ou internacionalista. Trata-se de um sistema que é produto de um processo histórico em que sucessivos momentos ofereceram contribuições que não fo-

---

uma sociedade que, todavia, incorpora a tradição da civilização e não a da lei da selva." Hedley Bull, "Hobbes and the International Anarchy", cit., p. 201.

38. Cf. Hedley Bull, *The Anarchical Society*, trad. it. cit., p. 39.

39. "A hipótese central grociana é aquela da solidariedade, ou potencial solidariedade, dos Estados compreendendo a sociedade internacional, em relação à aplicação (*enforcement*) da lei." Hedley Bull, "The Grotian Concept of International Society", *in* Kai Alderson e Andrew Hurrel, *op. cit.*, p. 97.

40. "O direito natural, ele sustenta, requer que a punição seja infligida por alguém que é superior; mas um Estado que cometeu um crime fez de si mesmo inferior ao demais, podendo ser punido por eles, desde que não exista outro igualmente culpado pela mesma ofensa." Hedley Bull, *op. cit.*, p. 101.

41. Hedley Bull, *The Anarchical Society*, trad. it. cit., p. 54.

ram simplesmente abandonadas pelos momentos seguintes, mas incorporadas e conservadas como componentes de um todo que se encontra em pleno desenvolvimento e em busca da sua capacidade de autodeterminação funcional, instrumental e, em última instância, epistemológica[42]. Para a compreensão da formação da ordem internacional importa compreendê-la, em um primeiro momento, dentro das diferentes e singulares tradições que a influenciaram, para que, então, seja possível entendê-la como um conjunto de tradições conflitantes cujo traço principal parace ser, de fato, o próprio conflito, em todas as dimensões possíveis, seja filosófico, ideológico, econômico ou político.

A guerra, que no hobbesiano estado de natureza entre homens seria intolerável, torna-se algo suportável dentro do sistema de Estados, uma vez que a anarquia desse sistema não importa na ausência de regras e padrões mínimos que determinam as condutas dos Estados. Mesmo a possibilidade de uma guerra nuclear, a qual poderia levar à extinção da espécie humana, encontra-se ainda dentro de um equilíbrio racional de forças denominado "equilíbrio de poder" (*balance of power*)[43]. Neste caso, todavia, talvez seja mais adequado falar em "equilíbrio de terror" (*balance of terror*); diversamente do seu modelo não nuclear, em que o equilíbrio se dava, muitas vezes, através da demonstração real de força militar, na versão nuclear essa demonstração de força passa para um derradeiro e irreversível momento, cabendo à con-

---

42. "Incorporados e conservados" no mesmo sentido da expressão *aufhebung* que Hegel utilizava para referir a historicidade que o ser possui, de modo que mesmo a negação da afirmação está em condições de influenciar esta última dentro do processo de formação da síntese, restando "incorporada e conservada" dentro da síntese que tenha reafirmado aquela afirmação inicialmente negada. Sobre a lógica hegeliana, ver Georg W. F. Hegel, *Phänomenologie des Geistes*, Hamburg, F. Meiner, 1952, trad. it. *Fenomenologia dello spirito*, Milano, Vita e Pensiero, 1977, e *Wissenschaft der logik*, Frankfurt, Surhkamp, 1969, trad. fr. *Science de la lógique*, Paris, Aubier-Montaigne, 1972.

43. Ver citação de Vattel na nota 51, Cap. 1 da Parte I, *supra*, sobre "equilíbrio de potências". Registre-se que a mesma noção é denominada *équilibre pluripolaire* por Raymond Aron, *op. cit.*, p. 137.

tenção (*deterrence*) a função essencial de criar e manter entre as partes o medo de um ataque devastador⁴⁴. Segundo esta interpretação, o insucesso da atividade de *deterrence* levaria diretamente à guerra nuclear. Durante a Segunda Guerra Mundial, Quincy Wright salientava que o sistema de equilíbrio de potências, como estava configurado até então, terminava sendo ainda mais hostil para a economia internacional e o livre comércio do que, por natureza, já era para a democracia e a liberdade na ordem internacional⁴⁵.

A partir da lógica do sistema de *balance of power*, a guerra não indicaria a ausência de uma sociedade de Estados, pois a própria guerra é uma das formas pelas quais esta sociedade funciona. Neste sentido, a eficácia da decisão tomada em comum pelos Estados não residiria na vontade de um poder soberano, situado acima dos Estados, mas sim na vontade destes em pegar nas armas para ir contra aquele Estado que estiver violando a lei posta pelos demais⁴⁶. No entanto, a manutenção da ordem internacional tão somente com base no equilíbrio de potências não é suficiente para dar estabilidade ao sistema; ainda que exista uma condição de fato, isto é, objetiva, que coloque todos os Estados em uma situação de igualdade material em que nenhum destes se encontre em condições de se impor, pelas próprias forças, aos demais, será fundamental que o elemento subjetivo também esteja presente: é necessário que todos creiam nesse sistema⁴⁷. Ressalte-se que o efeito prático do *balance of power* se limita simplesmente a manter a situação em um

---

44. Cf. Michael Sheehan, *The Balance of Power. History and Theory*, London, Routledge, 1996, pp. 176-81.

45. Cf. Quincy Wright, "International Law and the Balance of Power", *in American Journal of International Law*, 37 (1943), 1, p. 101.

46. "Pois, se a aplicação (*enforcement*) da lei depende da vontade dos Estados que respeitam o direito em perpetrar uma guerra contra aqueles específicos Estados que o desrespeitam, então as perspectivas de aplicação da lei serão melhores se cada Estado estiver querendo pegar as armas contra qualquer Estado que viole a lei." Hedley Bull, "Society and Anarchy in International Relations", cit., p. 87.

47. Hedley Bull, *The Anarchical Society*, trad. it. cit., p. 122.

estado de coisas em que a ameaça de destruição recíproca impede que se aprofunde um senso de bem comum e reciprocidade entre os Estados. Além disso, tal lógica baseia-se na subjetividade do senso comum (ou como dizia David Hume: *common sense*[48]) e da prudência dos Estados em buscar preservar suas forças diante de um poder externo que não pode ser superado sem sérios abalos à ordem interna[49]. Diga-se, também, que este equilíbrio racional requer que todas as partes sejam minimamente civilizadas, isto é, que sejam Estados nacionais, não existindo a possibilidade de o sistema manter o equilíbrio original caso o acesso ao armamento nuclear caia em mãos de grupos paramilitares terroristas. Deste modo, a lógica do *balance of power* necessitará de outros fatores externos a sua própria estrutura cognitiva capazes de garantir a paz dentro do sistema[50].

Um desses fatores pode ser, certamente, a concepção de ordem como valor. Segundo H. Bull, "a ordem mundial é mais importante e originária do que a ordem internacional porque as unidades últimas da sociedade composta por todo o gênero humano não são os Estados (ou as nações, as tribos, os impérios, as classes ou os partidos), mas os homens individualmente"[51]. Deste modo, acrescenta ainda que a ordem mundial "possui uma prioridade moral sobre a ordem internacional"[52].

---

48. "Em uma palavra, a máxima que determina preservar o equilíbrio de potências está bem fundada no senso comum e nas razões mais evidentes, que é impossível que ela tenha escapado aos anciãos, tanto que encontramos, além disso, muitos sinais de sua penetração e sagacidade." David Hume, "De la balance du pouvoir", *in Essais moraux, politiques et littéraires et autres essais*, Paris, PUF, 2001, pp. 510-1.

49. "A política do equilíbrio obedece a uma regra de senso comum, ela decorre da prudência necessária aos Estados ansiosos por preservar suas independências, por não restar à mercê de um outro Estado dispondo de meios irresistíveis." Raymond Aron, *op. cit.*, p. 136.

50. Para maiores informações sobre o equilíbrio de potências (*balance of power*), ver ainda Martin Wight, *Power Politics*, New York, Penguin Books, 1986, pp. 168-85.

51. Hedley Bull, *The Anarchical Society*, trad. it. cit., p. 33.

52. *Ibidem*.

PLURIVERSALISMO VS. UNIVERSALISMO

A noção de ordem internacional se restringe a buscar realizar "os escopos elementares ou primários da sociedade dos Estados, ou sociedade internacional"[53]. Enquanto que, diferentemente, o conceito de ordem mundial busca realizar "os escopos elementares ou primários da vida social dentro da humanidade entendida como totalidade"[54]. Nesse sentido, a compreensão da noção de ordem como valor importa não na sua elevação à condição de valor prioritário ou valor predominante em relação aos demais: significa que a realização de outros valores passa pela defesa do valor ordem[55].

Um desses valores que só podem ser realizados por meio da garantia da ordem parece ser, inevitavelmente, a noção de justiça; a sociedade internacional "é uma ordem primitiva ou embrionária, na qual a manutenção da ordem, ou da paz e segurança, é o primeiro requisito, e demandas por mudanças podem colocá-la em risco"[56]. Portanto, a anterioridade da ordem em relação à justiça se torna uma questão lógica, pois só a partir daquela esta poderá ser pensada.

Como visto no capítulo anterior, o discurso universalista tem logrado grande sucesso em chamar para si a atenção quando o tema é justiça na ordem internacional. Porém, não parece ser muito razoável pensar que um governo mundial, ou qualquer outra estrutura semelhante em termos de abrangência, suficientemente forte para usurpar as prerrogativas soberanas dos Estados nacionais e as suas respectivas jurisdições, venha a se tornar de fato precursor de uma sociedade cosmopolita pacífica, harmônica e fundada na justiça como valor fundamental. Violência, injustiças de toda sorte, desarmonia entre os homens e guerras entre os povos possuem uma história muito mais longa do

---
53. Hedley Bull, *op. cit.*, pp. 18-9.
54. Hedley Bull, *op. cit.*, p. 31.
55. Hedley Bull, *op. cit.*, p. 114.
56. Hedley Bull, "Justice in International Relations", *in* Kai Alderson e Andrew Hurrel, *op. cit.*, p. 227.

que a ordem internacional e o próprio Estado Moderno[57]. Os conflitos internos que deram origem a este foram, muitas vezes, manifestados por meio do recurso à violência, ao passo que tais conflitos podem até mesmo ter viabilizado a formação de um povo homogêneo, mas tal homogeneidade terá sido obra de séculos de história, séculos de história de violência[58].

Ainda que o tema específico da justiça fuja dos nossos objetivos nesta obra, é inegável o fato de que justiça e ordem precisam ser reconciliadas no sistema internacional. Para tanto, é necessário definir esferas institucionais de diálogo, competências específicas para os órgãos de mediação e quais são (e como poderão agir) os agentes – não somente estatais – aptos a manifestar seus interesses na ordem internacional. Mas, antes de tudo, o derradeiramente importante é ter clara a ideia de que a humanidade é feita de direitos e interesses próprios de indivíduos, ou seja, de pessoas; os direitos e interesses dos Estados dentro dos quais tais indivíduos se encontram divididos são uma outra modalidade de direito, a qual só tem sentido de ser quando pensada a partir dos direitos individuais[59].

A afirmação e o aprimoramento da *ordem* internacional são os dois primeiros passos para que se possa construir uma sociedade internacional em que os direitos e interesses dos indivíduos falem por si mesmos, afastando, destarte, a maior ameaça existente à ordem internacional: Estados específicos, ou grupos de Estados, que se intitulam defensores do bem comum e determinam como este "bem"

---

57. Cf. Hedley Bull, "The State's Positive Role in World Affairs", cit., p. 144.

58. "Dentro dos Estados também, os indivíduos e os grupos se opõem uns aos outros, e sempre existe o risco de que estes ou aqueles recorram à violência. Assim como não existe um Estado que não tenha sido constituído pela violência, a partir de coletividades mais próximas, de diferentes culturas. A homogeneidade de um povo sempre foi obra de séculos, o que quer dizer, na maioria das vezes, obra da força." Raymond Aron, *Les désillusions du progrès. Essai sur la dialectique de la modernité*, Paris, Gallimard, 1996, p. 201.

59. Cf. Hedley Bull, "Justice in International Relations", cit., p. 222.

será realizado, sem considerar a vontade dos outros agentes envolvidos, tendo como guia a autoridade que eles mesmos se atribuíram[60].

2.2. Identidade cultural (*e reconhecimento*) versus voluntarismo político nas relações internacionais: o significado das tradições histórico-culturais na ordem internacional

A ordem internacional – e, por consequência, o direito que desta decorre – tem o seu fundamento de validade baseado na vontade soberana dos Estados. A importância deste direito "não está na vontade dos Estados em dar preferência aos seus princípios em detrimento dos próprios interesses, mas no fato de que frequentemente entendem conforme os próprios interesses o respeito pelas regras de direito"[61]. Quando analisado o comportamento dos agentes primários que compõem a ordem internacional, isto é, os Estados nacionais, pode-se constatar que toda a "política internacional comporta um choque constante de vontades, uma vez que ela é formada pelas relações entre Estados soberanos, que pretendem se determinar livremente"[62]. Mesmo quando a ordem internacional se encontra com suas relações interestatais estabelecidas dentro de um certo grau de estabilidade, existe sempre o fato de que ao tirar "suas competências de suas vontades soberanas os Estados expõem sua independência e desconhecimento mútuo, e disto segue-se uma desordem, tida como uma fatalidade, ou imputada por hipocrisia à fragilidade do direito internacional"[63]. O sistema

---

60. "Estados ou grupos de Estados que se apresentam como juízes autoritários do bem comum do mundo, ignorando a opinião dos outros, são, de fato, uma ameaça para a ordem internacional e, assim, para uma efetiva ação neste campo." Hedley Bull, *op. cit.*, p. 223.
61. Hedley Bull, *The Anarchical Society*, trad. it. cit., p. 164.
62. Raymond Aron, *Paix et guerre entre les natons*, cit., p. 59.
63. Agnès Lejbowicz, *Philosophie du droit international*, Paris, PUF, 1999, p. 25.

atual pode até se manter em ordem por alguns momentos, mas sempre existirá a vontade soberana (*volonté souveraine*) e o desconhecimento mútuo (*méconnaissance mutuelle*) para manter na condição de iminente o retorno à instabilidade.

Assim, qualquer análise do direito internacional, no que concerne à estrutura e funcionamento do sistema, importará em tratar (1) o poder dos Estados e (2) as suas capacidades individuais em soberamente fazer valer as suas vontades, como os dois pressupostos básicos do sistema.

Algumas das principais alternativas a este modelo de voluntarismo, o qual parece ser um fato posto e incontestável, foram abordadas no capítulo anterior. Entretanto, convém agora que passemos ao desenvolvimento dos argumentos que sustentarão a alternativa a ser por nós defendida na parte final desta pesquisa: um modelo de sistema político-jurídico internacional que seja multinível, multiator, dotado de espaços públicos de cooperação institucionalmente internalizados pelos Estados, e que seja, antes de tudo, um sistema em que os agentes estejam vinculados regionalmente, em especial, por elementos antropológicos, culturais e, até mesmo, étnicos, pois são elementos como estes, consolidados historicamente, que aproximam povos e Estados de modo que se aprofundem a identidade cultural e o reconhecimento mútuo já previamente existentes entre eles.

De início, devemos afastar a possibilidade de se trabalhar a partir do conceito de raça, pois este se apresenta como mera classificação de ordem biológica e genética, tendo pouco, ou nenhum, significado prático para o campo das ciências sociais e jurídicas. Claude Lévi-Strauss dizia que raça, ou qualquer outro termo que venha a substituí-lo com mesmo sentido, "designará, então, uma população ou um conjunto de populações que diferem das outras pela maior ou menor grande frequência de certos genes"[64]. Nesse sentido, tentar pesquisar as origens das diferenças raciais é a prova de que o debate intercultural não se dá sobre a di-

---

64. Claude Lévi-Strauss, *Race et Histoire; Race et Culture*, cit., p. 124.

versidade de raças, mas sim sobre a diversidade de culturas, caso contrário o debate se restringiria à pesquisa biológica[65]. Os critérios biológicos de pertença possuem um valor relativo e podem desenvolver uma função não mais do que secundária em qualquer pesquisa no âmbito das ciências sociais, uma vez que o âmbito primário e essencial da existência humana é, seguramente, o da sua existência histórico-cultural[66].

A consciência quanto à existência de uma única cultura – a sua própria – importará não no conhecimento de uma cultura, mas no conhecimento de uma situação de fato. A definição sobre os caracteres que compõem uma cultura dependerá da posição do observador em relação a esta e do seu conhecimento prévio em relação a ela, tanto que a própria concepção de "cultura" dependerá da comparação que se faça entre culturas distintas, pois a "riqueza de uma cultura, ou do desenrolar de uma de suas fases, não existe a título de propriedade intrínseca: ela depende da situação em que se encontra o observador em relação a ela, do número e da diversidade de interesses que ela investe"[67]. A consciência quanto à existência da sua própria cultura surge do "desejo de se opor, de se distinguir, de ser si mesmo"[68].

A partir do momento em que o indivíduo passou a conhecer outra realidade social diversa da sua, outro estilo de vida diferente do seu, a diversidade cultural tornou possível que se viesse a pensar tanto individualmente nas culturas específicas quanto genericamente em uma ideia de humanidade[69]. A compreensão da existência da diversidade cultu-

---

65. "Se, portanto, tentarmos traçar as origens das diferenças raciais, não é proibido não saber nada, pois o debate não é, de fato, sobre a diversidade de raças, mas sobre a diversidade de culturas."Claude Lévi-Strauss, *Race et Histoire; Race et Culture*, cit., p. 125.
66. Cf. Alain de Benoist, *Identità e comunità*, Napoli, Guida Editore, 2005, p. 69.
67. Claude Lévi-Strauss, *Race et Histoire; Race et Culture*, cit., p. 140.
68. Claude Lévi-Strauss, *op. cit.*, p. 42.
69. "As grandes declarações de direitos do homem possuem, elas também, essa força e essa fraqueza de enunciar um ideal que muito frequente-

ral e a necessidade de respeito ao pluralismo como valor são os primeiros passos para que a ideia de humanidade saia do plano da abstração filosófica e possa se tornar uma realidade efetiva, inclusiva e destinada à tutela dos indivíduos e das culturas em que estes se encontram inseridos. C. Lévi-Strauss dizia que a humanidade "torna-se una e idêntica a ela mesma; isoladamente, esta unidade e esta identidade não podem se realizar a menos que progressivamente, e a variedade das culturas ilustra os momentos de um processo que dissimula uma realidade mais profunda ou retarda a sua manifestação"[70].

De imediato, percebe-se que a historicidade é um elemento presente nas formações culturais e na noção de humanidade[71]. A evolução histórica daquele indivíduo que passou a ter consciência da sua cultura a partir da observação de uma cultura diversa culminará na afirmação de uma abstração destinada a incluir, no curso de um processo histórico tanto mais longo quanto complexo, todo o gênero humano: a humanidade[72]. Todavia, essa abstração tem nas figuras históricas particulares que a compõem, isto é, nas

---

mente se esquece do fato de que o homem não entende sua natureza em uma humanidade abstrata, mas em culturas tradicionais nas quais as mudanças mais revolucionárias deixam subsistir partes inteiras e se explicam elas mesmas em função de uma situação estritamente definida no tempo e no espaço." Claude Lévi-Strauss, *op. cit.*, pp. 47-8.

70. Claude Lévi-Strauss, *op. cit.*, pp. 48-9.

71. A historicidade é, certamente, um fator preponderante em virtude da quantidade de outros elementos que gravitam em torno dela, mas deve-se ressaltar que tais outros fatores, como a condição climática, posição geográfica, a capacidade de domesticar animais e de acumular alimentos e riquezas, a natureza dos fluxos migratórios, são também preponderantes no grau de desenvolvimento que uma tradição cultural virá a ter. Cf. Jared Diamond, *Guns, Germs and Steel. The Fates of Human Societies*, New York, Norton & Company, 1997, trad. fr. *De l'inegalité parmi les societés*, Paris, Gallimard, 2000, pp. 607-41.

72. Sobre a formação das culturas e mesmo de uma cultura global, ver Ulf Hannerz, *Cultural Complexity. Studies in the Social Organization of Meaning*, New York, Columbia University Press, 1992, trad. it. *La complessità culturale. L'organizzazione sociale del significato*, Bologna, Il Mulino, 1998; e *id.*, *Transnational Connections. Culture, People, Places*, London, Routledge, 1996, trad. it. *La diversità culturale*, Bologna, Il Mulino, 2001.

tradições culturais, as peças fundamentais a lhe atribuir conteúdo e dinamismo. Segundo Paul Ricoeur, "a humanidade não se constituiu dentro de um único estilo cultural, mas 'colheu' dentro de figuras históricas coerentes, fechadas: as culturas. A condição humana é tal que a mudança de orientação é possível"[73]. Não fosse a capacidade de desenvolvimento e de recriação que as tradições culturais possuem, a ideia de humanidade perderia todo o seu sentido. Não obstante o fato de nem todas as culturas terem a mesma capacidade de resistência e adaptação, continua sendo esta capacidade de se recriar a partir da pressão externa o principal fator responsável pela manutenção da existência de uma cultura ao longo do tempo: "uma tradição cultural não permanece viva a menos que ela se recrie incessantemente"[74]. Assim, a civilização mundial – ou qualquer outra expressão similar – não saberá ser mais do que "a coalizão, em escala mundial, de culturas que preservam cada uma a sua originalidade"[75]. Se uma cultura universal vier a existir realmente no futuro, ela terá sido o resultado dos confrontos e ajustes recíprocos entre as diversas tradições culturais existentes[76].

O aprofundamento das relações interculturais, sobretudo após o advento dos diversos processos de globalização, trouxe consigo uma série de problemas e dificuldades no âmbito das relações internacionais. Ainda que posições como a de A. Sen[77] sejam precisas e estejam amplamente corretas ao afirmar que os indivíduos não possuem uma única dimensão existencial, haja vista que eles se encontram envolvidos em diversos grupos sociais, que vão desde o

---

73. Paul Ricoeur, *Histoire e vérité*, Paris, Seuil, 1967, p. 334.
74. *Ibidem*.
75. Claude Lévi-Strauss, *Race et Histoire; Race et Culture*, cit., p. 112.
76. Norbert Rouland, *Aux confins du droit*, Paris, Éditions Odile Jacob, 1991, p. 220. No mesmo sentido, ver também *id.*, "À propos des droits de l'homme: un regard anthropologique", *in Droits fondamentaux*, 3 (2003), pp. 129-51.
77. Amartya Sen, *Identity and Violence. The Illusion of Destiny*, New York/London, Norton & Company, 2005, trad. it. *Identità e violenza*, Roma/Bari, Laterza, 2006, pp. 31-4.

grupo religioso do qual fazem parte até o grupo de amigos que compartilham o mesmo *hobby* ou paixão esportiva, tornando, por isso, a importância do Estado na vida do cidadão menos presente e significativa, devemos aqui passar de uma análise individual e subjetivista – como a feita por A. Sen – para uma análise macropolítica da questão: o fato de diferentes indivíduos, provenientes de diversas tradições étnico-culturais, formarem o corpo social de um Estado não implica necessariamente que este tenha perdido a sua própria tradição étnico-cultural que lhe atribui identidade como ente político. As origens históricas que viabilizaram a formação de um Estado vão para além daquela pressuposta (teórico-hipotética) comunhão de vontades que o contratualismo político, nas suas diversas correntes, professava: o Estado-nação é, desde sua origem, produto de um conflito entre culturas e povos distintos que, através desse mesmo conflito, definiram os caracteres iniciais daquele Estado, de modo que o desenvolver dos ulteriores momentos na sua história foi o desenvolver de um conflito permanente entre culturas e povos que buscavam definir e afirmar a si mesmos mediante a negação do outro, mas sempre se dando tudo isto dentro dos limites deste novo ente em comum chamado Estado[78]. Independentemente de qualquer outra vinculação que a pessoa tenha na sua vida, o Estado é o primeiro elemento de identificação pessoal do indivíduo, afirmando neste a noção de solidariedade para com os outros, isto é, para com aqueles que se encontram sob a mesma cidadania que a sua, cabendo aos demais âmbitos da sua existência funções específicas e que não demandam – via de regra, pois comporta exceções – o mesmo grau de lealdade que a relação de cidadania com o Estado demanda[79].

---

78. Sobre este ponto, ver Ernst-Wolfgang Böckenförde, *Diritto e secolarizzazione. Dallo Stato moderno all'Europa unita* (org. por Geminello Preterossi), Roma/Bari, Laterza, 2007, pp. 137-60.

79. "Os Estados permanecem o *locus* primário de identificação e solidariedade para a maioria dos seus cidadãos. Isto ocorre apesar da, ou talvez por

A formação do Estado é um dos momentos mais elevados e abstratos de formação dos grupos sociais, os quais se constituem através da descoberta de elementos comuns aos indivíduos que os compõem, formando a identidade social do grupo com base nos conhecimentos, nas experiências em comum e, em última instância, na simbologia linguística escolhida pelo grupo para defini-lo e diferenciá-lo dos demais[80]. Começando com divisões políticas específicas e capazes de envolver um número reduzido de indivíduos, os quais se unem por particularidades que criam a noção de identidade social nos membros do grupo, a formação do Estado passará, necessariamente, por um momento ulterior: a descoberta de elementos em comum não entre os indivíduos apenas, mas entre grupos sociais específicos dos quais eles fazem parte. Desta forma, o Estado como organização política será um estágio elevado de abstração e definição de identidade pessoal aos seus membros. Isto porque as particularidades dos grupos sociais específicos dos quais o indivíduo faz parte deixarão de, por um momento, qual seja, o momento em que este se apresenta propriamente como membro de um Estado, ter a mesma significância para ele quando comparadas aos elementos intersubjetivos responsáveis por mais do que unir aqueles que formam o Estado: unir grupos sociais distintos em torno de uma simbologia linguística comum suficientemente apta a

---

causa da, crescente diversidade étnica e cultural na maioria dos países avançados. Corpos supranacionais inclusivos, como a UE ou a ONU, são obviamente incapazes de suplantar tal lealdade nacional. A maioria dos outros corpos tendem a ser funcionalmente específicos e, assim, podem fazer apenas demandas parciais de lealdade dos seus membros. A 'sociedade civil' internacional é feita de tais corpos. O Estado não é contestado por obrigações políticas conflitantes da mesma forma como ocorria durante a Reforma, ou ainda durante os anos de 1930. Ninguém agora pensa a ONU como idealistas uma vez fizeram em relação à Liga das Nações, como um governo mundial em potencial." Paul Hirst, *War and Power in the 21st Century*, cit., p. 133.

80. Cf. Pierre Bourdieu, *Language and Symbolic Power*, Cambridge, Polity Press, 1996, trad. fr. *Langage et pouvoir symbolique*, ed. rev. e aum. pelo autor, Paris, Fayard, 2001, p. 190.

expressar noções mínimas de bem, compartilhadas pelos membros de tais grupos e pelos próprios grupos em si.

A "unidade nacional" requer que a noção de "nação" se autoafirme dentro da consciência dos indivíduos como um elemento situado nos mais elevados degraus da hierarquia de valores que cada indivíduo determina para a sua própria vida. Se, por um lado, a definição de nação engloba um sistema de signos, ideias, modos de comportamento e de comunicação, por outro lado o reconhecimento mútuo entre os indivíduos que compõem o corpo social será determinante para que se possa falar da existência ou não de uma identidade nacional, isto é, de uma nação, verdadeiramente. Portanto, cultura comum e reconhecimento mútuo são duas condições necessárias à formação de uma nação[81].

Com isso, pensar em política para além dos confins do Estado-nação, ou seja, em política internacional ou cosmopolita, é pensar em relações de diversos níveis de profundidade, naturalmente voláteis, pois ausentes os paradigmas positivistas atribuídos pelo Estado, dotadas de historicidade individual e que só podem ser compreendidas partindo-se das particularidades dos membros – sejam indivíduos, grupos sociais, Estados nacionais ou grupos transnacionais – que interagem com base nos elementos em comum que possuem entre si. Antes de tudo, mais do que uma dimensão político-jurídica, o Estado-nação possui também uma dimensão histórico-étnica que, de uma forma ou de outra, condiciona a sua formação político-jurídica[82]. As teses de universalismo político-jurídico, pelo contrário, falham gra-

---

81. Cf. Jean-Marc Ferry, *Les puissances de l'expérience. Essai sur l'identité contemporaine*. Tomo II: *Les ordres de la reconnaissance*, cit., p. 178.

82. "Geograficamente, a nação é definida pela unidade de uma população que vive sobre um dado território, aquele precisamente sobre o qual se exerce a legalidade do Estado. Genealogicamente, a nação é concebida como uma população com uma origem étnica determinada. Conforme se enfatize o aspecto geográfico ou o aspecto genealógico, pode-se dar uma inflexão diferente à ideia de nação. Diga-se que as questões relativas ao direito de solo e ao direito de sangue estão diretamente ligadas." Yves-Charles Zarka, *Figures du pouvoir*, Paris, PUF, 2001, p. 94.

vemente ao concentrar o foco no universal, em uma suposta "identidade cosmopolita", "cidadania universal", ou qualquer outra expressão do gênero, esquecendo-se de que estes conceitos necessitam de processos comunicacionais (de compreensão linguística recíproca), sociais e políticos suficientemente hábeis a estabelecer o mesmo grau de aproximação e desenvolvimento do reconhecimento recíproco formado desde os níveis mais básicos e específicos de formação de grupos sociais até o nível político mais elevado de institucionalização responsável por dar origem ao Estado-nação. A própria ideia de nação se apresenta como um conceito composto de uma dimensão cultural e outra política, de modo que na definição da noção de nação já estará expressa a diversidade que esta busca sintetizar no seu interior[83]. Mesmo aquele que faz parte de uma classe minoritária dentro do Estado, como, por exemplo, uma minoria étnica, terá a clara ideia de pertencer a uma nação, seja do ponto de vista cultural ou político, quando o Estado for confrontado por qualquer sorte de ameaça externa[84]. Diante disso, o universal só poderá ser desenvolvido realisticamente quando vier a ser *mediado* por processos sociopolíticos que respeitem a mesma lógica cognitiva e comunicacional que formou o Estado, os grupos sociais e o próprio ser humano como *zoon politikon*.

A atitude homogeneizante que busca anular todas as diferenças intraculturais e a própria diversidade intercultu-

---

83. Sobre o tema nação, nacionalismos e diversidade cultural, ver, em especial, Ernest Gellner, *Nations and Nationalism*, Oxford, Blackwell, 1983, trad. it. *Nazioni e nazionalismo*, Roma, Editori Riuniti, 1997; Guy Hermet, *Nazioni e nazionalismi in Europa*, Bologna, Il Mulino, 1997; Pietro Grilli di Cortona, *Stati, nazioni e nazionalismi in Europa*, Bologna, Il Mulino, 2003; James Mayall, *Nationalism and International Society*, Cambridge, Cambridge University Press, 1990; e ainda Tzvetan Torodov, *Nous et les autres. La refléxion française sur la diversité humaine*, Paris, Seuil, 1989.

84. "Todo Estado, mesmo tido por nacionalmente homogêneo, inclui, de fato, subgrupos aos quais o indivíduo tem consciência de pertencer sem, para tanto, renegar sua vinculação à cultura nacional e ao Estado." Raymond Aron, *Les désillusions du progrès*, cit., p. 75.

ral em nome de uma identidade universal e, por consequência, transcendental – a qual será, via de regra, de matriz kantiana – tem como corolário um obstáculo de natureza metodológica: o fato de tentar impedir que subsistam as diferenças por si mesmas, mediante a determinação e redefinição delas a partir do poder de submeter advindo da ordem externa. Porém, esta universalidade em forma de "mundialização" está longe de fazer desaparecer as diferenças entre as identidades coletivas, pois, ao contrário, termina por atestar a "irredutível tenacidade" (*irréductible ténacité*)[85] que estas possuem. Como prova disto basta olharmos para os constantes conflitos interculturais que comprovam a impossibilidade de qualquer *reductio ad unum* entre as diversas culturas, ideologias e religiões – ressalte-se que somente entre aquelas que adotam uma perspectiva excludente em relação ao diverso e de negação da sua identidade – que se digladiam seja no cenário internacional, seja no âmbito interno dos países.

Entretanto, antes mesmo de falar em identidade cultural – a qual é uma noção *stricto sensu* de identidade –, deve-se ter em mente que a descoberta da identidade (*lato sensu*) passa, inevitavelmente, pela questão do reconhecimento[86].

---

85. Cf. Yves-Charles Zarka, *Difficile tolérance*, Paris, PUF, 2007, p. 37.

86. Ainda que nos concentremos aqui nas noções de reconhecimento-identidade e reconhecimento-sem-reconciliação (este último será desenvolvido a seguir), deve-se lembrar que a ideia de reconhecimento possui quatro concepções tradicionais distintas: (1) Reconhecimento-identificação (*reconnaissance-identification*): começa pelo ato de identificar, o que importa reconhecer uma coisa como ela mesma. É mais do que a identificação de uma coisa: é a identificação de si mesmo. Em momentos ulteriores a identificação passa para o nível cultural e político, mas mantendo sempre o mesmo processo. (2) Reconhecimento-atestação (*reconnaissance-attestation*): é um ato formal e positivo, isto é, mediante prova inconteste reconhecida por todos, como um título universitário ou o direito subjetivo de alguém, por exemplo. É o reconhecimento social (muitas vezes institucional) da capacidade individual, mas não concerne propriamente à capacidade do indivíduo para consigo mesmo: no reconhecimento-atestação a capacidade social é o determinante daquilo que o indivíduo pode oferecer à sociedade. (3) Reconhecimento-responsabilidade (*reconnaissance-responsabilité*): é uma forma de reconhe-

Note-se que esta palavra tem origem em um verbo dotado de voz ativa e voz passiva: reconhecer e ser reconhecido. Reconhecer é um ato unilateral que exprime uma pretensão de exercer uma superioridade intelectual no campo das asserções significativas em relação a quem deve ser reconhecido[87]. Por isso, para que o reconhecimento possa criar identidade recíproca, sobretudo no plano político, torna-se necessário que se estabeleça uma relação dialética entre as partes, isto é, um reconhecimento mútuo. Reconhecer uma coisa como ela mesma, como idêntica ao *eu* que se encontra no *outro* e não como qualquer outra coisa que não seja ela mesma, implica distingui-la de todas as demais coisas[88]. Da

---

cimento que possui dúplice sentido: moral e jurídico. Vincula-se diretamente ao reconhecimento-identificação, pois o indivíduo é responsável somente pelos atos aos quais tenha, de forma consciente, dado causa e que lhe seja possível reconhecer como seus, ou seja, como consequência da sua identidade individual, originada a partir de uma ação passível de ser situada no percurso da vida do indivíduo. Do ponto de vista jurídico, restringe a dimensão da questão da responsabilidade somente à responsabilidade subjetiva. (4) Reconhecimento-reconciliação (*reconnaissance-reconciliation*): é o reconhecimento que se passa após o conflito. É um reconhecimento terminal que superou um equívoco no conhecimento (*méconnaissance*) entre as partes, de modo que o resultado final será a superação das diferenças em uma nova realidade cognitiva em que cada indivíduo envolvido no conflito anterior passa a pensar sua identidade individual como correspondente à identidade individual do outro. Para maiores estudos sobre o tema do reconhecimento, ver: Paul Ricoeur, *Parcours de la reconnaissance*, Paris, Gallimard, 2003; *id.*, *Soi-même comme un autre*, Paris, Seuil, 1990; Yves-Charles Zarka, *Difficile tolérance*, cit.; *id.*, *L'autre voie de la subjectivité*, Paris, Beauchesne, 2000; *id.*, Franck Lessay et John Rogers, *Les fondements philosophiques de la tolérance*, 3 vols., Paris, PUF, 2002; Tzvetan Torodov, *Nous et les autres*, cit.; Axel Honneth, *Kampf um Anerkennung*, Frankfurt, Suhrkamp Verlag, 1992, trad. fr. *La lutte pour la reconnaissance*, Paris, Cerf, 2000; *id.*, *Verdinglichung. Eine anerkennungstheoretische Studie*, Frankfurt, Suhrkamp Verlag, 2005, trad. fr. *La réification. Petit traité de Théorie critique*, Paris, Gallimard, 2007; *id.*, *La société du mépris. Vers une nouvelle Théorie critique*, ed. estabelecida por Olivier Voirol, Paris, Éditions La Découverte, 2006; Jean-Marc Ferry, *Les puissances de l'expérience. Essai sur l'identité contemporaine*, Paris, Cerf, 1991; *id.*, *De la civilization*, Paris, Cerf, 2001; Alain de Benoist, *Identità e comunità*, cit.; e Edward T. Hall, *Beyond Culture*, New York, Doubleday, 1976, trad. fr. *Au-delà de la culture*, Paris, Seuil, 1979.

87. Cf. Paul Ricoeur, *Parcours de la reconnaissance*, cit., pp. 39-40.
88. Cf. Paul Ricoeur, *op. cit.*, p. 42.

mesma forma que o meu *eu* se encontrou no *outro*, a reciprocidade da relação faz com que o *outro* deva se encontrar em mim. Entretanto, por se tratar de um processo subjetivo, somente ao agente cognoscente (o *outro*) cabe a prerrogativa de me reconhecer (o *eu*). O *outro* possibilita o enriquecimento da noção de pessoa que o *eu* possui na medida em que a referência identificante reflexiva apresentada por aquele não remove ou anula, nem mesmo parcialmente, a dimensão existencial deste, mas simplesmente apresenta um outro referencial lógico a partir do qual o *eu* pode ser pensado[89]. Porém, o mais significativo é que a descoberta da identidade através do reconhecimento mútuo converte aquela ideia inicial de exclusão que existia entre o *eu* e o *outro*, na qual aquele era a negação deste e vice-versa, para um *status* fundamental em que a existência do *outro* – e a forma como este se manifesta no mundo da vida – afeta direta ou indiretamente o existir e, até mesmo, a essência do meu *eu*[90]. É através do reconhecimento mútuo que se torna possível alcançar os momentos derradeiros do reconhecimento de si mesmo[91].

Indo mais além ainda, o momento derradeiro do reconhecimento será o da determinação da alteridade na relação: mais do que o meu *eu* se reconhecer no *outro*, posso, com base na alteridade, guiar a minha ação como se *eu* fosse o *outro*, como se *eu* estivesse em seu lugar, pensando a partir da sua noção de bem, a qual é, neste instante, compartilhada comigo. A alteridade é a constatação de que a constituição ontológica do *eu* (a *ipséité*[92]) conta com o *outro*

---

89. Cf. Paul Ricoeur, *Soi-même comme un autre*, cit., p. 54.
90. Paul Ricoeur, *Parcours de la reconnaissance*, cit., p. 241.
91. Cf. Paul Ricoeur, *op. cit.*, p. 294.
92. A *ipséité* trata da relação reflexiva do ser consigo mesmo que busca o reconhecimento-identidade de si, tendo no inglês o equivalente *selfhood* ou simplesmente *self*; no alemão: *Selbstheit*; no latim: *ipse*. Trata-se de uma análise circunstancial que precisa ser constantemente renovada, pois é atemporal. A temporalidade e, sobretudo, a historicidade da existência consciente do ser, seja em relação aos outros, seja em relação aos outros *eus* que fui no passado, é definido mediante o conceito de *mêmeté* (em inglês seria *sameness*;

como parte de si mesmo, pois a relação dialética entre ambos atesta não a existência de duas entidades éticas distintas, mas sim que dois seres autônomos possuem uma comunhão ética, a qual, embora seja contingente, tem na identidade produzida pelo reconhecimento mútuo o meio hermenêutico capaz de atribuir uma estabilidade reflexiva à relação ontológica entre ambos[93].

Segundo Axel Honneth, em interpretação do pensamento hegeliano, o reconhecimento mútuo se desenvolve através de uma sucessão de relações específicas em três áreas distintas: o "amor", o "direito" e a "eticidade", as quais possibilitam aos indivíduos se confirmarem mutuamente como pessoas autônomas e individualizadas[94/95]. O "amor" é a for-

---

em alemão: *Gleichheit*; e em latim: *idem*). A possível confusão conceitual entre *ipséité* e *mêmeté* decorre do fato de frequentemente ambos serem tomados como sinônimos. Porém, a "identidade-*idem*" (*mêmeté*) representa uma permanência no tempo, em que o ser pode se diferenciar dos outros, do diverso, do contrário e, em especial, de si mesmo em relação ao que ele foi em momentos pretéritos. É um nível mais elevado de identidade em que o ser pode se compreender como modificável e variável, em relação a si mesmo, e diferençável em relação aos demais. A "identidade-*ipse*" (*ipséité*) se restringirá a individualizar e a determinar o ser em relação a si mesmo, atribuindo fatores como capacidade imaginativa, narrativa e de ação ao indivíduo, formando um conjunto total que dará substancialidade a este. Paul Ricoeur, em nota de rodapé da obra *Parcours de la reconnaissance*, cit., p. 146, lembra que: "Aristóteles é o primeiro a ter aproximado caráter e hábito em favor da quase homonomia entre *êthos* (caráter) e *éthos* (hábito, costume). Do termo *éthos* ele passa a *hexis* (disposição adquirida), que é o conceito antropológico de base sobre o qual ele edifica sua ética, na medida em que as virtudes são as disposições adquiridas, em conformidade com a norma de direito e sob o controle de julgamento do *phronimos*, do homem prudente (*Éth. Nic.*, trad. Tricot, III, 4, 1112 a 13 sq.; VI, 2, 1139 a 23-24; VI, 13, 1144 b 27)."

93. A nossa interpretação da noção de alteridade é baseada em Paul Ricoeur, *Soi-même comme un autre*, cit., pp. 367-9.

94. Cf. Axel Honneth, *Kampf um Anerkennung*, trad. fr. cit., pp. 83-4.

95. Honneth fala também em "solidariedade" para designar uma forma de reconhecimento de natureza superior, pois ela está em condições de envolver outras duas formas de reconhecimento: "em si mesma [a solidariedade], esta relação se apresenta como uma síntese de dois modos de reconhecimento precedentes, porque ela divide com o 'direito' a visão cognitiva da igualdade universal, com o 'amor' a dimensão afetiva do apego e da solicitude." Axel Honneth, *op. cit.*, p. 110.

ma primária de reconhecimento, em que o indivíduo começa a criar noções de amizade, confiança em si mesmo e afeto por outro a quem ele se identifica da forma mais íntima possível[96]. Haja vista que o reconhecimento é um elemento constitutivo do amor[97], a relação não se restringirá somente ao plano cognitivo, em que um considera o outro pela sua mera existência, mas vai se definir a partir de uma intersubjetividade que tem na afeição a causa da aceitação e identidade recíprocas entre as partes envolvidas[98]. Já o "direito" será uma dimensão que se estabelece quando existe uma perspectiva normativa impessoal e imparcial suficientemente capaz de fazer com que os membros da comunidade se reconheçam como portadores de direitos, ou seja, como pessoas com prerrogativas jurídicas a serem exercidas no âmbito social[99]. Ao direito competirá a tarefa de dar "reconhecimento-atestação" aos atos que o indivíduo desenvolver ao longo da sua vida social, civil e política.

Entretanto, das três dimensões de desenvolvimento do reconhecimento mútuo a questão da "eticidade" é aquela que mais nos interessa nesta sede, pois trata da "estima social", isto é, da "honra social" que o indivíduo busca ter. Não se trata de algo vinculado a qualquer relação jurídica, nem se limita às qualidades morais da pessoa. Noções como "prestígio", "respeito" e "consideração" determinam o grau de reconhecimento social que o sujeito busca se atribuir me-

---

96. Para a correta compreensão da dimensão do "amor" na existência do indivíduo, registre-se que: "Para não bloquear o amor dentro da acepção limitada que este conceito recebeu após a valorização romântica da relação de intimidade sexual, convém empregá-lo da maneira mais neutra possível: o amor compreenderá aqui todas as relações primárias que, sobre o modelo das relações eróticas, de amizade ou familiares, impliquem fortes laços afetivos entre um número restrito de pessoas." Axel Honneth, *Kampf um Anerkennung*, trad. fr. cit., pp. 116-7.

97. Em relação ao impacto que a dissolução dos vínculos sociais produz nas relações afetivas, ver também Zigmunt Bauman, *Liquid Love. On the Frailty of Human Bonds*, Cambridge, Polity Press, 2003.

98. Cf. Axel Honneth, *Kampf um Anerkennung*, trad. fr. cit., pp. 131-2.

99. Cf. Axel Honneth, *op. cit.*, p. 132.

diante a forma pela qual ele faz coincidir a realização de si mesmo com os fins abstratamente definidos pela sociedade[100]. A identificação da sua conduta individual e dos seus valores pessoais com aqueles definidos pela sociedade da qual ele faz parte torna o reconhecimento social uma forma de reconhecimento que avalia não o indivíduo, mas as suas ações. Assim, a capacidade de um grupo em reconhecer os seus membros será diretamente proporcional ao padrão de conduta que a sociedade formada pelo grupo estabeleceu, possibilitando que tais requisitos facilitem ou dificultem a absorção de novos membros e, também, a manutenção dos já presentes. O direito será formado em um momento subsequente ao da eticidade e terá como finalidade dar estabilidade institucional ao sistema e atribuir reconhecimento--atestação aos atos produzidos pelos indivíduos.

Pode-se dizer, parafraseando A. Honneth, que o reconhecimento é o "coração do social" (*coeur du social*)[101]. E isto será um dos problemas das correntes jusfilosóficas de matriz kantiana: não consideram que a noção de reconhecimento possui uma posição central nos sistemas sociais – e o sistema internacional é uma sociedade, ainda que primitiva. Além disso, toda a tradição kantiana se baseia na busca de critérios normativos racionais universalmente válidos, deixando em segundo plano – ou, até mesmo, no esquecimento – todos os elementos empíricos que se encontram no "coração" do corpo social, os quais são os responsáveis por definir e atribuir identidade a indivíduos, culturas e povos.

Os avanços sociais e econômicos que o desenvolvimento de uma "aldeia global" embrionária – a qual traz consigo uma respectiva "cultura global" – vem proporcionando parecem ser incontestáveis. Mesmo aqueles países com baixíssimos índices de desenvolvimento humano apresentam algum grau de evolução – ainda que mínimo – quando com-

---

100. Cf. Axel Honneth, *op. cit.*, pp. 153-4.
101. Cf. Axel Honneth, *La société du mépris*, cit., p. 154.

parados com a sua própria situação em outras décadas ou séculos passados. Porém, a questão de o ritmo de desenvolvimento ser mais acelerado para alguns países e, de outra sorte, menor – ou quase estagnado, em alguns casos – para outros, somada à perda de identidade cultural e capacidade de manutenção da própria tradição histórica que os diversos processos de globalização acabam gerando, torna a defesa da mundialização, da formação de uma cultura global, do universalismo político-jurídico, e outros temas do gênero, altamente ameaçadora para as culturas locais e para a própria noção de identidade nacional. Ainda na hipótese de partirmos do princípio de que as culturas tradicionais possuem capacidade de subsistir à pressão e à erosão que estes fenômenos globalizantes provocam, "elas não possuem todas a mesma capacidade de resistência e, sobretudo, o mesmo poder de absorção"[102].

É em virtude desta disparidade entre os países e culturas locais, seja em conseguir tirar frutos dos diversos processos de globalização, seja em reagir adequadamente – isto é, de forma hábil o suficiente para evitar a completa descaracterização tanto da sua identidade cultural quanto da sua identidade nacional – aos fenômenos próprios da globalização, que aponta para a necessidade de uma reestruturação funcional da ordem internacional, desde o seu fundamento de legitimidade e validade, até a forma como ela se articula. C. Lévi-Strauss afirmava que a "necessidade de preservar a diversidade das culturas em um mundo ameaçado pela monotonia e pela uniformidade certamente não escapa às instituições internacionais. Elas entendem também que não será suficiente, para atingir este fim, agradar tradições locais e convencionar uma pausa aos tempos passados"[103].

A capacidade humana de se engajar racionalmente em uma argumentação moral com outrem torna viável que nos

---

102. Paul Ricoeur, *Histoire et vérité*, cit., p. 335.
103. Claude Lévi-Strauss, *Race et Histoire; Race et Culture*, cit., pp. 119-20.

concentremos nas estruturas comunicacionais fundamentais ao estabelecimento do contato entre as culturas diversas – e países que as representam – para que, a partir disto, possamos pensar em definir um conteúdo material prescritivo de condutas, ou reconhecer internamente, do ponto de vista do direito nacional, normas já existentes na ordem internacional[104]. Antes de se tratar da matéria, a forma deve ser repensada – sobretudo como essa forma se relaciona com os elementos empíricos apresentados pelas culturas locais.

Isto posto, grande parte dos raciocínios até aqui desenvolvidos no plano do relacionamento intracultural vale também para quando falamos em reconhecimento no nível coletivo (entre culturas, povos, Estados etc.): o choque cultural serve para que cada uma das culturas em conflito afirme a sua individualidade diante da outra. Existem comportamentos coletivos que o grupo simplesmente adota sem ter consciência disto, mas, quando em conflito com outra cultura que nega ou questiona tal comportamento, então, a coletividade passa a buscar definir a sua identidade e afirmá-la, pois se sente enfrentada pelo diferente, o qual termina por negar e afirmar aquela cultura ao mesmo tempo.

Olhando do ponto de vista da subjetividade do indivíduo, os paradigmas impostos por uma cultura se constituem, em um primeiro momento, em obstáculos à compreensão individual, pois são eles os responsáveis por determinar as ideias preconcebidas que estão implícitas na nossa mente e dissimuladamente controlam os nossos pensamentos, impedindo que nos desvinculemos livremente dos nossos paradigmas culturais. Abandonar uma cultura é tarefa impossível ao indivíduo, cabendo-lhe somente a pos-

---

104. "O ponto inicial da teoria política internacional, como parece para mim, é que não existe uma comunidade da humanidade. É desejável construir uma, mas o que existe de primordial é que os seres humanos possuem certas experiências morais comuns e são capazes de se engajar racionalmente em uma argumentação moral com os demais." Hedley Bull, "Justice in International Relations", cit., p. 226.

sibilidade de substituir uma por outra[105]. Isto porque o indivíduo não conseguirá ter consciência da sua verdadeira identidade cultural – nem ao menos perceber que tem a sua própria conduta condicionada pela cultura em que está inserido – até o momento em que seja capaz de intimamente reconhecer como válida uma outra cultura diferente da sua, mas que, não obstante a diferença, será tão legítima no plano existencial quanto a sua própria cultura[106]. A determinação e o reconhecimento do diferente possibilitarão ao indivíduo reafirmar, ou questionar, a sua convicção em torno da sua identidade cultural, e à cultura em si permitirá manter um grau de coesão intersubjetiva ainda maior, tendo em vista que passará a contar apenas com aqueles membros que voluntária e decididamente se identificam como verdadeiros membros.

Para que possamos aprofundar a abordagem da questão atinente ao reconhecimento no âmbito das relações interculturais, passemos à análise do conceito de "reconhecimento sem reconciliação" (*reconnaissance sans réconciliation*)[107].

Tanto o atual modelo de ordem internacional quanto as principais propostas de universalismo tentam afirmar dentro do sistema internacional relações baseadas no "reconhecimento-identidade" ou no "reconhecimento-reconciliação". Porém, a primeira forma requer que exista uma relação entre as partes suficientemente sólida para que seja possível criar (ou aprofundar ainda mais) a identidade já existente entre tais partes, o que parece ser impraticável quando pensamos em tradições culturais conflitantes que nem mesmo reconhecem legitimidade na existência do outro. Já no caso do "reconhecimento-reconciliação", o rela-

---

105. Cf. Edward T. Hall, *op. cit.*, p. 215.

106. "O homem não pode tomar consciência de seu verdadeiro ser cultural, pois, caso ele não reconheça a validade de um ser diferente, falta-lhe bases para validar a sua própria cultura." Edward T. Hall, *op. cit.*, p. 209.

107. O conceito de *reconnaissance sans réconciliation* foi inicialmente apresentado e desenvolvido por Yves-Charles Zarka, *Difficile tolérance*, cit.

cionamento intercultural se caracteriza pela superação de um equívoco (*méconnaissance*) no conhecimento entre as partes que impedia que a relação entre elas pudesse se dar com um mínimo de reconhecimento mútuo. O objetivo final do reconhecimento-reconciliação é fazer com que a superação das diferenças entre as partes termine por criar uma nova realidade cognitiva em que cada parte envolvida anteriormente no conflito passe a pensar sua identidade individual como correspondente à identidade individual do outro. Além de dividir destinos em comum, o reconhecimento-reconciliação se baseia também na definição de uma pauta deontológica a ser seguida pelas partes, as quais só conseguirão fazer isto se forem agentes virtuosos.

No entanto, nas relações internacionais, em que a fragmentação das noções de valor e de bem transforma o sistema em naturalmente pluralista e multicultural, torna-se impossível que qualquer um desses dois modelos de reconhecimento possa vir a ter sucesso. Em vez de se estruturar um sistema com uma pauta moral rígida e universalmente válida, a qual inclusive contrariaria a própria natureza soberana dos Estados, a forma mais razoável de tratar da coexistência entre partes que não possuem reconhecimento mútuo deve partir de um princípio de tolerância válido tanto para uma sociedade de anjos quanto de demônios, isto é, um sistema que promova a coexistência "sem apelar à virtude moral"[108]. Neste sentido, Yves-Charles Zarka afirma que "o reconhecimento em um mundo despedaçado não pode ser reconciliador, pois ele suporia, então, que duas culturas diferentes ultrapassam suas diferenças em uma outra cultura que será mais ou menos a síntese"[109].

As diferenças culturais, étnicas e teológicas entre países requerem que se afirme a noção de "reconhecimento sem reconciliação" (*reconnaissance sans réconciliation*). Esta forma de reconhecimento é, ao mesmo tempo, em relação

---

108. Yves-Charles Zarka, *op. cit.*, p. 30.
109. Yves-Charles Zarka, *op. cit.*, p. 40.

àquele por quem tenho identidade e em relação ao diferente, ao estranho, ao outro pelo qual não tenho nenhuma identidade. O reconhecimento sem reconciliação possui um conteúdo mínimo: "ele se apoia sobre a existência e, portanto, sobre o direito de existir. Ele é reconhecimento da legitimidade da existência da outra cultura, da outra comunidade ou do outro povo"[110]. É este padrão de reconhecimento a ser desenvolvido no plano último das relações internacionais, pois, uma vez passado pelo nível regional, a noção de reconhecimento mútuo torna-se inviável ou utópica. Somente no âmbito de comunidades regionais formadas e sustentadas a partir de vínculos históricos entre as tradições culturais – os quais podem inclusive coincidir em uma mesma tradição cultural – dos países que as compõem é que será possível defender que o sistema venha a ser baseado apenas no "reconhecimento-identidade" ou no "reconhecimento-reconciliação".

No plano superior ao das comunidades regionais, isto é, na ordem internacional que termina por interligar todos os Estados, a defesa do "reconhecimento sem reconciliação" terá como objetivo final permitir o desenvolvimento da "dimensão de universalidade da humanidade sem negação das afirmações identitárias que atravessam esta humanidade"[111]. Mais do que ser a afirmação absoluta de qualquer ideologia política, o "reconhecimento sem reconciliação" se colocará como a síntese da dialética entre identidade cultural *versus* voluntarismo estatal, impedindo que se concentre sempre a questão da legitimidade da ordem internacional na mera soberania nacional ou no respeito ao relativismo cultural; a soberania apresenta os seus notórios efeitos colaterais quando utilizada de forma equivocada tanto por líderes políticos que desejam ocultar suas práticas internas sob o manto do princípio de soberania quanto pelas culturas específicas, nos casos em que elas tentam

---

110. *Ibidem.*
111. Yves-Charles Zarka, *op. cit.*, p. 38.

se manter indiferentes ao mero questionamento sobre si e, em muitos casos, ao simples contato com o exterior, temendo que violências e barbáries cometidas hodiernamente venham a ser questionadas em seus fundamentos.

Em vez de partir de uma pauta moral extensa e rígida, o "reconhecimento sem reconciliação" tem no princípio da reciprocidade o seu princípio-mor, estando instrumentalizado pelos princípios da (1) igual dignidade, (2) liberdade e (3) autonomia individual[112]. O princípio da reciprocidade, por se tratar de uma referência procedimental (formal), assumirá, inevitavelmente, um caráter rígido, pois a não observância da reciprocidade importará o retorno, ainda que momentâneo, à condição anterior de *méconnaissance* recíproca. No entanto, aqueles três subprincípios que decorrem do princípio da reciprocidade, os quais são os responsáveis por determinar o conteúdo da relação, serão proporcionais ao nível de desenvolvimento interno dos Estados e das culturas em questão; com isso, no plano das relações internacionais possuirão diferentes definições materiais de "dignidade", "liberdade" e "autonomia individual", sempre sendo necessária a determinação de conteúdos mínimos para cada comunidade regional.

Uma objeção que poderia ser feita em relação ao nosso posicionamento sobre o tema do reconhecimento é acusá-lo de ideológico, isto é, de que ele pode se tornar um artifício retórico para afirmar de modo absoluto a ideia de verdade defendida, possibilitando a hipótese de que o seu caráter simbólico prevaleça sobre a ordem social. O problema, em geral, pode ser posto nos seguintes termos: a partir de uma ideologia, os indivíduos são obrigados a adotar, através do processo de reconhecimento mútuo, uma rela-

---

112. Yves-Charles Zarka afirma que o reconhecimento sem reconciliação "implica, em efeito, de início colocar em obra o princípio de reciprocidade, fundado no reconhecimento dos princípios da igual dignidade, da liberdade e da autonomia dos indivíduos, sem os quais qualquer reciprocidade, mesmo entre as comunidades e as culturas, não é possível." Yves-Charles Zarka, *op. cit.*, p. 49.

ção consigo mesmos que os incita a seguir voluntariamente os deveres e obrigações impostos pela sociedade[113]. Neste caso, os indivíduos não se tornam "sujeitos" dotados de uma consciência dos seus próprios direitos e responsabilidades, mas sim "sujeitados" a um sistema de regras práticas e obrigações feito para lhes atribuir identidade[114]. Podem-se citar exemplos históricos – os quais, ainda hoje, são recorrentes na maioria das tradições culturais conhecidas –, como o da dona de casa que se sujeitava ao modelo de virtude da Igreja e abdicava de direitos políticos e civis, o trabalhador que nunca questionava o seu regime de trabalho por só ter este como possível, e o combatente que ia para a guerra disposto a dar a própria vida em nome de uma causa pela qual ele não era responsável nem sequer havia discutido, mas se arriscava na guerra em nome da imagem heroica que estava passando à sociedade que dele cobrava tal imagem.

Como distinguir quais desses modelos de reconhecimento eram ideológicos e quais eram verdadeiramente justos? A menos que consideremos nossa perspectiva como a única correta, inclusive em relação aos fatos históricos passados e aos vindouros, não é possível responder a esta questão sem analisarmos internamente e de modo contextualizado, do ponto de vista histórico, cada sociedade em particular. Não é possível saber, apenas olhando externamente, se aquela dona de casa, aquele trabalhador e aquele soldado estavam ou não satisfeitos com as suas respectivas condições. Algum observador mais desatento poderia responder: "Eles prefeririam, certamente, melhores condições." Porém, como saber se realmente *existia* a possibilidade de "melhores condições" materiais e políticas dentro daquele contexto sócio-histórico? Apenas se levarmos em consideração o próprio contexto em questão. O fato de sempre

---

113. Para maiores informações sobre esta objeção, ver Patchen Markell, *Bound by Recognition*, Princeton, Princeton University Press, 2003; e, para a resposta a ela, ver Axel Honneth, *La société du mépris*, cit., pp. 245-74.
114. Cf. Axel Honneth, *La société du mépris*, cit., p. 246.

existir a possibilidade de revolta por parte do dominado e subversão total da ordem estabelecida torna a situação ainda mais difícil para o intérprete, uma vez que a linha entre conformação e concordância se torna muito tênue. Além disso, as sociedades humanas partem de uma tradição histórica particular para tentar definir o indivíduo e unificar o grupo. Todavia, esta relação não será unilateral: o indivíduo também é responsável por determinar, mediante a sua conduta, ativa ou passiva, criativa ou mantenedora da ordem estabelecida, a própria cultura dentro da qual ele se encontra inserido[115]. Deste modo, pode-se concluir que somente após os indivíduos envolvidos terem se revoltado contra uma prática dominante de reconhecimento, sob a qual eles se encontravam sujeitos, é que se tornará plenamente possível falar em ideologização do modelo de reconhecimento[116].

A acusação de que adotar a ideia de reconhecimento da forma que estamos aqui adotando terminaria por dar causa a um relativismo total poderia ser levantada neste momento contra nós. No entanto, todo sistema social possui uma performatividade que será nula se os destinatários dos comandos normativos não possuírem algum motivo razoável para se identificarem com os valores a eles impostos[117]. Desta forma, todo sistema de regulação de condutas sociais deverá de alguma maneira estar vinculado subjetivamente ao grupo social ao qual busca regrar. Isto já torna necessário um certo grau de "relativismo". Porém, caso a acusação de relativismo fosse no sentido de ser a perspec-

---

115. "Na distinção que se pode fazer entre sociedades animais e sociedades humanas, é a cultura que caracteriza o homem selvagem e suas obras. Essa cultura unifica o grupo, atribui ao seu ambiente um caráter particular. Ela se funda em um passado histórico e dá um conteúdo às relações sociais. Se, em uma certa medida, ela determina o homem, o homem a determina também pelas suas invenções, suas adaptações." Jacques Lombard, *Introduction à l'ethnologie*, Paris, Armand Colin, 1994, p. 73.
116. Cf. Axel Honneth, *La société du mépris*, cit., pp. 249-50.
117. Cf. Axel Honneth, *op. cit.*, p. 263.

tiva aqui adotada causa para o acirramento das diferenças interculturais, haja vista que todas as culturas poderiam se proteger sob o manto do "respeito à identidade cultural", e para o agravamento da situação das minorias oprimidas em sistemas culturais racistas ou opressores, tal acusação não teria fundamento. Pelo contrário. Ambas as questões podem até não ser resolvidas por completo, tanto que esta não é a nossa pretensão, mas ao estabelecer um sistema político--jurídico internacional, multinível, multiator e dotado de espaços públicos de cooperação em que os agentes estejam vinculados regionalmente, sobretudo, por elementos históricos, étnicos e culturais que aproximam tais povos de modo a aprofundar a identidade e o reconhecimento mútuo já existentes entre eles, em vez de estarem meramente em um sistema orientado pelo voluntarismo jurídico, parece ser mais factível pensar que possam ocorrer avanços do ponto de vista humanístico e social, dentro das culturas específicas, resultando em um melhor nível de desenvolvimento dos relacionamentos interculturais, do ponto de vista internacional. A história tem mostrado que não será, certamente, pela "vontade soberana" dos Estados, ou de quem quer que seja, que se poderão aumentar os níveis de progresso econômico, social e humano de países em desenvolvimento e subdesenvolvidos.

Registre-se também que a nossa argumentação aqui defendida não tem fundo ideológico por dois motivos fundamentais: (1) não defende uma ideia de verdade substancial absoluta, tanto que o nosso objetivo é propor uma estrutura institucional em que seja possível *discutir* e *deliberar* sobre os conceitos de verdade – razão pela qual nos afastamos nesta pesquisa do debate sobre o conteúdo material dos direitos humanos; e (2) o reconhecimento não se constitui em ideologia, pois não é uma doutrina com conteúdo material prescritivo externo às realidades particulares – como o é a doutrina dos direitos humanos; recorde-se de que a própria noção de reconhecimento *lato sensu* se constitui em condição intersubjetiva elementar para que pessoas e culturas possam realizar de forma autônoma os seus objetivos específicos.

Outra possível objeção que a nossa proposta pode receber é a de que povos, culturas e países são orientados por axiologias distintas e, muitas vezes, irreconciliáveis. No entanto, o conceito de valor é altamente amplo, capaz de abranger situações diversas e se colocar dentro de contextos variados, tanto que é essa mesma amplitude conceitual que permite aos fautores do universalismo falar em uma "ética universal" ou algo do gênero. O escopo maior da nossa proposta é possibilitar que tradições culturais orientadas por axiologias *a priori* irreconciliáveis possam encontrar um espaço público para o debate político dentro de uma estrutura institucional em que este debate global venha "filtrado" por debates anteriores exercidos no âmbito regional, no qual aquela abrangência que o valor como "bem-em-si" apresenta torna possível que conflitos diversos no plano internacional sejam resolvidos a partir do diálogo entre culturas, povos e Estados distintos, mas unidos, em alguma medida, por uma comunhão de valores, concepções de bem e de mundo que legitimam os partícipes do debate público, atribuem identidade individual à coletividade e reconhecimento mútuo entre os envolvidos.

2.3. A função dos espaços regionais na ordem político-jurídica internacional

A mudança de perspectiva que recém-apresentamos requer que sejam também demonstrados quais serão os meios institucionais por meio dos quais se poderia atingir o desenvolvimento e a efetivação das noções de reconhecimento e reciprocidade precedentemente sustentadas.

Não obstante tenhamos sempre falado aqui em "comunidades regionais de Estados-nação", devemos, neste momento, tentar trabalhar com base em um outro conceito mais adaptável aos escopos da nossa proposta: a ideia de "espaços regionais", em vez de "comunidades regionais". Considerando que os atuais modelos conhecidos de comunidades regionais de Estados permanecem frequentemente vinculados à vontade dos agentes políticos que lhes deram origem – veja-se, por exemplo, o caso do Mercosul: conseguiu lograr algum relativo sucesso somente no seu início, quando existia uma clara vontade em comum entre os respectivos presidentes dos Estados que criaram tal organização, mas que após a chegada dos sucessivos chefes de Estado não encontrou mais o mesmo ambiente político para tentar realizar os seus fins fundamentais –, parece oportuno dedicar algumas palavras à noção de "espaços regionais".

2.3.1. A teoria schmittiana dos "grandes espaços" (Grossräume)

A versão de "espaço regional" que buscaremos propor remonta, inevitavelmente, à concepção schmittiana de *Grossraum*. Todavia, pela escassa produção bibliográfica existente sobre este tema e sobretudo pela compreensão equivocada[118] existente em grande parte da comunidade acadêmica internacional sobre a integralidade do pensamento de Schmitt, devemos melhor precisar alguns pontos essenciais.

Um primeiro ponto seria definir sobre *qual* Schmitt nós queremos falar. A sua obra pode, certamente, ser dividida em quatro partes: (1) direito constitucional, (2) teoria política e teoria do direito, (3) filosofia das relações internacionais e do direito internacional, e (4) escritos literários diversos[119]. A parte que sempre recebeu maior atenção foi a

---

118. Registre-se que existem autores que, conhecendo pouco – ou nada – da obra de Schmitt, chegaram a chamá-lo de Hannibal Lector da política moderna; ver Barbara Boyd, "Leo Strauss y Carl Schmitt, el jurista del Hitler", in *EIR – Resumen ejecutivo*, 20 (2003), 15.

119. Alguns preferem colocar a parte sobre o direito constitucional junto à teoria do direito e à teoria política, como George Schwab, "Contextualising Carl Schmitt's Concept of Grossraum", in *History of European Ideas*, 19 (1994), 1-3, p. 185.

concernente ao direito constitucional, visto que as atenções sobre a teoria do direito e sobre a teoria política costumam derivar subsidiariamente daquele direito. A atenção dedicada por parte da comunidade acadêmica ao direito internacional e à filosofia das relações internacionais começou a crescer somente nas últimas décadas, em particular depois da criação da União Europeia.

Todavia, deve-se inicialmente destacar que a teoria schmittiana dos grandes espaços (a *Grossraumlehre*) era substancialmente diferente da teoria hitleriana do *Lebensraum* ("espaço vital"), pois não tinha nenhuma relação com a ideologia racista do Terceiro Reich, a qual possuía um critério biológico como ponto de referência para a constituição do *Lebensraum*[120]. Enquanto este conceito exprimia o ideal da supremacia de uma raça diante de todas as outras, o conceito de *Grossraum* exprimia a dominação política, ideológica ou ainda econômica de um país – o qual se tornaria um Império (*Reich*)[121], segundo a terminologia schmittiana – diante de outros países sobre os quais ele poderia, direta ou indiretamente, exercer sua influência.

Quanto ao conceito de *Lebensraum*, Hitler nunca o tomou de Schmitt, mas sim de Karl Haushofer (conselheiro de Rudolf Hess), este que sustentava que a ideia de *Lebensraum* significava o direito por parte de uma nação de anexar todo o território necessário para satisfazer as exigências da sua própria população, de modo que, após os nazistas tomarem o poder, tal conceito começou a se enquadrar à doutrina racista e expansionista do partido nacional-socia-

---

120. Joseph W. Bendersky, *Carl Schmitt Theorist for the Reich*, Princeton, Princeton University Press, 1983, trad. it. *Carl Schmitt teorico del Reich*, Bologna, Il Mulino, 1989, p. 313.

121. "São impérios (*Reich*), em tal sentido, aquelas potências hegemônicas e preponderantes cuja influência política se irradia sobre um determinado 'grande espaço' e que, em princípio, proíbem por este último a intervenção de potências estranhas." Carl Schmitt, *Völkerrechtliche Grossraumordnung mit Interventionsverbot für Raumfremde Mächte – Ein Beitrag zum Reichsbegriff im Völkerrecht*, Berlin, Deutscher Rechtsverlag, 1941, trad. it. *Il concetto d'Impero nel diritto internazionale. Ordinamento dei grandi spazi con esclusione delle potenze estranee*, Roma, Settimo Sigillo, 1996, p. 45.

lista[122]. A visão de mundo que Hitler tinha era baseada na eterna luta entre os povos para conquistar a terra, isto é, o "espaço vital" (*Lebensraum*), dado que, segundo ele, as leis da natureza premiam somente os mais fortes[123]. Jan-Werner Müller reconheceu que Schmitt jamais havia utilizado critérios biológicos, como o do *Lebensraum*, na sua *Grossraumlehre*, apesar do fato de que o "vazio substancial"[124] interno apresentado por esta teoria antiuniversalista e antinormativa "poderia facilmente ser preenchido com categorias racistas"[125].

A teoria schmittiana dos "grandes espaços", apresentada pela primeira vez em um ensaio de 1939, *Völkerrechtliche Grossraumordnung mit Interventionsverbot für Raumfremde Mächte* [O conceito de Império no direito internacional. Ordenamento dos grandes espaços com exclusão de potências estranhas], foi, pelo contrário, sempre indicada como "o momento de maior empenho de Schmitt com a política imperialista do regime hitleriano, como o perfeito exemplo de uma prestação científica a serviço da ideologia"[126]. Não

---

122. Joseph W. Bendersky, *op. cit.*, p. 294.

123. Cf. Gustavo Corni, *Il sogno del 'grande spazio'. Le politiche d'occupazione nell'Europa nazista*, Roma/Bari, Laterza, 2005, p. 5.

124. Fala-se em "vazio substancial" porque a *grossraumlehre* schmittiana tratava somente da *forma* do grande espaço, sem dedicar muita atenção à *substância* (feita de princípios e regras) que este grande espaço pode – ou deve – garantir. Schmitt deixou este vazio para que fosse preenchido por cada *grossraum*; porém, de acordo com a sua noção de Império, ver-se-á que o que ocorre é, de fato, a predominância da "substância" imposta pelo Império hegemônico naquele grande espaço específico.

125. Jan-Werner Müller, *A Dangerous Mind. Carl Schmitt in Post-War European Thought*, New Haven, Yale University Press, 2003, p. 43. No mesmo sentido, vemos que Caterina Resta, *Stato mondiale o nomos della terra. Carl Schmitt tra universo e pluriverso*, Roma, Pellicani, 1999, pp. 91-2, sustenta que "ainda que 'perigosamente' próxima da categoria de *Lebensraum*, cunhada por Haushofer e pela sua escola geopolítica a serviço do nacional-socialismo, a noção de *Grossraum* não pode, absolutamente, ser confundida com esta, não fosse pela total distância de Schmitt diante de qualquer 'vitalismo' jurídico, nem sequer por qualquer concepção racial em sentido biológico."

126. Alessandro Campi, "Introduzione", *in* Carl Schmitt, *L'unità del mondo e altri saggi*, Introdução e nota bibliográfica de Alessandro Campi, Roma, Pellicani, 1981, p. 11.

obstante as críticas, o seu *Völkerrechtliche Grossraumordnung* não está em condições de apresentar qualquer evidência que indique uma concordância de Schmitt com a política hitleriana de agressão militar indiscriminada e de ocupação militar de outros Estados[127]. Contrariamente, essa política hegemônica do *Lebensraum* se assemelhava mais à versão universalista da "doutrina Monroe" com a qual os Estados Unidos tentaram impor sua hegemonia em escala global. Assim, além das diferenças substanciais entre o *Lebensraum* nazista e o *Grossraum* schmittiano, parece-nos que também do ponto de vista lógico estas duas propostas sejam inconciliáveis. Segundo Schmitt, a sua alternativa representa o "'grande espaço' contra o universalismo (*Grossraum gegen Universalismus*)"[128].

A natureza da (brevíssima) relação de C. Schmitt com o Terceiro Reich é algo que não queremos tentar explorar, pois esta não é uma pesquisa sobre a psicologia schmittiana e menos ainda uma biografia; o fato mais significativo para nós é que o seu *Grossraum* não apresenta características que possam comprometê-lo como um conceito nazista ou racista[129].

A ideia que Schmitt havia com relação às relações internacionais se encontrava claramente centrada na divisão

---

127. Cf. George Schwab, *op. cit.*, p. 189.
128. Cf. Carl Schmitt, "Grossraum gegen Universalismus. Der völkerrechtliche Kampf um die Monroedoktrin", *in Positionen und Begriffe im Kampf mit Weimar, Genf, Versailles 1923-1939*, Hamburg, Hanseatische Verlagsanstalt, 1940, trad. it. *Posizioni e concetti in lotta con Weimar-Ginevra-Versailles 1923--1939*, Milano, Giuffrè, 2007.
129. Carlo Galli, *Genealogia Politica. Carl Schmitt e la crisi del pensiero moderno*, Bologna, Il Mulino, 1996, p. 864, afirma que, não obstante Schmitt demonstrasse simpatia por diversos princípios do nacional-socialismo, os seus textos de direito internacional e filosofia das relações internacionais adotam um caráter prudencial de distanciamento das temáticas de política interna, não sendo possível, de qualquer modo, sustentar que esta parte da sua obra esteja sob influências da ideologia nazista. Para ulteriores informações sobre a *pessoa* Carl Schmitt e o seu envolvimento com o nazismo, ver o altamente polêmico – e quase demonizante – texto de Yves-Charles Zarka, *Un détail nazi dans la pensée de Carl Schmitt*, Paris, PUF, 2005.

do mundo em grandes espaços (*Grossräume*) caracterizada por alguns princípios que paradoxalmente remontam à "doutrina Monroe", de 1823, que ele considerava "o mais feliz exemplo de um princípio espacial no ordenamento internacional"[130]. Essa doutrina estadunidense, na sua versão originária, enunciava três princípios fundamentais aos Estados Unidos da América que deveriam valer para a sua política externa: (1) a independência de todos os Estados americanos, (2) a proibição de toda forma de colonização no seu espaço e (3) a proibição de ingerência por parte de potências extra-americanas no referido espaço[131]. Falamos em "paradoxalmente" porque o próprio Schmitt entendia o crescimento de poder por parte dos Estados Unidos como uma das causas da falência do *jus publicum Europaeum*, em particular após o fim da Primeira Guerra Mundial, e dizia que a "doutrina Monroe" havia se tornado um projeto universalista e "fora do espaço" – similar ao universalismo do Império britânico[132] – mediante o qual os Estados Unidos tentavam justificar a sua hegemonia imperialista para muito além dos confins das Américas[133]. Schmitt sustentava que "a falta de medida e limite deste intervencionismo destruiu desde os fundamentos a velha doutrina Monroe e o panamericanismo que sobre esta estava baseado"[134].

---

130. Carl Schmitt, *Völkerrechtliche Grossraumordnung...*, trad. it. cit., p. 13.
131. Cf. *Ibidem*.
132. "(...) podemos mesmo observar uma outra alteração ainda mais profunda e mais importante acerca da concepção jurídica de 'grande espaço', isto é, a deformação da doutrina Monroe por uma concepção de 'grande espaço' concreto, geográfica e historicamente definido, em um princípio geral e universalista que deveria valer para o mundo inteiro com pretensões de ubiquidade. Essa deformação está estritamente ligada à deturpação da doutrina em um princípio de expansão, imperialista e universal, apresentando para nós um especial interesse, pois revela o ponto no qual a política dos Estados Unidos abandona o seu princípio de espaço continental e se alinha com o universalismo do Império britânico." Carl Schmitt, *Völkerrechtliche Grossraumordnung*, trad. it. cit., p. 21.
133. Cf. Carl Schmitt, "Grossraum gegen Universalismus", cit., p. 495.
134. Carl Schmitt, "Cambio di struttura del diritto internazionale" (1943), *in L'unità del mondo...*, trad. it. cit., pp. 294-5.

A versão universalista da doutrina Monroe havia como pai o Presidente Woodrow Wilson, o qual, em mensagem ao Congresso dos Estados Unidos, em 22 de janeiro de 1917, propôs que todos os povos do mundo aceitassem tal doutrina, salvaguardando, porém, cada povo o próprio direito de autodecisão[135]. Schmitt alegava que a política externa do Presidente Wilson representou o desvirtuamento da doutrina originária "segundo o método de dissolver um princípio ordenador concreto e espacialmente definido em uma ideia mundial com aspirações universalistas, transformando a sã ideia central de um princípio espacial de não intervenção em uma ideologia imperialista e, por assim dizer, pan-intervencionista mundial"[136].

O que Schmitt tinha em mente era a versão originária da doutrina Monroe, pois, segundo ele:

> O desenvolvimento planetário havia conduzido, já há tempos, a um claro dilema entre universo e pluriverso, entre monopólio e oligopólio, ou ainda ao problema se o planeta seria maduro para o monopólio global de uma única potência ou seria, pelo contrário, um pluralismo de grandes espaços (*Grossräume*) em si ordenados e coexistentes, de esferas de intervenção e de áreas de civilidade, a determinar o novo direito internacional da terra.[137]

Para dar vida a uma nova ordem internacional como esta seria necessária a criação de um modelo de regionalismo político-jurídico policêntrico e multipolar, que deveria ter as suas decisões com força normativa tomadas a partir

---

135. "Com isto ele não buscava uma transferência conforme do pensamento espacial, não intervencionista, contido na verdadeira doutrina Monroe, aos outros espaços, mas, pelo contrário, uma extensão espacial e ilimitada dos princípios liberal-democráticos a toda terra e a toda a humanidade. Deste modo, ele buscava uma justificação para sua inaudita ingerência no espaço extraeuropeu a ele por completo estranho e no conflitto bélico entre potências europeias." Carl Schmitt, *op. cit.*, p. 494.
136. Carl Schmitt, *Völkerrechtliche Grossraumordnung...*, trad. it. cit., p. 22.
137. Carl Schmitt, *Der Nomos der Erde*, trad. it. cit., p. 311.

da negociação multilateral e dos processos de integração regional[138]. Todavia, como veremos em seguida, a proposta schmittiana se manteve demasiadamente vinculada à noção de Império, tornando difícil alcançar tais objetivos.

Do ponto de vista estrutural, a formação de um *Grossraum* não implicaria todos os Estados que o compõem serem tidos como uma fração do Império dominante neste "grande espaço", uma vez que a existência de um Império não coincide com a existência do seu *Grossraum*. Da mesma forma pode ocorrer que a todo Império corresponda de qualquer forma um *Grossraum* em que "dominam as suas ideias políticas e no qual não podem ser permitidas intervenções estranhas"[139]. A relação entre Império e "grande espaço" é, de fato, baseada na dominação política, ideológica, cultural e/ou econômica que o primeiro é capaz de exercer dentro do segundo. Com base nisso, o globo terrestre poderia ser dividido em "grandes espaços" (*Grossräume*), cada um guiado por um Império em condições de manter internamente a ordem e a paz, dado que, do ponto de vista da relação entre os "grandes espaços", o princípio de não intervenção seria responsável por manter o equilíbrio entre eles e, por consequência, tornar-se-ia a *norma fundamental* do direito internacional:

> Porém, tão logo os "grandes espaços" internacionais, com proibição de intervenção às potências estranhas, venham reconhecidos e surja o conceito solar de império, torna compreensível a coexistência de um mundo razoavelmente subdividido e a norma fundamental de não intervenção adquire a sua eficiência disciplinada em um novo direito internacional.[140]

---

138. Danilo Zolo, "La profezia della guerra globale" (Prefácio), *in* Bartolomé de Las Casas, *De Regia Potestate* (org. Giuseppe Tosi), Roma/Bari, Laterza, 2007, p. XXI.
139. Carl Schmitt, *Völkerrechtliche Grossraumordnung...*, trad. it. cit., p. 45.
140. Carl Schmitt, *op. cit.*, pp. 45-6.

Deste modo, a ordem internacional encontra na noção de "Império" (*Reich*) o ponto que une "grande espaço", nações e também a ideia política internamente preponderante em cada "grande espaço"[141]. O conceito de Império se apresentará como uma contraposição "ao que até hoje foi o conceito central do direito internacional, ou seja, o 'Estado'"[142]. O problema do direito internacional fundado no conceito de Estado decorreria do fato de que a concepção de espaço substitui a de território do Estado, tornando a sua soberania territorial um obstáculo ao desenvolvimento de qualquer relação internacional que tenha uma dimensão espacial, ou seja, obstaculizando grande parte dos fenômenos conhecidos que envolvem tanto as pessoas quanto as organizações políticas[143]. Segundo Schmitt, "do ponto de vista da ciência do direito internacional o conceito de espaço e a ideia política não podem ser separados"[144]. Dado que todos os "espaços livres" fora da Europa foram conquistados e, em seguida, passaram por processos de independência, perdendo a condição de colônias das potências europeias, a concepção espacial que havia caracterizado o Estado moderno – mais precisamente, o *jus publicum Europaeum* – não poderia mais subsistir diante do poder crescente dos "grandes espaços". Em suma, o Estado tornou-se um conceito superado que não corresponde mais à realidade eficiente, destinado a ser derrotado pelo processo de formação dos "grandes espaços"[145].

Em vez de manter a condição anárquica entre os Estados ou tentar alcançar um modelo de direito internacional universalista, Schmitt propõe um *Pluriversum* estruturado a

---

141. Carl Schmitt, *op. cit.*, p. 47.
142. Carl Schmitt, *op. cit.*, p. 48.
143. Carl Schmitt, "Il concetto imperiale di spazio" (1939), *in L'unità del mondo...*, trad. it. cit., pp. 205-6.
144. Carl Schmitt, *Völkerrechtliche Grossraumordnung...*, trad. it. cit., pp. 18-9.
145. Carl Schmitt, *Völkerrechtliche Grossraumordnung...*, trad. it. cit., p. 49; e também *id.*, "L'ordinamento planetario dopo la seconda guerra mondiale" (1962), *in L'unità del mondo...*, trad. it. cit., pp. 336-7.

partir dos diversos *Grossräume* que compõem o sistema internacional, uma vez que o "mundo político é um pluriverso, não um universo"[146]. Já desde o *Der Begriff des Politischen*, publicado em 1927, ele tinha esta ideia – antes de desenvolver a sua *Grossraumlehre* – como um pressuposto da política e também da teoria do Estado, pois a "unidade política não pode ser, por sua essência, universal no sentido de uma unidade que compreenda toda a humanidade e toda a terra"[147].

Um ponto não claramente resolvido na *Grossraumlehre* schmittiana concerne ao vazio substancial interno que esta teoria apresenta[148]. Como criar efetivamente um sistema internacional a partir das relações políticas entre os Estados, sem o condicionamento do sistema por parte dos interesses econômicos e comerciais dos Estados – como ocorre quase sempre na ordem internacional – é uma tarefa à qual Schmitt nunca dedicou as próprias atenções.

O funcionamento das relações econômicas entre os Estados e a condição de tais relações dentro dos *Grossräume* é um assunto sobre o qual Schmitt não escreveu provavelmente porque entendia que a economia capitalista havia tomado das mãos do Estado nacional o controle sobre a política[149]. Segundo o jurista alemão, a economia capitalista teria origem no imperialismo britânico, que sustentava ideias de mercados livres, comércio mundial e mares livres somente porque eram estes os meios pelos quais a Inglaterra conquistou e manteve a sua hegemonia mundial até 1890[150]. Além disso, após o fim da hegemonia britânica os Estados Unidos utilizaram a doutrina Monroe como instru-

---

146. Carl Schmitt, *Der Begriff des Politischen*, trad. it. cit., p. 138.
147. *Ibidem.*
148. Ver Jan-Werner Müller, *op. cit.*, pp. 39-47, e Pier Paolo Portinaro, *La crisi dello jus publicum europaeum. Saggio su Carl Schmitt*, Milano, Edizioni di Comunità, 1982, pp. 200-1.
149. Cf. Carl Schmitt, *Völkerrechtliche Grossraumordnung...*, trad. it. cit., p. 46.
150. Carl Schmitt, "La lotta per i grandi spazi e l'illusione americana" (1942), in *L'unità del mondo...*, trad. it. cit., pp. 263-4.

mento de política internacional para justificar o seu comportamento imperialista – em particular no âmbito econômico – em relação a todo o resto do mundo[151]. Neste sentido, também o conceito de humanidade seria "um instrumento particularmente idôneo às expansões imperialistas e é, na forma ético-humanitária, um veículo específico do imperialismo econômico"[152]. Com o dualismo que dividia o mundo em capitalismo e comunismo, cada um buscando a unidade do mundo a partir dos seus princípios, Schmitt via a predominância da política como um modo de administrar a economia de acordo com os interesses de cada *Grossraum*[153]. Assim, pode ocorrer que a economia não seja tratada na sua *Grossraumlehre* para deixar espaço à autonomia das decisões dos "grandes espaços".

Christian Joerges apresentou duas razões lógicas que poderiam explicar o vazio substancial que Schmitt deixou nesta parte da sua teoria: (1) a visão nacional-socialista da Europa, a qual entendia que o espaço do Cabo Norte à Sicília, de Portugal aos Urais, fazia parte do *Grossraum* submetido ao poder do Império alemão, não tinha como prioridade a institucionalização de uma espécie de racionalidade econômica, técnica ou política; (2) após Schmitt ter abandonado a teoria tradicional do direito internacional, ele não se encontrava mais em condições de identificar – e nenhum dos seus oponentes queria isto, menos ainda os membros do Terceiro Reich queriam – as estruturas fundamentais que deveriam desenvolver a função que o princí-

---

151. "Na história da doutrina Monroe americana a política econômico-imperialista do presidente Theodore Roosevelt, que se iniciou ao final do século XIX, significa um ponto de reviravolta. Roosevelt fez um uso indevido da doutrina Monroe como pretexto para métodos particularmente incautos de uma *dollar-diplomacy* liberal-capitalista." Carl Schmitt, "Grossraum gegen Universalismus", cit., p. 493.

152. Carl Schmitt, *Der Begriff des Politischen*, trad. it. cit., p. 139.

153. Cf. Christian Joerges, "Europe a Grossraum?", *in* Christian Joerges e Navraj S. Ghaleigh (orgs.), *Darker Legacies of Law in Europe. The Shadow of National Socialism and Fascism over Europe and its Legal Traditions*, Oxford, Hart Publishing, 2003, p. 179.

pio de soberania não tinha mais a capacidade de exercer[154]. Por isto, tal vazio substancial não deve ser considerado uma deficiência da sua teoria dos "grandes espaços", mas sim um "espaço da prudência" de alguém que não queria ir além dos limites da neutralidade – seja como teórico, seja como cidadão.

2.3.2. Do grande espaço (Grossraum) ao espaço regional

Segundo a nossa posição, a adaptação do conceito de *Grossraum* ao atual momento das relações internacionais poderia ocorrer mediante a substituição da noção de Império por outro critério capaz de desempenhar a mesma função que o referido conceito exerça na teoria schmittiana; esse outro critério seria precisamente o conceito de *tradição histórico-cultural*. Em vez de ser uma potência que exerce a função de Império como pensava Schmitt, essa função seria desempenhada pelos fundamentos extrajurídicos sobre os quais falamos precedentemente: fatores históricos, culturais, políticos, antropológicos e étnicos responsáveis pela atribuição de identidade e de reciprocidade entre os membros dos espaços (comunidades) regionais[155].

Enquanto Schmitt dizia que não era tarefa sua tomar integralmente a doutrina Monroe e transferi-la diretamente a outros tempos e países[156], mas, pelo contrário, queria liberar o núcleo são de um princípio jusinternacionalista do grande espaço e desenvolvê-lo sensatamente dentro do grande espaço europeu[157], a nossa tarefa aqui não é tomar a sua *Grossraumlehre* e transferi-la para a nossa realidade atual, mas queremos sim liberar o "núcleo são" que Schmitt apresentou para sustentar a ideia de *espaço* como princípio orde-

---

154. Christian Joerges, *op. cit.*, p. 185.
155. Ver Parte II, item 4.2., *supra*.
156. Cf. Carl Schmitt, *Völkerrechtliche Grossraumordnung...*, trad. it. cit., p. 14.
157. Cf. Carl Schmitt, "Grossraum gegen Universalismus", cit., p. 503.

nador do direito internacional. Enquanto Schmitt deixou um vazio substancial na sua teoria, que deveria talvez ser preenchido pelo poder decisional dos Impérios, a nossa proposta vem preenchida *ab initio* com o conteúdo historicamente afirmado que cada tradição cultural nos oferece, tornando possível que as relações entre povos distintos que pertencem – ou pertenciam em algum momento histórico passado – a uma mesma cultura possam encontrar espaços políticos que lhes permitam desenvolver e aprofundar continuamente aquelas relações *lato sensu* entre povos e pessoas.

Por outro lado, a noção schmittiana de Império torna-se demasiadamente vinculada à condição unipessoal da potência dominante, baseando o sistema internacional em um paradigma não menos voluntarista que o existente hoje. A queda do Império dominante poderia significar a completa desestruturação de toda a ordem internacional no âmbito regional. Devido aos problemas mais do que conhecidos causados pela pessoalização do poder e pela sua concentração em um único agente político, parece-nos mais realista confiar o fundamento último de legitimação deste espaço regional a critérios que não sejam dependentes somente da vontade política dos chefes de Estado ou das condições políticas, econômicas e militares da potência dominante.

O Império schmittiano é também um conceito *legibus soluta* (acima do direito), o qual atua mediante o poder absoluto e centralizador que as instituições do Império possuem[158]. Neste sentido, a formação de relações jurídicas sólidas e permanentes entre os Estados que compõem um *Grossraum* se encontra sob a constante ameaça de alguma sorte de comportamento absolutista por parte do Império. Na proposta schmittiana a soberania do Estado daria lugar à soberania do "grande espaço". Porém, o que pode ocorrer,

---

158. Cf. Danilo Zolo, "The re-emerging notion of Empire and the influence of Carl Schmitt's thought", *in* Louiza Odysseos e Fabio Petito (orgs.), *The International Political Thought of Carl Schmitt*, London, Routledge, 2007, p. 155.

de fato, é que a soberania de todos os demais Estados venha submetida ao poder – neste caso, o único verdadeiramente soberano – do Império, pois este é o agente dominante em tal "grande espaço". Schmitt dizia que existem mais de cem Estados soberanos, mas que todos se encontram sob o poder das duas potências dominantes da sua época (União Soviética e Estados Unidos)[159]. Todavia, Schmitt não parece ter se dado conta de que a condição de Império faz deste o único agente político soberano no seu respectivo "grande espaço".

Segundo D. Zolo, a ideia de Império atualmente soa incompatível com qualquer projeto pacífico de ordem internacional; um projeto pacífico "requer uma retomada neorregionalista da ideia de *Grossraum*, juntamente com o fortalecimento da negociação multilateral entre Estados como uma fonte normativa e uma legitimação democrática dos processos de integração regional"[160].

Além disso tudo, a versão schmittiana de *Grossraum* possui como característica essencial a impossibilidade de intervenção de potências estrangeiras no âmbito do espaço já dominado por uma potência. A articulação do mundo em grandes espaços fechados e dominados por potências individuais, como pensava Schmitt, parece ser incompatível com os diversos processos de globalização que se desenvolvem desenfreadamente, dia após dia, tornando cada vez mais intensas as relações não apenas entre Estados, mas sobretudo entre pessoas de diversas partes do mundo[161]. Na proposta aqui por nós sustentada, a função de tratar das rela-

---

159. "A superfície terrestre nos apresenta hoje a imagem de mais de cem Estados que pretendem ser soberanos. Todos vivem na sombra do equilíbrio atômico das duas potências mundiais. Existe cerca de uma dúzia que se esquiva das alternativas que são os dois blocos mundiais. Nenhum deles pode contornar a tendência ao grande espaço (*Grossraum*) sem cair na insignificância política." Carl Schmitt, "L'ordinamento planetario dopo la seconda guerra mondiale" (1962), *in L'unità del mondo...*, trad. it. cit., p. 336.

160. Danilo Zolo, "The re-emerging notion of Empire...", cit., p. 160.

161. Este assunto foi discutido sob diversas perspectivas na Parte I, Cap. I, *supra*.

ções políticas internacionais competiria precisamente aos espaços regionais, pois são estes que gozam de legitimidade – atribuída pelos fatores históricos, culturais, políticos, antropológicos e étnicos que representam – para sintetizar, internamente, as demandas das diversas nações que os compõem e, externamente, fazer a defesa política de tais demandas. Obviamente, isto não significaria um obstáculo, menos ainda uma proibição, aos Estados de manter ou desenvolver ainda mais as suas próprias e individuais relações internacionais, mas seria um modo de dar voz aos pequenos e frágeis Estados que por si próprios nunca conseguiram defender os seus interesses e necessidades na esfera internacional.

Enquanto no modelo schmittiano de *Grossraum* o conceito de Império representa a *supremacia política* de uma potência sobre os Estados que fazem parte da sua região, na reinterpretação aqui proposta seria a *supremacia de uma tradição histórico-cultural* a desempenhar a função que no modelo de Schmitt competia à potência dominante, isto é, ao Império. Pode ocorrer, em caráter contingente, que um Estado (ou potência) sintetize em si os fatores históricos, culturais, políticos, antropológicos e étnicos que definem a ideia de determinada tradição histórico-cultural. Isto não significa que este Estado (ou potência) se tornará um Império. Ocorrerá somente que tal Estado passará a exercer uma função simbólica dentro do espaço regional ao qual pertence, sem submeter todos os demais Estados que compõem esse espaço regional ao seu poder. Esta coincidência – circunstancial e contingente – entre um Estado e a ideia de tradição histórico-cultural preponderante no espaço regional poderia ter efeitos significativos do ponto de vista da relação entre os espaços regionais, dado que aquele Estado tornar-se-ia um símbolo externo do seu espaço regional em condições de desempenhar uma função proeminente na ordem internacional (no nível acima dos espaços regionais, mais especificamente). Apesar de poder eventualmente ocorrer uma tal coincidência, os efeitos disso não seriam em nada similares aos da concepção schmittiana de Império. A jurisdição criada pelo espaço regional, a qual deveria necessariamente ser recebida pelo direito nacional de cada Estado que pertence ao referido espaço regional, exerceria uma dúplice função: (1) coloca todos os Estados desse espaço em uma condição de igualdade formal e (2) torna possível que abusos, por parte dos Estados, sejam postos em discussão tanto interna quanto externamente[162].

O princípio de reciprocidade, por se tratar de uma referência procedimental-formal, assumirá, inevitavelmente, um caráter rígido nesta perspectiva. Porém, os seus subprincípios ("igual dignidade", "liberdade" e "autonomia individual"), que são responsáveis por determinar o conteúdo substancial da relação, serão vinculados aos níveis de desenvolvimento interno dos Estados e das culturas em questão, para que, com isso, externamente emerjam diversas definições materiais de "dignidade", "liberdade" e "autonomia individual", sempre com a necessária determinação dos conteúdos minimais para cada espaço regional. Alguns autores, como Charles Taylor, sustentaram que o princípio de reciprocidade pertence ao que seria uma "política de reconhecimento", que teria o princípio da igualdade universal (ou princípio da igual dignidade) como um dos seus princípios-guia[163]. Segundo C. Taylor, o princípio da igual dignidade se baseia sobre uma *potencialidade humana universal* que torna todos os seres humanos igualmente dignos de respeito, independentemente das culturas nas quais se encontrem inseridos[164]. Entretanto, esta posição não pode ser por nós compartilhada. O princípio da igual dignidade, caso seja compreendido neste mesmo sentido defendido por C.

---

162. Sobre o tema da jurisdição dos espaços regionais e do direito supranacional, remetemos ao item 2.4., *infra*.

163. Cf. Charles Taylor, "La politica del riconoscimento", *in id.* e Jürgen Habermas, *Multiculturalismo. Lotte per il riconoscimento*, Milano, Feltrinelli, 2005, pp. 9-62. Este texto de C. Taylor foi publicado originalmente em sua obra *The Politics of Recognition*, Princeton, Princeton University Press, 1992.

164. Cf. Charles Taylor, *op. cit.*, pp. 27-8.

Taylor, colocar-se-á como absolutamente adverso às diferenças individuais e culturais: trata-se de um princípio que criará uma ideia abstrata de *ser humano* sem levar em consideração aquilo que ocorre dentro das realidades factuais às quais os indivíduos pertencem[165].

A substituição da concepção schmittiana de Império pelos elementos que compõem a ideia de *tradição histórico-cultural* preponderante no espaço regional tem como escopo tornar possível, também, que princípios como o de "dignidade" possam se desenvolver segundo aquilo que é a ideia comum de "dignidade" compartilhada pela maioria dos membros que fazem parte do mesmo espaço regional. A *medida* concreta da "dignidade", ou seja, quais direitos e deveres decorrem desta noção, mudará sempre quando compararmos duas ou mais tradições culturais diversas. Competirá ao espaço regional a tarefa de encontrar a medida concreta daqueles conceitos fundamentais, como o de "dignidade", e encontrar os recursos políticos e jurídicos para dar concretude a cada um desses conceitos.

Quanto à condição do Estado-nação na ordem internacional, a formação dos espaços regionais seria o primeiro momento daquela *expressa relativização* da soberania sobre a qual falamos precedentemente, de modo que o Estado possa continuar a desempenhar a sua função política interna e externa[166]. Em um contexto de globalização político-jurídica, a soberania nacional "não é mais o poder de excluir, mas atua através das fronteiras em colaboração com Estados na *governance* e nas atribuições de capacidade por tratados aos órgãos internacionais"[167]. Enquanto o atual processo tácito de relativização da soberania nacional está se desenvolvendo sem a possibilidade de controle por parte dos Estados, na presente proposta essa relativização seria expressa, declarada, tendo os destinatários das prerrogati-

---

165. Cf. Yves-Charles Zarka, *Difficile tolérance*, cit., pp. 42-3.
166. Ver Parte I, item 2.3, *supra*.
167. Paul Hirst, *War and Power in the 21st Century*, cit., p. 135.

vas soberanas definidos e, sobretudo, com a necessária recepção no direito interno das normas que criaram e que passaram a formar o "espaço regional".

Quando falamos em um sistema internacional baseado em fatores históricos, culturais, políticos, antropológicos e étnicos responsáveis pela atribuição de identidade e reciprocidade entre os membros dos espaços regionais, alguém poderia se perguntar: "Como tornar efetiva esta proposta? A formação destes espaços regionais não deveria passar necessariamente pelas mãos dos chefes de Estado, o que tornaria o sistema ainda assim baseado no voluntarismo político?" Antes de tudo, optamos pela denominação *espaço*, em vez de *comunidade*, porque o conceito de espaço é o que se apresenta atualmente como mais compatível com a realidade ("líquida", como diria Z. Bauman) posta pelos diversos processos de globalização. Também Schmitt dizia que a concepção de espaço era a mais capaz de se adaptar às mudanças que a aeronáutica e a evolução tecnológica estavam criando já na sua época[168]. Nesse sentido, o espaço regional poderá se expandir ou se reduzir de acordo com os processos de integração política que se desenvolverão no seu interior. Entretanto, não se pode negar o fato que a efetividade desta proposta passa por uma *decisão inicial* em comum entre Estados soberanos, ou seja, é ainda dependente da "assinatura" dos chefes de Estado. Nunca sustentamos que o modelo do Estado-nação deveria ser substituído por alguma outra forma de organização política – e, por consequência, terminar definitivamente com o voluntarismo dos Estados. Pelo contrário. O nosso objetivo maior sempre foi o de tornar compatível *soberania nacional* e *globalização*. Porém, esta tarefa requer que um outro fundamento de legitimidade seja atribuído à ordem internacional: um fundamento que possa ir além das vontades políticas circunstanciais, além das vontades políticas submetidas

---

168. Cf. Carl Schmitt, "Il concetto imperiale di spazio" (1939), trad. it. cit., pp. 207-9.

aos comandos do mercado internacional. Sustentar como novo possível fundamento a *supremacia de uma tradição histórico-cultural* não significa revirar por completo a ordem estabelecida até hoje: significa determinar um ponto de referência a partir do qual a ordem internacional possa ser repensada. Trata-se de um princípio-guia – sem pretensões absolutistas, pois a capacidade de se identificar e de desenvolver as formas de reconhecimento não é, como vimos anteriormente, um processo a-histórico e instantâneo – que deve ser aplicado juntamente a outros princípios, como o princípio de soberania (agora relativizado) do Estado nacional. M. Wight dizia – apesar das diferenças que existem entre o seu "sistema de blocos" e o referencial teórico que estamos propondo – que "um sistema de Estados não se tornará realidade sem um grau de unidade cultural entre os seus membros"[169]. Em outra palavras, "um sistema de Estados pressupõe uma cultura comum"[170].

As propostas que se concentram na integração regional, como a apresentada por Joseph Nye[171], são frequentemente baseadas na formação de comunidades regionais de integração econômica, diferentemente de, antes de tudo, criar e estruturar as esferas políticas dentro das quais a integração econômica poderá se desenvolver adequadamente entre os membros das comunidades regionais. O processo de integração econômica assumirá a condição de um mero artifício retórico se a integração não se desenvolver com base em princípios éticos e programas políticos estabelecidos individualmente pelos espaços regionais, em um primeiro momento, e pela estrutura política que une tais espaços regionais, em última instância. A ausência de fundamentos contextualizados historicamente e em condições de vincular os povos, seja culturalmente ou a partir

---

169. Martin Wight, *Systems of States*, cit., p. 33.
170. Martin Wight, *op. cit.*, p. 46.
171. Cf. Joseph S. Nye, *Peace in Parts: Integration and Conflict in Regional Organization*, Boston, Little Brown, 1971.

de qualquer outro fator extrajurídico, deixa o caminho livre à supremacia do poder econômico predatório e também do poder dos Estados com ambições imperialistas. Ainda por essas mesmas razões não podemos compartilhar totalmente com o modelo de *international regimes* proposto por Stephen D. Krasner, uma vez que a integração econômica assumiu dentro daquela ideia de *regime* uma condição fundamental incompatível com a perspectiva aqui sustentada[172].

Deve-se rejeitar também qualquer possível associação que a presente proposta possa assumir com aquilo que foi denominado "choque de civilizações"[173]. A interpretação feita por Samuel Huntington considera os Estados como agentes que desempenham uma função central nas "guerras em linhas fronteiriças" (*fault line wars*)[174] e, por consequência, as disputas por território e bens materiais permanecem entre as mais importantes causas das guerras[175]. Inicialmente, não podemos compartilhar a posição de S. Huntington, pelo fato de que Estados, fronteiras e pessoas não são mais guiados exclusivamente pela referência territorialista, pois o conceito de espaço perdeu o seu caráter meramente territorialista[176]. Mas o que mais nos distancia de S. Huntington é que, enquanto a sua interpretação fecha as culturas em si mesmas até o dia em que uma dessas (a oci-

---

172. Sobre o tema dos "regimes internacionais", ver Stephen D. Krasner (org.), *International Regimes*, New York, Cornell University Press, 1983.
173. Ver Samuel P. Huntington, *The Clash of Civilizations and the Remaking of the World Order*, New York, Simon & Schuster Paperbacks, 2003.
174. "Conflitos em linhas fronteiriças são conflitos comunais entre Estados ou grupos de diferentes civilizações. Guerras em linhas fronteiriças são conflitos que se tornaram violentos. Tais guerras podem ocorrer entre Estados, entre grupos não governamentais, e entre Estados e grupos não governamentais." Samuel P. Huntington, *op. cit.*, p. 252.
175. "Os conflitos em linhas fronteiriças são, algumas vezes, lutas pelo controle do povo. Mais frequentemente a questão é o controle do território. O objetivo de pelo menos um dos participantes é conquistar território e liberá-lo de outro povo mediante a sua expulsão, extermínio ou ambos, isto é, mediante uma 'faxina étnica'." *Ibidem*.
176. Ver Parte I, item 2.2, *supra*.

dental, mais precisamente a estadunidense, segundo S. Huntington) torne-se a única cultura existente, o nosso posicionamento se baseia na preservação das culturas em um sistema multinível, multiator, dotado de espaços públicos de cooperação, seja entre os Estados dentro de cada espaço regional, seja entre os diversos espaços regionais. Por outro lado, S. Huntington afirma que "o que é universalismo para o Ocidente, é imperialismo para o resto"[177]. No entanto, a sua proposta não apresenta uma alternativa que não chegue também a um universalismo. Entendemos que o "choque de civilizações" é um processo próprio da natureza humana e que requer os adequados espaços políticos de mediação para fazer desse choque um processo dialético produtivo para todas as partes envolvidas, em vez de produzir guerras, destruições e sofrimentos. A. Sen sustenta que a teoria do choque de civilizações apresenta dois problemas distintos: (1) baseia-se em um método de classificação das pessoas, a partir das civilizações às quais elas "provavelmente pertencem", cujas possibilidades de efetividade e relevância são limitadas ou inexistentes; (2) não considera que os indivíduos possuem relações que não se limitam a uma civilização, isto é, as pessoas podem ser consideradas como pertencentes a mais de uma civilização ao mesmo tempo, segundo o critério que se estiver adotando para classificá-las[178]. Além disso, deve-se considerar ainda que a posição de S. Huntington parte de alguns pressupostos equivocados, como o de considerar os Estados Unidos como uma civilização universal, quando na realidade são uma cultura específica que não pode esperar que o resto do mundo se torne como ela[179].

Enfim, para evitar que este modelo pluriversalista de espaço regional assuma as características dos modelos precedentes (e insuficientes) de comunidades regionais de Es-

---

177. Samuel P. Huntington, *The Clash of Civilizations*..., cit., p. 184.
178. Cf. Amartya Sen, *Identity and Violence*, trad. it. cit., p. 42.
179. Cf. Paul Hirst, *War and Power in the 21st Century*, cit., p. 100.

tados, deve-se retomar a atenção sobre a questão da estrutura jurisdicional do espaço regional. Todavia, este ponto será mais bem tratado quando analisado juntamente com a função do "direito supranacional mínimo" na ordem internacional.

2.4. A função do direito supranacional mínimo na ordem político-jurídica internacional

Partindo dos pressupostos epistemológicos, filosóficos e políticos recém-esboçados nas páginas precedentes, pode-se prever que as competências e, também, a função do direito que hoje é chamado "internacional" (ou ainda "supranacional") serão muito mais restritas se comparadas ao modelo universalista que, desde o fim do *jus publicum Europaeum*, estrutura as relações político-jurídicas internacionais. O objetivo desta parte final da presente pesquisa pode ser dividido em dois: (1) buscar sustentar o conceito de *direito supranacional mínimo* proposto por D. Zolo – e precedentemente defendido também por H. Bull (como "direito internacional mínimo") – como a última instância político-jurídica da ordem internacional, a qual fecharia um sistema internacional centrado não mais na noção de Estado nacional, mas na concepção de espaço regional aqui introduzida; e (2) desenvolver o conceito de "reconhecimento sem reconciliação" (*reconnaissance sans réconciliation*), posto por Y.-C. Zarka, como um ponto de referência capaz de manter todo o direito supranacional mínimo em uma condição de estabilidade política (isto é, "estabilidade" entendida no sentido de ausência de conflito ou diminuição gradual das crises existentes) em que seja possível a otimização das relações entre espaços regionais, Estados nacionais, povos, culturas e pessoas, tornando realizável, com isto, a ideia de democratização do acesso aos efeitos positivos dos diversos processos de globalização.

Neste momento, após termos defendido um conceito de *soberania relativizada*[180] do Estado-nação e a ideia de *espaço regional*[181] em um contexto pluriversalista, parece evidente que a competência funcional e normativa do direito supranacional – e mesmo da ordem política internacional que dá suporte a este, a qual será, somente neste nível, verdadeiramente universalista – pode vir entendida somente como uma *competência residual*. Isto é, uma competência para tratar das matérias que não são restritas ao âmbito dos Estados nacionais ou dos espaços regionais, como, *ex hypothesi*, conflitos entre países que pertencem a dois ou mais espaços regionais, e também situações que requereriam uma cooperação em nível planetário, em particular na tutela ambiental e na luta contra o crime internacional. Precedentemente vimos que o Estado-nação é uma forma de organização política que não conhece ainda um concorrente em condições de substituí-lo nos diversos setores em que está presente. É o Estado quem se encontra mais próximo do cidadão e da grande parte dos problemas sociais que ocorrem no interior do seu território. Mas, quando problemas se tornam crises internacionais, sustentamos que o reconhecimento recíproco ("reconhecimento-identidade") entre os Estados é a forma mais eficiente para possibilitar que a paz, após um eventual conflito, não seja alcançada mediante um mero armistício[182], que uma cooperação (política, econômica, cultural etc.) entre os Estados não seja destinada a durar somente na prosperidade e possa superar também outros momentos de crise entre os Estados, e que, enfim, as relações internacionais sejam baseadas em uma tradição histórico-cultural comum, deixando de se fundar unicamente na vontade dos chefes de Estado. Esta compe-

---

180. Ver Parte I, item 2.3, *supra*.
181. Ver Parte II, item 2.3, *supra*.
182. Um armistício "implica meramente a cessação dos conflitos por um período limitado ou indefinido, com manutenção aproximada das condições existentes de relativa força." Quincy Wright, "The Armisticies", *in The American Political Science Review*, 13 (1919), 1, p. 129.

tência residual é o que D. Zolo denominou *subsidiariedade normativa*[183] em relação às competências dos ordenamentos estatais – e, segundo a nossa proposta, em relação também às competências dos espaços regionais.

O mesmo autor entende que a ideia de um direito supranacional mínimo "segundo uma lógica federalista aplicada às relações entre competências normativas dos Estados nacionais e competências normativas de órgãos supranacionais, este direito deixaria um amplo espaço às funções da *domestic jurisdiction*, sem pretender substituí-la ou sufocá-la com organismos normativos ou judiciários supranacionais"[184].

O "mínimo" seria o resultado da formação de uma ordem política internacional fundada em uma "sorte de 'regionalização policêntrica' do direito internacional, em vez de se basear sobre uma estrutura hierárquica que arriscaria provocar a revolta das 'periferias'"[185]. A essa "regionalização policêntrica" aproxima-se aquilo que chamamos aqui de *globalismo pluriversalista articulado em espaços regionais*.

Embora D. Zolo tenha desenvolvido a ideia do ponto de vista jurídico, foi H. Bull quem desenvolveu uma concepção similar, mas do ponto de vista político: "ordem política mínima". De fato, H. Bull falava em "ordem mundial", em vez de "ordem internacional", porque aquele conceito concerne à ordem interna de toda a sociedade humana, a qual não é tão somente mais ampla do que a ordem internacional: é "também mais fundante, mais originária e moralmente prioritária em relação a esta"[186]. Tal ordem mundial deveria ser mínima no sentido de reforçar os interesses e valores compartilhados entre os Estados, pois o objetivo

---

183. Cf. Danilo Zolo, *I signori della pace*, cit., p. 146, e também "Por um direito supranacional mínimo", *in* Anderson Vichinkeski Teixeira; Elton Somensi de Oliveira (orgs.), *Correntes contemporâneas do pensamento jurídico*, São Paulo, Manole, 2010, p. 426.
184. *Ibidem*.
185. *Ibidem*.
186. Hedley Bull, *The Anarchical Society*, trad. it. cit., p. 366.

mais importante dessa ordem é a prevenção da guerra e, sobretudo, de um conflito nuclear[187].

Além de deixar um amplo espaço às competências normativas dos Estados nacionais e dos espaços regionais, o direito supranacional mínimo nos permite ainda encontrar uma *regra substancial fundamental* da ordem internacional. Essa regra será o *princípio de solidarismo*.

O princípio de solidarismo pertence à doutrina grociana[188] ou solidarista da ordem internacional, a qual, enquanto se opunha à criação de um governo mundial, entendia que os Estados deviam tentar "oferecer uma solução alternativa ao problema, mediante uma estreita colaboração e uma estreita aderência aos princípios constitucionais da ordem internacional à qual deram o seu consentimento"[189]. O solidarismo grociano tenta realizar um mundo mais ordenado em que o recurso à guerra por motivos políticos exclusivos dos Estados seja proibido, deixando aberta somente a possibilidade de uso legítimo da força "para perseguir os escopos da comunidade internacional"[190]. H. Bull recorda que no século XX a doutrina neogrociana restou expressa tanto no Pacto da Sociedade das Nações quanto na Carta das Nações Unidas, proibindo sempre o recurso à guerra como instrumento de política nacional[191]. Assim, o solidarismo chega aos nossos dias como um dos fundamentos que deram origem ao princípio de segurança coletiva.

Não obstante o fato de que a grande parte das tentativas de aplicar o princípio de solidarismo em situações de

---

187. Hedley Bull, *op. cit.*, p. 361.
188. H. Bull utilizava a expressão "grociano" em duas situações: (1) para descrever a doutrina geral segundo a qual existe uma sociedade de Estados, e (2) para descrever a forma solidarista dessa doutrina, que une o próprio Grócio aos neogrocianos do século XX, em oposição à concepção pluralista da sociedade internacional sustentada por Vattel e pelos sucessivos autores positivistas. Cf. Hedley Bull, *The Anarchical Society*, trad. it. cit., p. 39, nota 3.
189. Hedley Bull, *The Anarchical Society*, trad. it. cit., p. 275.
190. *Ibidem.*
191. Hedley Bull, *op. cit.*, p. 276; e no mesmo sentido ver também *id.*, "The Importance of Grotius in the Study of International Relations", cit., p. 88.

conflito tenha tido como consequência não apenas o reforço da ideia de construção de uma ordem mundial superior, mas também o enfraquecimento e a desestabilização dos clássicos mecanismos de preservação da ordem, parece-nos evidente que o nível de solidariedade entre os Estados se encontra em um processo de crescimento – basta observar as diversas modalidades de cooperação internacional, em diversos setores da vida política, econômica, cultural e social do Estado e do indivíduo[192]. O princípio de solidarismo terá como fim último a tutela do indivíduo na ordem internacional. H. Bull ressaltava que para Grócio "os membros da sociedade internacional não são, em derradeiro, os Estados, mas sim os indivíduos"[193].

Sustentamos a condição do princípio de solidarismo como a *regra substancial fundamental* do direito supranacional mínimo porque esse princípio se apresenta, de fato, como o único capaz de ser verdadeiramente universalizado. Trata-se de um princípio de natureza político-jurídica, antes de ser de natureza exclusivamente moral; ele determina um comportamento específico que o Estado *deve* colocar em prática, sob pena de legitimar uma represália – que pode se apresentar também sob a forma de guerra – contra si[194]. A ausência de uma centralização do poder político em uma única estrutura não remove do sistema a sua natureza político-jurídica, pois os agentes que possuem o poder de aplicar as sanções estão claramente definidos: os Estados nacionais e os espaços regionais. Segundo H. Bull, o princípio de solidariedade (ou potencial solidariedade) determina que os Estados que pertencem à sociedade internacional devam agir "com respeito ao poder sancionatório do direito"[195]. Ou seja, o princípio de solidariedade assume também a condição de princípio geral de respeito ao direito.

---

192. No mesmo sentido, ver Hedley Bull, *op. cit.*, pp. 276-7.
193. Hedley Bull, "The Grotian Conception of International Society", cit., p. 112.
194. Cf. Hedley Bull, *op. cit.*, p. 101.
195. Hedley Bull, *op. cit.*, p. 97.

Alguém poderia interpretar que, neste sentido, *solidarismo* se tornaria *submissão* do Estado-nação à ordem internacional. O que ocorre, de fato, é o oposto: o princípio se aplica, em geral, como mero ponto de referência para determinar o grau de interação de um Estado com a ordem internacional, de modo que possa ser aplicado de forma coercitiva somente em situações de extrema relevância para a comunidade internacional, isto é, em situações de calamidades, desastres ou conflitos bélicos que demandem a ação ativa do Estado. A solidariedade é tomada para aprofundar a relação e a cooperação entre os Estados e, sobretudo, entre os espaços regionais.

Assim, a soberania nacional permanece preservada, mas dentro de um sistema no qual a *relativização* daquela *suprema potesta* se faz somente no que concerne a matérias específicas e a favor de instituições internacionais às quais o Estado pertence e pode participar das decisões. Do ponto de vista tanto dos Estados mais frágeis quanto das grandes potências, parece-nos mais realista conceber a soberania neste sentido[196]. Não obstante seja interessante – e muito espirituosa – uma comparação como a feita por Neil MacCormick[197] entre a soberania e a virgindade, não podemos compartilhar a sua opinião. A soberania não é, certamente, como a virgindade: se alguém a perde, outro a tomou.

---

196. Hedley Bull, *The Anarchical Society*, trad. it. cit., pp. 335-6, sustenta que a soberania nacional continua sendo o derradeiro instrumento que os países pobres possuem para salvaguardar os seus direitos e interesses: "Os países pobres e mais frágeis percebem que hoje, muito provavelmente, um impulso rumo a um governo mundial poderia ter como consequência não uma redistribuição dos recursos econômicos a seu favor, mas uma consolidação da distribuição dos recursos existentes, até mesmo uma redistribuição a eles desfavorável. Eles observam a instituição da soberania estatal como um instrumento de salvaguarda contra a tentativa dos Estados mais potentes de tomar para si o controle dos recursos econômicos dos quais hoje dispõem."

197. "Ou deveríamos pensar nisto mais como a virgindade, algo que pode ser perdido por alguém sem que outrem a ganhe – e cuja perda em certas circunstâncias pode ainda ser causa para comemoração? (...) e não devemos ficar tristes com isso (assim como com perder a virgindade...)." Neil MacCormick, *Questioning Sovereignty*, Oxford, Oxford University Press, 1999, p. 126.

Enquanto nos espaços regionais as relações entre os Estados são guiadas em particular pela noção de reconhecimento-identidade, ver-se-á que no âmbito do direito supranacional, ou seja, acima dos espaços regionais, as relações entre estes e entre os Estados que pertencem a espaços regionais diversos deverão ser guiadas por uma outra noção: a ideia de reconhecimento sem reconciliação (*reconnaissance sans réconciliation*).

Portanto, o conceito de *reconhecimento sem reconciliação* será a *regra formal fundamental* do sistema. Fala-se em regra "formal" porque esta não considera os caracteres subjetivos dos envolvidos: o reconhecimento é em relação à existência objetiva de alguém. É o reconhecimento da legitimidade da existência de uma outra cultura, de uma outra comunidade ou de um outro povo diferente do meu[198]. Esta forma de reconhecimento funda o sistema nos princípios da diferença e da tolerância, ou seja, em uma concepção de diversidade cultural que representa a rejeição a toda forma de homogeneização que não leve em consideração a condição plural da existência humana. Pode-se dizer que a característica mais importante deste modelo de reconhecimento, estruturado a partir da tolerância, é que não pressupõe que "os homens sejam moralmente virtuosos"[199].

Conforme visto em precedência, o reconhecimento sem reconciliação encontra na reciprocidade o seu princípio basilar – restando acima também dos princípios da diferença e da tolerância. Com isso, este princípio-guia será instrumentalizado pelos seguintes princípios: (1) igual dignidade, (2) liberdade e (3) autonomia individual[200]. O princípio de igual dignidade resume em si a ideia de que a dignidade é consequência do fato de que algo *existe* (que será, neste caso, o Estado-nação ou a tradição histórico-cultural que une um determinado espaço regional), sem fazer con-

---

198. Yves-Charles Zarka, *Difficile tolérance*, cit., p. 40.
199. Yves-Charles Zarka, *op. cit.*, p. 1.
200. Yves-Charles Zarka, *op. cit.*, p. 49.

siderações sobre a sua *essência*. Quanto aos princípios de liberdade e de autonomia individual, os dois possuem o mesmo objetivo: atribuir um alto nível de capacidade de autodeterminação aos povos, isto é, aos Estados nacionais. O respeito a esses princípios conserva a soberania nacional em uma situação similar à desempenhada nos clássicos modelos de origem hobbesiana, no que concerne a sua dimensão interna. Entretanto, a manutenção da soberania nacional não impede que o sistema internacional venha a se estruturar a partir das competências que os Estados atribuíram às instâncias supranacionais de regulação político-jurídica, sobretudo aos espaços regionais. Por isso, os princípios de liberdade e de autonomia individual serão imediatamente destinados aos Estados nacionais e mediatamente aos espaços regionais.

Uma outra razão que justifica a condição do reconhecimento sem reconciliação como *regra formal fundamental* do direito supranacional é a sua natureza peremptória: aplica-se em qualquer situação, independentemente das partes envolvidas. A negativa por parte de um Estado a essa regra poderá colocá-lo pouco a pouco em uma situação marginal em relação à comunidade internacional, dado que tal Estado não é nem sequer capaz de aceitar uma regra procedimental como esta. O reconhecimento sem reconciliação, entendido como regra formal fundamental do direito supranacional, terá como escopo central distinguir entre os Estados que subjetivamente pertencem, ou querem pertence, à sociedade internacional e aqueles outros que não o querem.

De outra sorte, o princípio de solidariedade, que desempenha a função de *regra substancial fundamental*, não requer uma aplicação intermitente e peremptória como a da regra formal. Trata-se, neste caso, de um princípio aplicável mais em momentos de crise do que em momentos de estabilidade. Mas mesmo assim se constitui em uma regra fundamental do sistema porque determina uma conduta objetiva que o Estado *deve* adotar em uma situação específica e concreta.

Enfim, não obstante o fato de que o nosso objeto de estudo nesta sede esteja concentrado no campo da filosofia do direito internacional, devemos fazer algumas brevíssimas considerações sobre a estrutura jurisdicional deste direito supranacional mínimo.

Tentamos demonstrar que os insucessos na implementação dos modelos universalistas de regulação jurídica da política internacional, como aqueles apresentados pela Liga das Nações e pelo processo de formação da Organização das Nações Unidas, tiveram como maior defeito a impossibilidade de universalizar o particular, ou seja, tentar aplicar concepções específicas de uma tradição cultural a toda a humanidade[201]. Em vez de universalizar direitos e valores que nada representam para os povos que não reconhecem tais valores e direitos como válidos e legítimos – como ocorre hoje com diversos dos *human rights* que pouco significam para alguns povos orientais, por exemplo –, em um globalismo pluriversalista chegaria à instância jurisdicional supranacional (isto é, aquela acima dos espaços regionais) somente o resultado do que já fora internamente avaliado por cada espaço regional. A resolução dos conflitos internacionais seria uma tarefa específica do espaço regional, antes de chegar à ordem supranacional. Considerando que desde a Segunda Guerra Mundial poucos conflitos internacionais envolveram Estados que não pertenciam a mesma região geográfica (ao mesmo continente, por exemplo), podemos afirmar que a quase totalidade dos conflitos internacionais pode ser enfrentada, em um primeiro momento, pelo espaço regional ao qual as partes em conflito pertencem.

H. Kelsen sustentava que o instrumento mais importante (*main instrument*) da ordem internacional deveria ser uma corte internacional, em vez de um governo mundial, porque "a ideia de Direito, apesar de tudo, continua sendo mais forte que qualquer outra ideologia de po-

---

201. Ver Parte I, Cap. 2, *supra*.

der"²⁰². Neste ponto nós estamos parcialmente de acordo com ele. Todavia, somente enquanto não for possível desenvolver uma instituição política em condições de – sem apelar para ideologias políticas – reforçar a aproximação entre os Estados nacionais e, em especial, entre os espaços regionais. No momento de estruturação de um sistema jurídico, a criação de um tribunal permanente, legítimo e imparcial, é uma das pedras fundamentais para que todo o sistema possa se desenvolver.

Para constituir uma jurisdição internacional que seja verdadeiramente efetiva, parece-nos crucial que as instâncias internacionais estejam incorporadas por cada Estado-nação que pertence à ordem internacional. A outra possibilidade é permanecer com um modelo de jurisdição internacional baseado no expúrio modelo de Nuremberg, que foi considerado mesmo por H. Kelsen – talvez o mais prestigiado defensor dos tribunais internacionais – como uma contradição do direito positivo internacional e dos mais gerais princípios de direito reconhecidos pela doutrina jusinternacionalista²⁰³. A institucionalização interna dos tribu-

---

202. "Na realidade, no campo das relações internacionais o princípio da maioria não é aplicado como uma exceção (*exception*). A exceção é extremamente significativa, entretanto. É o procedimento das cortes internacionais. Aqui, e somente aqui, o princípio da maioria torna-se, em geral, aceito. A submissão ao voto da maioria de uma corte internacional não é considerada incompatível com a soberania do Estado. Esta é uma das razões pelas quais é aconselhável fazer de uma corte, e não de um governo, o principal instrumento de reforma internacional. É esta a linha de menor resistência.

Outra razão é o fato de que tratados de arbitragem têm provado, até agora, ser o meio mais eficaz. Raramente um Estado recusou-se a executar a decisão de uma corte a qual ele tenha reconhecido por tratado. A ideia de Direito, apesar de tudo, continua sendo mais forte que qualquer outra ideologia de poder." Hans Kelsen, "Compulsory Adjudication of International Disputes", *in American Journal of International Law*, 37 (1943), 3, p. 399.

203. "Deduzir responsabilidade criminal individual por certo ato do mero fato que esse ato constitui uma violação do direito internacional, identificar a ilegalidade internacional de um ato pelo qual interesses humanos vitais foram violados por esta criminalidade, significando responsabilidade criminal individual por isto, está em contradição com o direito positivo e com princípios de direito internacional aceitos em geral." Hans Kelsen, "Will the Judgment in the

nais internacionais do modelo aqui proposto permitiria, *ex hypothesi*, ao cidadão de um Estado nacional recorrer à "Corte do Espaço Regional" logo após ter sofrido uma grave violação aos seus direitos fundamentais por parte do seu Estado, a qual deveria ser atestada pela decisão do Tribunal Constitucional que manteve a violação ou ainda por provas que demonstrem ter este Tribunal prolatado uma sentença que em seguida não fora respeitada pelo governo ou pelo agente público que deu causa à violação. Neste modelo, as sentenças da Corte do Espaço Regional teriam automaticamente efeitos internos e tentariam alcançar a eficácia que a sentença do Tribunal Constitucional não obteve. No entanto, se a violação ao direito fundamental daquele cidadão vier a ser mantida também por parte da Corte do Espaço Regional, ou no caso de ineficácia da decisão, seria possível ainda um último e definitivo recurso ao "Tribunal Supra(Inter)nacional", para tentar fazer aquele cidadão poder gozar de todas as possibilidades de tutela jurisdicional do seu direito fundamental. Obviamente, as matérias de competência destas duas novas e hierarquicamente sobrepostas instâncias jurisdicionais deveriam ser as mais restritas possíveis, sob pena de desnaturar totalmente a soberania dos Estados nacionais e criar um sistema demasiadamente burocrático ao cidadão.

Além disso, o advento de um modelo de jurisdição internacional como o acima referido teria, seguramente, efeitos também na política internacional. Deve-se recordar que a natural tendência à formação de Impérios dentro dos es-

---

Nuremberg Trial Constitute a Precedent in International Law?", *in International Law Quarterly*, 1 (1947), 2, p. 156. Para maiores estudos sobre os tribunais de Nuremberg, ver, em especial, a pontual crítica de Danilo Zolo, *La giustizia dei vincitori*, cit.; e os "aspectos positivos" que encontraram George A. Finch, "The Nuremberg Trial and International Law", *in American Journal of International Law*, 41 (1947), 1, pp. 20-37; e Quincy Wright, "The Law of the Nuremberg Trial", *in American Journal of International Law*, 41 (1947), 1, pp. 38-72, bem como *id.*, "The Nuremberg Trial", *in Annals of the American Academy of Political and Social Science*, 246 (1946), pp. 72-80.

paços regionais, como ocorria no modelo schmittiano de *grossraum*, não existiria no modelo de espaço regional aqui proposto; a necessária internalização das normas comunitárias por parte de cada Estado é um requisito que o próprio sistema apresenta para poder funcionar, o que torna muito difícil que um Estado prevaleça sobre outro(s) sem que para isso deva recorrer à guerra. Malgrado tenha diversos problemas internos – cuja análise não se encontra entre nossos objetivos nesta obra –, a União Europeia é um exemplo neste sentido: as normas e as diretivas comunitárias gozam de eficácia nos ordenamentos internos dos Estados membros, devendo os juízes dos tribunais de cada Estado membro aplicá-las mesmo em confronto com a legislação do ordenamento nacional[204]. Fala-se também do princípio de predominância do direito comunitário[205]. No en-

---

204. Para maiores informações sobre o funcionamento do direito comunitário diante dos ordenamentos estatais e diante da jurisdição constitucional dos Estados, ver Giorgio Gaja, *Introduzione al diritto comunitario*, Roma/Bari, Laterza, 2007; Roberto Bin e Paolo Caretti, *Profili costituzionali dell'Unione europea*, Bologna, Il Mulino, 2005; e Stefano M. Cicconetti, *Lezioni di Giustizia Costituzionale*, Torino, Giappichelli, 2006.

205. Segundo Roberto Bin e Paolo Caretti, *op. cit.*, p. 120, no caso *Van Gend en Loos* (sent. C-26/62 da Corte de Justiça da Comunidade Europeia) a sentença da Corte introduziu este princípio para romper os vínculos da Comunidade com as formas tradicionais de organização político-jurídica entre os Estados: "a Comunidade – afirma a Corte – constitui um ordenamento jurídico de gênero novo no campo do direito internacional, em favor do qual os Estados renunciaram, ainda que em setores limitados, aos seus poderes soberanos." Neste sentido, Stefano M. Cicconetti, *op. cit.*, pp. 14-5 [também em *id.*; Anderson V. Teixeira, *Jurisdição constitucional comparada*, Florianópolis, Conceito Editorial, 2010, pp. 136-7], recorda que na Itália o juízo de legitimidade constitucional das leis assumiu também a forma de um controle de legitimidade de tipo difuso: "a verificação da legitimidade das leis italianas diante das fontes acima referidas não compete mais à Corte Constitucional, diferentemente do que ocorria em outros tempos, mas a cada juiz que se encontre no dever de decidir uma controvérsia relativa a um caso específico disciplinado por uma lei e por um regulamento comunitário entre eles contrastantes: em tal caso o juiz deverá deixar de aplicar a lei e resolver a controvérsia aplicando a norma comunitária. A hipótese assim sinteticamente descrita representa um evidente caso de controle de constitucionalidade de tipo difuso".

tanto, segundo a nossa proposta, além da jurisdição comunitária (no caso da UE), existiria uma jurisdição acima dos espaços regionais a estruturar a ordem mundial e dar fechamento a todo o sistema supranacional. Assim como fizeram Montesquieu e os seus contemporâneos ao dividir internamente o exercício do poder, atualmente é necessário dividir *externamente* o poder soberano do Estado nacional, mas sem que este perca a sua capacidade de autodeterminação e de decisão fundamental.

Entendemos que a perspectiva pluriversalista pos nós sustentada constitui também uma forma para estabelecer medidas preventivas aos conflitos e evitar as formações de Impérios ou de oligopólios. As demais propostas, precedentemente estudadas, que tentam democratizar as relações internacionais mediante a defesa da validade universal de princípios como a igualdade política e a garantia dos direitos humanos possuem dificuldade de encontrar elementos antropológicos, filosóficos, políticos e jurídicos em condições de alcançar suficientemente o mesmo nível de efetividade que se pode alcançar em um globalismo pluriversalista.

Quanto à possibilidade de sucesso das propostas universalistas, uma última pergunta deve ser posta neste momento: mesmo considerando a hipótese em que as reformas internas na ONU rumo a um mundo universalmente democrático viessem a lograr sucesso na busca pelos seus propósitos, abolindo o poder do Conselho de Segurança e passando as prerrogativas exclusivas deste para a Assembleia Geral (como desejam Habermas, Falk e Held, por exemplo), quais seriam as dificuldades para que ocorra uma ditadura da maioria em nível planetário? Para que isto ocorra bastaria que os grandes Estados nacionais se dividissem em um número adequado de pequenos Estados (igualmente nacionais e independentes) que fosse necessário para poder se obter a maioria. Pode-se afirmar que desnaturação cultural e caos político se tornariam os princípios-guia do sistema internacional.

Mais do que uma proposta jusfilosófica, a afirmação de uma ideia de globalismo pluriversalista é uma demanda característica da cultura cosmopolita[206].

---

206. Entenda-se aqui a noção de *cultura cosmopolita* no mesmo sentido sustentado por Hedley Bull, *The Anarchical Society*, trad. it. cit., p. 363: "O futuro das relações internacionais será provavelmente determinado, entre outras coisas, pela preservação e pela extensão de uma cultura cosmopolita, que compreenda ideias e valores comuns, e que seja mais em geral radicada nas sociedades assim como nas elites, garantindo à sociedade internacional contemporânea aquele tipo de sustento gozado durante certo tempo pelas sociedades internacionais do passado, mais circunscritas do ponto de vista geográfico e mais homogêneas do ponto de vista cultural. Afirmar isto não implica que qualquer cultura cosmopolita possa ser candidata a se tornar cultura dominante sobre o mundo inteiro, engolindo os particularismos culturais, ou que seja de qualquer modo desejável que se realize um tal curso das coisas. Devemos reconhecer que a nascente cultura cosmopolita contemporânea, juntamente com a sociedade internacional que contribui a sustentar, é calibrada em favor da cultura ocidental dominante. Como a sociedade internacional mundial, a cultura cosmopolita da qual depende pode precisar absorver em medida muito mais elevada elementos estranhos à tradição ocidental, caso queira se mostrar genuinamente universal e possibilitar a fundação de uma nova sociedade internacional."

BIBLIOGRAFIA

AGO, Roberto. "Le droit international dans la conception de Grotius", *in Recueil des cours de l'Académie de droit international*", 182 (1983) 4, pp. 375-98.
ALEXY, Robert. *Theorie der Grundrechte*. Frankfurt: Suhrkamp, 1985.
——. *Theorie der juristischen Argumentation: die Theorie des rationalen Diskurses als Theorie der juristischen Begründung*. Frankfurt: Suhrkamp, 1978.
ALLEGRETTI, Umberto. *Diritto e Stato nella mondializzazione*. Troina: Città Aperta, 2002.
——. "Globalizzazione e sovranità nazionale", *in Democrazia e diritto*, 3-4 (1997), pp. 499-517.
ALSTON, Philip. *Diritti umani e globalizzazione*. Torino: EGA, 2005.
——; STEINER, Henry J. *International Human Rights in Context. Law, Politics and Morals*. Oxford: Oxford University Press, 2000.
ARANGIO-RUIZ, Vincenzo. *Istituzioni di Diritto Romano*. Napoli: Jovene, 1979.
ARISTOTLE. *Politics*. Cambridge: Harvard University Press, 1950.
ARON, Raymond. *Paix et guerre entre les nations*. Paris: Calmann-Lévy, 2004.
——. *Les désillusions du progrès. Essai sur la dialectique de la modernité*. Paris: Gallimard, 1996.
BACCELLI, Luca. *I diritti dei popoli*. Roma/Bari: Laterza, 2009.
——. *Il particolarismo dei diritti*. Roma/Bari: Laterza, 1999.
BARTELSON, Jens. *The Critique of the State*. Cambridge: Cambridge University Press, 2001.
——. *A Genealogy of Sovereignty*. Cambridge: Cambridge University Press, 1995.

BAUMAN, Zygmunt. *Liquid Modernity*. Cambridge: Polity Press, 2000, trad. it. *Modernità liquida*. Roma/Bari: Laterza, 2006.
———. *Community*. Cambridge: Polity Press, 2000, trad. it. *Voglia di comunità*. Roma/Bari: Laterza, 2005.
———. *Globalization: the Human Consequences*. New York: Columbia University Press, 1998, trad. it. *Dentro la globalizzazione. Le conseguenze sulle persone*. Roma/Bari: Laterza, 2005.
———. *Liquid Love. On the Frailty of Human Bonds*. Cambridge: Polity Press, 2003.
———. *The Individualized Society*. Cambridge: Polity Press, 2001.
BECK, Ulrich. *La società cosmopolita. Prospettive dell'epoca postnazionale*. Bologna: Il Mulino, 2003.
———. *Was ist Globalisierung? Irrtumer des globalismus, Antworten auf Globalisierung*. Frankfurt: Suhrkamp, 1997, trad. it. *Che cos'è la globalizzazione? Rischi e prospettive della società planetaria*. Roma: Carocci, 2001.
BENDERSKY, Joseph W. *Carl Schmitt Theorist for the Reich*. Princeton: Princeton University Press, 1983, trad. it. *Carl Schmitt teorico del Reich*. Bologna: Il Mulino, 1989.
BENOIST, Alain de. *Terrorismo e "guerre giuste"*. Napoli: Guida Editore, 2007.
———. *Comunità e decrescita. Critica della Ragion Mercantile*. Casalecchio: Arianna Editrice, 2006.
———. *Identità e comunità*. Napoli: Guida Editore, 2005.
BIN, Roberto; CARETTI, Paolo. *Profili costituzionali dell'Unione europea*. Bologna: Il Mulino, 2005.
BOBBIO, Norberto. *L'età dei diritti*. Torino: Einaudi, 1997.
———. *Il problema della guerra e le vie della pace*. Bologna: Il Mulino, 1997.
———. *Il Terzo assente*. Torino: Edizione Sonda, 1989, trad. esp. *El tercero ausente*. Madrid: Ediciones Catedra, 1997.
BÖCKENFÖRDE, Ernst-Wolfgang. *Diritto e secolarizzazione. Dallo Stato moderno all'Europa unita* (org. Geminello Preterossi). Roma/Bari: Laterza, 2007.
BODIN, Jean. *Les six livres de la République*. Genève, 1629.
BOLAFFI, Angelo. *Il crepusculo della sovranità*. Roma: Donzelli Editore, 2002.
BOURDIEU, Pierre. *La domination masculin*. Paris: Seuil, 2002.
———. *Contre-feux 2. Pour mouvement social européen*. Paris: Raisons d'Agir Éditions, 2001.

BOURDIEU, Pierre. *Language and Symbolic Power*. Cambridge: Polity Press, 1996, trad. fr. *Langage et Pouvoir Symbolique*. Ed. rev. e aum. pelo autor. Paris: Fayard, 2001.

BOYD, Barbara. "Leo Strauss y Carl Schmitt, el jurista del Hitler", *in EIR – Resumen ejecutivo*, 20 (2003), 15.

BROWN, Chris. *Sovereignty, Rights and Justice*. Cambridge: Polity Press, 2002.

BRUNNER, Otto. *Land und Herrschaft. Grundfragen der territorialen Verfassungeschichte Österreichs im Mittelalter*. Viena, 1965, trad. it. *Terra e potere. Strutture pre-statuali e pre-moderne nella storia costituzionale dell'Austria medievale*. Milano: Giuffrè, 1983.

BULL, Hedley. *The Anarchical Society: a Study of Order in World Politics*. London: Macmillan, 1977, trad. it. *La società anarchica. L'ordine mondiale nella politica mondiale*. Milano: Vita e Pensiero, 2005.

——. *Hugo Grotius and International Relations*. Oxford: Clarendon Press, 1992.

——. *Justice in International Relations*. Waterloo: University of Waterloo, 1984.

BURDEAU, Georges. *Traité de Science Politique*. Paris: Librarie Generale de Droit et Jurisprudence, t. II, 1949.

BUTTERFIELD, Herbert; WIGHT, Martin (orgs.). *Diplomatic Investigations*. London: Allen and Unwin, 1966.

CARRINO, Agostino. *Sovranità e costituzione nella crisi dello Stato moderno*. Torino: Giappichelli, 1998.

CASSESE, Antonio. *I diritti umani oggi*. Roma/Bari: Laterza, 2005.

——. *International Law*. Oxford: Oxford University Press, 2001.

——. *Umano-Disumano. Commissariati e prigioni nell'Europa di oggi*. Roma/Bari: Laterza, 1994.

CASSESE, Sabino. *Oltre lo Stato*. Roma/Bari: Laterza, 2006.

——. *La crisi dello Stato*. Roma/Bari: Laterza, 2002.

CASTELLS, Manuel. *A era da informação: economia, sociedade e cultura*. Vol. III: *O fim do milênio*. Lisboa: Fundação Calouste Gulbenkian, 2003.

CATANIA, Afonso. *Lo Stato moderno. Sovranità e giuridicità*. Torino: Giappichelli, 1996.

CAZZANIGA, Gian Mario (org.). *Metamorfosi della sovranità. Tra stato nazionale e ordinamenti giuridici mondiali*. Pisa: Edizioni ETS, 1999.

——; ZARKA, Yves-Charles (orgs.). *Penser la souveraineté*. Paris: Vrin, 2001.

CHABOUD, Federico. *L'idea di nazione*. Roma/Bari: Laterza, 2002.
CHEVALLIER, Jacques. *L'État de droit*. Paris: Montchrestien, 2003.
CICCONETTI, Stefano M. *Lezioni di Giustizia Costituzionale*. 3.ª ed. Torino: Giappichelli, 2006 [trad. bras. TEIXEIRA, Anderson Vichinkeski. *Jurisdição constitucional comparada*. Em coautoria com Stefano Cicconetti. Florianópolis: Conceito Editorial, 2010].
CLAUSEWITZ, Carl von. *On War* (1832). Harmondsworth: Penguin, 1968.
COKER, Christopher. *The Future of War*. London: Blackwell Publishing, 2004.
COLEGROVE, Kenneth. "Procedure Preliminary to the Congress of Westphalia", *in American Journal of International Law*, 13 (1919), 3, pp. 450-82.
CONFORTI, Benedetto. *Il regime giuridico dei mari*. Napoli: Jovene, 1957.
CORNI, Gustavo. *Il sogno del 'grande spazio'. Le politiche d'occupazione nell'Europa nazista*. Roma/Bari: Laterza, 2005.
COSTA, Pietro; ZOLO, Danilo (orgs.). *Lo stato di diritto. Teoria, storia, critica*. Milano: Feltrinelli, 2002 [trad. bras. *O estado de direito. Teoria, história, crítica*. São Paulo: Martins Fontes, 2006].
D'ANDREA, Dimitri. "Oltre la sovranità. Lo spazio politico europeo tra post-modernità e nuovo Medioevo", *in Quaderni fiorentini per la storia del pensiero giuridico moderno*, 31 (2002), pp. 77-108.
DAVIS, Morton D. *Game Theory*. New York: Dover, 1997.
DIAMOND, Jared. *Guns, Germs and Steel. The Fates of Human Societies*. New York: Norton & Company, 1997, trad. fr. *De l'inegalité parmi les societés*. Paris: Gallimard, 2000.
DICEY, Albert Venn. *Introduction to the Study of the Law of the Constitution*. London, 1885, trad. it. *Introduzione allo studio del diritto costituzionale*. Bologna: Il Mulino, 2003.
DIDEROT, Denis. "Autorité Politique", *in Encyclopédie*, 1751, vol. I, trad. it. *Scritti Politici* (org. por Furio Diaz). Torino: Utet, 1967.
DUPUY, Pierre-Marie. *Droit international public*. Paris: Dalloz, 1998.
DUSO, Giuseppe. "L'Europa e la fine della sovranità", *in Quaderni fiorentini per la storia del pensiero giuridico moderno*, 31 (2002), pp. 109-39.
DWORKIN, Ronald. *Taking Righs Seriously*. London: Duckworth, 1991 [trad. bras. *Levando os direitos a sério*. São Paulo: WMF Martins Fontes, 2007].
——. *Law's Empire*. London: Fontana Press, 1986 [trad. bras. *O império do direito*. São Paulo: Martins Fontes, 1999].

DWORKIN, Ronald. *A Matter of Principle*. Cambridge: Havard University Press, 1978 [trad. bras. *Uma questão de princípio*. São Paulo: Martins Fontes, 2005].
ESSER, Josef. *Grundsatz und Norm in der richterlichen Fortbildung des Privatrechts*. Tübingen: Mohr, 1956.
FALK, Richard. *Predatory Globalization*. Cambridge: Polity Press, 1999.
———. "False Universalism and Geopolitics of Exclusion", *in Third World Quarterly*, 18 (1997), 1, pp. 7-23.
———. *On Human Governance. Towards a New Global Politics*. Cambridge: Polity Press, 1995.
———. *The Promise of World Order*. Philadelphia: Temple University Press, 1987.
———. *Human Rights and State Sovereignty*. New York: Holmes and Meier, 1981.
———. *The Status of Law in International Society*. Princeton: Princeton University Press, 1970.
FEATHERSTONE, Mike (org.). *Global Culture. Nacionalism, Globalization and Modernity*. London: Sage, 1991.
FERRAJOLI, Luigi. *Diritti Fondamentali: un dibattito teorico* (org. Ermanno Vitale). Roma/Bari: Laterza, 2001.
———. "Guerra 'etica' e diritto", *in Ragion Pratica*, 7 (1999) 13, pp. 117-28.
———. *La sovranità nel mondo moderno*. Milano: Anabasi, 1995 [trad. bras. *A soberania no mundo moderno*. São Paulo: Martins Fontes, 2002].
FERRARESE, Maria Rosaria. *Il diritto sconfinato*. Roma/Bari: Laterza, 2006.
———. *Il diritto al presente*. Bologna: Il Mulino, 2003.
———. "Il diritto europeo nella globalizzazione: fra terra e mare", *in Quaderni fiorentini per la storia del pensiero giuridico moderno*, 31 (2002), pp. 11-38.
———. *Le istituzioni della globalizzazione. Diritto e diritti nella società transnazionale*. Bologna: Il Mulino, 2000.
FERRY, Jean-Marc. *De la civilization*. Paris: Cerf, 2001.
———. *Les puissances de l'expérience. Essai sur l'identité contemporaine*. Paris: Cerf, 1991.
FINCH, George A. "The Nuremberg Trial and International Law", *in American Journal of International Law*, 41 (1947), 1, pp. 20-37.
FIORAVANTI, Maurizio (org.). *Il valore della costituzione. L'esperienza della democrazia repubblicana*. Roma/Bari: Laterza, 2009.
———. *Costituzionalismo. Percorsi della storia e tendenze attuali*. Roma/Bari: Laterza, 2009.

FIORAVANTI, Maurizio. *Costituzione e popolo sovrano. La costituzione italiana nella storia del costituzionalismo moderno.* Bologna: Il Mulino, 2004.

——. "La forma politica europea", in BERTOLISSI, Mario; DUSO, Giuseppe; SCALONE, Antonino (orgs.). *Ripensare la costituzione.* Monza: Polimetrica, 2008 [trad. bras. "A Constituição europeia para além do Estado soberano", in TEIXEIRA, Anderson Vichinkeski; LONGO, Luis Antônio (orgs.). *A constitucionalização do direito.* Porto Alegre: Fabris Editor, 2008].

—— (org.). *Lo Stato moderno in Europa.* Roma/Bari: Laterza, 2002.

——. "Il processo costituente europeo", in *Quaderni fiorentini per la storia del pensiero giuridico moderno,* 31 (2002), pp. 273-97.

——. *Costituzione.* Bologna: Il Mulino, 1999.

——. *Stato e costituzione. Materiali per una storia delle dottrine costituzionali.* Torino: Giappichelli, 1993.

FIORES, Claudio de. *Nazione e costituzione.* Torino: Giappichelli, 2005.

GAJA, Giorgio. *Introduzione al diritto comunitario.* Roma/Bari: Laterza, 2007.

GALLI, Carlo. *La Guerra Globale.* Roma/Bari: Laterza, 2002.

——. *Spazi Politici.* Bologna: Il Mulino, 2001.

——. *Genealogia della politica. Carl Schmitt e la crisi del pensiero moderno.* Bologna: Il Mulino, 1996.

GALLINO, Luciano. *Globalizzazione e sviluppo.* Roma/Bari: Laterza, 2000.

GAUTHIER, David. "Hobbes's Social Contract", in MORRIS, Christopher W. (org.). *The Social Contract Theorists: Critical Essays on Hobbes, Locke and Rousseau.* Lanham: Rowman & Littlefield Publishers, 1999.

——. *Logic of Leviathan.* Oxford: Clarendon Press, 1969.

GELLNER, Ernest. *Nations and Nationalism.* Oxford: Blackwell, 1983, trad. it. *Nazioni e nazionalismo.* Roma: Editori Riuniti, 1997.

GIDDENS, Anthony. *The Consequences of Modernity.* Stanford: Stanford University Press, 1991.

GILBERT, Paul. *New Terror, new Wars.* Washington: Georgetown University Press, 2003.

GOZZI, Gustavo. *Diritti e sovranità dallo jus gentium al diritto internazionale contemporaneo.* Bologna: Baiesi, 2002.

GRILLI DI CORTONA, Pietro. *Stati, nazioni e nazionalismi in Europa.* Bologna: Il Mulino, 2003.

GROSS, Leo. "The Peace of Westphalia, 1648-1948", in *American Journal of International Law,* 42 (1948), 1, pp. 20-41.

GROTIUS, Hugo. *De jure belli ac pacis.* Paris, 1625, trad. fr. *Le droit de la guerre et de la paix.* Paris: Presses Universitaires de France, 1999.

HABERMAS, Jürgen. *Der gespaltene Westen.* Frankfurt: Suhrkamp, 2004, trad. it. *L'Occidente diviso.* Roma/Bari: Laterza, 2007.

——; TAYLOR, Charles. *Multiculturalismo. Lotte per il riconoscimento.* Milano: Feltrinelli, 2005.

——. *Zeit der Übergänge.* Frankfurt: Suhrkamp, 2001, trad. it. *Tempo di passagi.* Milano: Feltrinelli, 2004.

——. *Die postnationale konstellation.* Frankfurt: Suhrkamp, 1998, trad. it. *La costellazione postnazionale.* Milano: Feltrinelli, 2002.

——. *Die einbeziehung des Anderen.* Frankfurt: Suhrkamp, 1996, trad. it. *L'Inclusione dell'altro.* Milano: Feltrinelli, 2002.

——. *Wahrheit und Rechtfertigung.* Frankfurt: Suhrkamp, 1999.

——. "A Short Reply", in *Ratio Juris*, 12 (1999), 4, pp. 445-53.

——. *Faktizitat und Geltung.* Frankfurt: Suhrkamp, 1992, trad. ingl. *Between Facts and Norms.* Cambridge: MIT Press, 1996.

——. *Vergangenheit als Zukunft.* Zürich: Pendo-Verlag, 1991, trad. it. *Dopo l'utopia.* Venezia: Marsilio Editori, 1992.

——. *Der philosophische Diskurs der Moderne.* Frankfurt: Suhrkamp, 1985, trad. fr. *Le discours philosophique de la Modernitè.* Paris: Gallimard, 1988.

——. *Theorie des kommunikativen Handelns.* Frankfurt: Suhrkamp, 1981.

——. *Strukturwandel der Offentlichkeit.* Neuwied: Luchterhand, 1969.

HALL, Edward T. *Beyond Culture.* New York: Doubleday, 1976, trad. fr. *Au-delà de la culture.* Paris: Seuil, 1979.

HAMILTON, A.; JAY, J.; MADISON, J. *The Federalist* (1788). Chicago: Encyclopaedia Britannica, 1952.

HANNERZ, Ulf. *Transnational Connections. Culture, People, Places.* London: Routledge, 1996, trad. it. *La diversità culturale.* Bologna: Il Mulino, 2001.

——. *Cultural Complexity. Studies in the Social Organization of Meaning.* New York: Columbia University Press, 1992, trad. it. *La complessità culturale. L'organizzazione sociale del significato.* Bologna: Il Mulino, 1998.

HART, Herbert L. A. *The Concept of Law.* Oxford: Oxford University Press, 1997.

HELD, David. *Global Covenant. The Social Democratic Alternative to the Washington Consensus.* Cambridge: Polity Press, 2002, trad. it. *Governare la globalizzazione. Una alternativa democratica al mondo unipolare.* Bologna: Il Mulino, 2005.

——; MCGREW, Anthony. *Globalization/Anti-Globalization.* Cambridge: Polity Press, 2002, trad. it. *Globalismo e antiglobalismo.* Bologna: Il Mulino, 2003.

HELD, David; MCGREW, Anthony (orgs.). *The Global Transformations Reader.* Cambridge: Polity Press, 2003.

——. "Law of States, Law of Peoples: Three Models of Sovereignty", in *Legal Theory*, 8 (2002), 1, pp. 1-44.

——. *Democracy and the Global Order.* Cambridge: Polity Press, 1995, trad. it. *Democrazia e ordine globale. Dallo Stato moderno al governo cosmopolitico.* Trieste: Asterios, 1999.

——. *Models of Democracy.* Cambridge: Polity Press, 1995, trad. it. *Modelli di democrazia.* Bologna: Il Mulino, 1997.

——; FALK, Richard; ARCHIBUGI, Daniele; KALDOR, Mary. *Cosmopolis.* Roma: Manifestolibro, 1993.

HELLER, Hermman. *Stato di diritto o dittatura?* Napoli: Editoriale Scientifica, 1998.

——. *La sovranità ed altri scritti sulla dottrina del diritto e dello Stato.* Milano: Giuffrè, 1987.

HERMET, Guy. *Nazioni e nazionalismi in Europa.* Bologna: Il Mulino, 1997.

HERSHEY, Amos S. "History of Law since the Peace of Westphalia", in *American Journal of International Law*, 6 (1912), 1, pp. 30-69.

HIRST, Paul. *War and Power in the 21st Century. The State, Military Conflict and the International System.* Cambridge: Polity Press, 2001.

——. *From Statism to Pluralism. Democracy, Civil Society and Global Politics.* London: UCL Press, 1997, trad. it. *Dallo statalismo al pluralismo. Saggi sulla democrazia associativa.* Torino: Bollati Boringhieri Editore, 1999.

——; THOMPSON, Grahame. *Globalization in question.* Cambridge: Polity Press, 1999.

——. "The Global Economy: Myths and Realities", in *International affairs*, 73 (1997), pp. 409-27.

——. *Associative Democracy.* Cambridge: Polity Press, 1994.

HOBBES, Thomas. *Leviathan.* London: Penguin Classics, 1985 [trad. bras. *Leviatã.* São Paulo: Martins Fontes, 2003].

——. *De Cive.* Oxford: Clarendon, 1983 [trad. bras. *Do cidadão.* São Paulo: Martins Fontes, 1992].

——. *Dialogue between a Philosopher and a Student of the Common Law of England.* Chicago: Cropsey Ed., 1998.

HOBSBAWM, Eric. *The Age of Extremes. The Short Twentieth Century (1914-1991).* London: Viking Penguin, 1994.

HÖFFE, Otfried. *Politische Gerechtigkeit. Grundlegung einer kritischen Philosophie von Recht und Staat.* Frankfurt: Suhrkamp, 1987, trad.

it. *Giustizia Politica. Fondamenti di una filosofia critica del diritto e dello Stato*. Bologna: Il Mulino, 1995 [trad. bras. *Justiça política*. 2.ª ed. São Paulo: Martins Fontes, 2006].

HOLSTI, Kalevi J. *Peace and War: Armed Conflicts and International Order 1648-1989*. Cambridge: Cambridge University Press, 1998.

HONNETH, Axel. *Kampf um Anerkennung*. Frankfurt: Suhrkamp, 1992, trad. fr. *La lutte pour la reconnaissance*. Paris: Cerf, 2007.

——. *Verdinglichung. Eine anerkennungstheoretische Studie*. Frankfurt: Suhrkamp, 2005, trad. fr. *La réification. Petit traité de Théorie critique*. Paris: Gallimard, 2007.

——. *La société du mépris. Vers une nouvelle Théorie critique*. Ed. estabelecida por Olivier Voirol. Paris: Éditions La Découverte, 2006.

HUME, David. *Essais moraux, politiques et littéraires et autres essais*. Paris: PUF, 2001.

IGNATIEFF, Michael. *Human Rights as Politics and Idolatry*. Princeton: Princeton University Press, 2001.

JAKAB, András. "Neutralizing the Sovereignty Question. Compromise Strategies in Constitutional Argumentation before European Integration and since", in *European Constitutional Law Review*, 2 (2006), pp. 375-97.

JAUME, Lucien. *Hobbes et l'Etat représentatif moderne*. Paris: Presses Universitaires de France, 1986.

JELLINEK, Georg. *Allgemeine Staatslehre*. Berlim: O. Häring, 1905, trad. it. *La Dottrina Generale del Diritto dello Stato*. Milano: Giuffrè, 1949.

——. *Ausgewählte Schriften und Reden*. Berlin: O. Häring, 1911, trad. fr. *L'état modern et son droit*. Vol. I. *Théorie générale de l'état*. Paris: Panthéon Assas, 2005.

JOERGES, Christian; GHALEIGH, Navraj S. (orgs.). *Darker Legacies of Law in Europe. The Shadow of National Socialism and Fascism over Europe and its Legal Traditions*. Oxford: Hart Publishing, 2003.

JOHNSTON, David. *The Retoric of Leviathan*. Princeton: Princeton University Press, 1989.

JOUVENEL, Bertrand de. *De la Souveraineté*. Paris: Génin, 1955, trad. it. *La sovranità*. Milano: Giuffrè, 1971.

JOYCE, James. *Finnegans Wake*. New York: Viking Press, 1939.

KANT, Immanuel. *Zum ewigen Frieden* (1795), trad. it. *Per la pace perpetua*. Milano: Feltrinelli, 2005.

KEENE, Edward. *Beyond the Anarchical Society*. Cambridge: Cambridge University Press, 2002.

KELSEN, Hans. *Das Problem der Souveränität und die Theorie des Völk-*

errechts: Beitrag zu einer Reinen Rechtslehre. Tübingen, 1920, trad. it. *Il problema della sovranità e la teoria del diritto internazionale: contributo per una dottrina pura del diritto*. Milano: Giuffrè, 1989.

——. "Les rapports de système entre le droit interne et le droit international public", in *Recueil des cours de l'Académie de droit international*, 14 (1926), 4, pp. 227-331.

——. *Reine Rechtslehre*. Viena-Leipzig: Verlag Franz Deuticke, 1934 [trad. bras. *Teoria pura do direito*. São Paulo: Martins Fontes, 1985].

——. "The Legal Process and International Order", in *The New Commonwealth Research Bureau Relations*, Serie A, l, London, 1934.

——. "The Separation of the Covenant of the League of Nations from the Peace Treaties", in *The World Crisis. Symposium of Studies Published on Occasion of the Tenth Anniversary of the Graduate Institute of International Studies*, Genève, 1938.

——. "Law and Peace in International Relations", in *Oliver Wendell Holmes Lectures*. Cambridge: Harvard University Press, 1941.

——. "Essential Relations of International Justice", in *Proceeding of the 35th Annual Meeting of American Society of International Law* (1941).

——. "International Peace by Court or Government?", in *The American Journal of Sociology*, 46 (1941), 4, pp. 571-81.

——. "Discussion of Post War Problem", in *Proceeding of the American Academy of Art and Sciences*, 75 (1942), 1.

——. "Revision of the Covenant of the League of Nations", in *World Organization, A Symposium of the Institute on World Organization*, 1942.

——. "Peace through Law", in *Journal of Legal and Political Sociology*, 2 (1943), pp. 52-67.

——. "Compulsory Adjudication of International Disputes", in *American Journal of International Law*, 37 (1943), 3, pp. 397-406.

——. "Collective and Individual Responsibility *in* International Law with Particular Regard to the Punishment of War Criminals", in *California Law Review*, 31 (1943), 5, pp. 530-71.

——. *Peace through Law*. North Carolina: University of North Carolina Press, 1944, trad. it. *La pace attraverso il diritto*. Torino: Giappichelli, 1990.

——. "The Strategy of Peace", in *The American Journal of International Sociology*, 49 (1944), pp. 381-9.

——. "The Principle of Sovereign Equality of States as a Basis for International Organization", in *The Yale Law Journal*, 53 (1944), 2, pp. 207-20.

KELSEN, Hans. "The Preamble of the Charter: A Critical Analysis", *in Journal of Politics*, 8 (1946), 2, pp. 134-59.
——. "Will the Judgment *in* the Nuremberg Trial Constitute a Precedent in International Law?", *in International Law Quarterly*, 1 (1947), 2, pp. 153-71.
——. *The Law of the United Nations.* New York: F. A. Praeger, 1950.
——. *Principles of International Law.* New York: Rinehart, 1952.
——. "Théorie du droit international public", *in Recueil des cours de l'Académie de droit international*, 84 (1953), 3, pp. 1-203.
——. "Die Einheit von Volkerrecht und staatlichen Recht", *in Zeitschrift für ausländishes öffentliches Recht*, 19 (1958).
——. "Souveränität" (1962), *in* KELSEN, Hans; MERKL, Adolf; VERDROSS, Alfred. *Die Wiener rechtstheoretische Schule.* Viena: Europa Verlag und Anton Pustet, 1968, vol. 2.
——. "The Essence of International Law", *in* DEUTSCH, K. W.; HOFFMANN, S. (orgs.). *The Relevance of International Law. Essays in Honor of Leo Gross.* Cambridge: Schenkman Publishing Company, 1968.
KOJÈVE, Alexandre. *Esquisse d'une phénoménologie du droit.* Paris: Gallimard, 1981.
KRASNER, Stephen D. (org.). *International Regimes.* New York: Cornell University Press, 1983.
LAQUEUR, Walter. *No End to War: Terrorism in the Twenty-First Century.* London: Continuum Publishing Ltd., 2003.
LATOUCHE, Serge. *L'occidentalisation du monde.* Paris: La Découverte, 1989.
LAUTERPACHT, "Law of Nations, the Law of Nature and the Rights of Man", *in Transactions of the Grotius Society. Problems of Peace and War, Papers Read before the Society in the Year 1943*, 29 (1943), pp. 1-33.
LEJBOWICZ, Agnès. *Philosophie du droit international.* Paris: PUF, 1999.
LÉVI-STRAUSS, Claude. *L'identité.* Paris: PUF, 2007.
——. *Race et Histoire; Race et Culture.* Paris: Albin Michel et Unesco, 2001.
LEWIS, P. Wyndham. *America and Cosmic Man.* New York: Doubleday & Company, 1949.
LOCKE, John. *Two Treatises of Government.* London: Guernsey Press, 1986.
LOMBARD, Jacques. *Introduction à l'ethnologie.* Paris: Armand Colin, 1994.

LORETO, Luigi. *Il bellum justum e i suoi equivoci*. Napoli: Jovene Editore, 2001.
LUHMANN, Niklas. *Legitimation durch Verfahren*. Frankfurt: Suhrkamp, 1993.
——. *Soziale Systeme: Grudriss einer allgemeinen Theorie*. Frankfurt: Suhrkamp, 1985.
——. *Rechtssystem und Rechtsdogmatik*. Stuttgart: Kohlhammer, 1974.
——. *Zweckbegriff und Systemrationaliät*. Frankfurt: Suhrkamp, 1973.
——. *Grundrechte als Institution*. Berlin: Duncker & Humblot, 1965.
——. *Öffentlich-rechtliche Entschädigung rechtspolitisch betrachtet*. Berlin: Duncker & Humblot, 1965.
MACCORMICK, Neil. *Questioning Sovereignty*. Oxford: Oxford University Press, 1999.
MACHIAVELLI, Niccolò. *Discorsi sopra la prima deca di Tito Livio*. Torino: Einaudi, 2000.
——. *Il Principe*. Roma: Newton & Compton, 2005.
MACPHERSON, Crawford B. *The Political Theory of Possessive Individualism: Hobbes to Locke*. Oxford: Clarendon Press, 1964.
MALBERG, Carré de. *Contribution a la théorie générale de l'État*. Paris: Sirey, 1920, t. 1.
MARKELL, Patchen. *Bound by Recognition*. Princeton: Princeton University Press, 2003.
MATTEI, Roberto de. *La sovranità necessaria. Riflessioni sulla crisi dello Stato moderno*. Roma: Il Minotauro, 2001.
MATTEUCCI, Nicola. *Lo Stato moderno*. Bologna: Il Mulino, 1997.
MAYALL, James. *Nationalism and International Society*. Cambridge: Cambridge University Press, 1990.
MCLUHAN, Marshall. *Understanding Media*. New York: Mentor Press, 1964.
MÜLLER, Jan-Werner. *A Dangerous Mind. Carl Schmitt in Post-War European Thought*. New Haven: Yale University Press, 2003.
NOZICK, Robert. *Anarchy, State and Utopia*. New York: Perseus Books, 1977.
NUSSBAUM, Arthur. *A Concise History of the Law of Nations*. New York: Macmillan, 1954.
NYE, Joseph S. *Peace in Parts: Integration and Conflct in Regional Organization*. Boston: Little Brown, 1971.
OHMAE, Kenichi. *The End of the Nation State: the Rise of Regional Economies*. London: Harper-Collins, 1995.
ORTU, Gian Giacomo. *Lo Stato moderno*. Roma/Bari: Laterza, 2001.

L'OYSEAU, Charles. *Traicté des Seigneuries*. Paris, 1609.
PAINE, Thomas. *Rights of Men, Common Sense and other Political Writings*. Oxford: Oxford University Press, 1995.
PARIOTTI, Elena. *I diritti umani. Tra giustizia e ordinamenti giuridici*. Torino: Utet, 2008.
PHELPS, Edmund. *Rewarding Work. How to Restore Participation and Self-Support to Free Enterprise*. Cambridge: Harvard University Press, 1997, trad. it. *Premiare il lavoro. Come dare opportunità a chi rischia l'emarginazione*. Roma/Bari: Laterza, 2006.
POGGE, Thomas W. *Realizing Rawls*. New York: Cornell University Press, 1989.
PORTINARO, Pier Paolo. *La crisi dello jus publicum europaeum. Saggio su Carl Schmitt*. Milano: Edizioni di Comunità, 1982.
QUAGLIONI, Diego. *La Sovranità*. Roma/Bari: Laterza, 2004.
RAWLS, John. *A Theory of Justice*. Edição revisada. Cambridge: Harvard University Press, 2003 [trad. bras. *Uma teoria de justiça*. São Paulo: Martins Fontes, 2008].
———. *The Law of Peoples*. 4.ª ed. Cambridge: Harvard University Press, 2002 [trad. bras. *O direito dos povos*. São Paulo: Martins Fontes, 2001].
———. *Justice as Fairness*. Cambridge: Harvard University Press, 2001 [trad. bras. *Justiça como equidade*. São Paulo: Martins Fontes, 2003].
———. *Collected Papers*. Cambridge: Harvard University Press, 1999.
———. *Political Liberalism*. New York: Columbia University Press, 1993 [trad. bras. *O liberalismo político*. São Paulo: WMF Martins Fontes, 2011].
RESTA, Caterina. *Stato mondiale o nomos della terra. Carl Schmitt tra universo e pluriverso*. Roma: Pellicani, 1999.
RICOEUR, Paul. *Parcours de la reconnaissance*. Paris: Gallimard, 2003.
———. *Soi-même comme un autre*. Paris: Seuil, 1990.
———. *Histoire e vérité*. Paris: Seuil, 1967.
ROBERTSON, Roland. "Glocalization: time-space and homogeneity-heterogeneity", in FEATHERSTONE, Mike et al. (org.). *Global Modernities*. London: Sage, 1995.
———. *Globalization. Social Theory and Global Culture*. London: Sage, 1992.
ROMANO, Santi. *Lo stato moderno e la sua crisi: saggi di diritto costituzionale*. Milano: Giuffrè, 1969.
ROULAND, Norbert. "À propos des droits de l'homme: un regard anthropologique", in *Droits fondamentaux*, 3 (2003), pp. 129-51.
———. *Aux confins du droit. Anthropologie juridique de la modernité*. Paris: Éditions Odile Jacob, 1991 [trad. bras. *Nos confins do direito*. São Paulo: WMF Martins Fontes, 2008].

ROUSSEAU, Jean-Jacques. *Discours sur l'origine et les fondements de l'inégalité parmi les hommes*. Paris: Gallimard, 2003 [trad. bras. *Discurso sobre a origem e os fundamentos da desigualdade entre os homens*. São Paulo: Martins Fontes, 2005].

——. *Contrat Social*. Paris: Gallimard, 2002 [trad. bras. *O contrato social*. São Paulo: Martins Fontes, 1999].

RUSCHI, Filippo. "Leviathan e Behemoth: modelli egemonici e spazi coloniali in Carl Schmitt", *in Quaderni fiorentini per la storia del pensiero giuridico moderno*, 33/34, (2004/2005).

SAMUELSON, Larry. *Evolutionary Games and Equilibrium Selection*. Cambridge: MIT Press, 1998.

SANTILLÁN, José F. F. *Hobbes y Rousseau. Entre la autocracia y la democracia*. México, D.F.: Fondo de Cultura Económica, 1988.

SANTORO, Emilio. *Diritto e Diritti: lo Stato di diritto nell'era della globalizzazione*. Torino: Giappichelli, 2008.

——. "Rule of law e 'libertà degli inglesi'. L'interpretazione di Albert Venn Dicey", *in* COSTA, Pietro; ZOLO, Danilo (orgs.). *Lo stato di diritto. Teoria, storia, critica*. Milano: Feltrinelli, 2002 [trad. bras. *O estado de direito. Teoria, história, crítica*. São Paulo: Martins Fontes, 2006].

——. *Common law e costituzione nell'Inghilterra moderna*. Torino: Giappichelli, 1999.

——; ZOLO, Danilo. *L'altro diritto. Emarginazione, devianza e carcere*. Roma: NIS, 1997.

SCELLE, Georges. *Précis de droit des gens*. Paris: Librairie du Recueil Sirey, 1932.

SEN, Amartya. *Identity and Violence. The Illusion of Destiny*. New York/London: Norton & Company, 2005, trad. it. *Identità e Violenza*. Roma/Bari: Laterza, 2006.

——. *Globalizzazione e libertà*. Milano: Mondadori, 2003.

SCHMITT, Carl. *Positionen und Begriffe im Kampf mit Weimar, Genf, Versailles 1923-1939*. Hamburg: Hanseatische Verlagsanstalt, 1940, trad. it. *Posizioni e concetti in lotta con Weimar-Ginevra-Versailles 1923-1939*. Milano: Giuffrè, 2007.

——. *Theorie des Partisanen. Zwischenbemerkung Zum Begriff des Politischen*. Berlin: Duncker & Humblot, 1963, trad. it. *Teoria del Partigiano. Integrazione al concetto del politico*. Milano: Adelphi, 2005.

——. *Der Nomos der Erde im Völkerrecht des Jus Publicum Europaeum*. Berlin: Duncker & Humblot, 1974, trad. it. *Il nomos della terra nel diritto internazionale del Jus Publicum Europaeum*. Milano: Adelphi, 2003.

SCHMITT, Carl. *Völkerrechtliche Grossraumordnung mit Interventionsverbot für Raumfremde Mächte – Ein Beitrag zum Reichsbegriff im Völkerrecht.* Berlin: Deutscher Rechtsverlag, 1941, trad. it. *Il concetto d'Impero nel diritto internazionale.* Ordinamento dei grandi spazi con esclusione delle potenze estranee. Roma: Settimo Sigillo, 1996.

———. *Staat, Grossraum, Nomos. Arbeiten aus den Jahren 1916-1969.* Berlin: Duncker & Humblot, 1995.

———. *Grossraum gegen Universalism in Positionen und Begriffe im Kampf mit Weimar-Genf-Versailles 1923-1939.* Berlin: Duncker & Humblot, 1988.

———. *Land und Meer.* Maschke-Hohenheim: Köln-Lövenich, 1981, trad. it. *Terra e mare.* Milano: Giuffrè, 1986.

———. *L'unità del mondo e altri saggi.* Introduzione e nota bibliografica di Alessandro Campi. Roma: Pellicani, 1981.

———. *Der Begriff des Politischen.* Berlin: Duncker & Humblot, 1963, trad. it. *Le categorie del politico.* Bologna: Il Mulino, 1972.

SCHWAB, George. "Contextualising Carl Schmitt's Concept of Grossraum", in *History of European Ideas*, 19 (1994), 1-3, pp. 185-90.

SHAFRITZ, Jay M. et al. *Almanac of Modern Terrorism.* New York: Facts on File, 1991.

SHEEHAN, Michael. *The Balance of Power. History and Theory.* London: Routledge, 1996.

SHENNAN, Joseph H. *Le origini dello Stato moderno in Europa. 1450--1725.* Bologna: Il Mulino, 1991.

SIEYÈS, Emmanuel. *Qu'est-ce que le Tiers Etat?* (1789). Genève: Doz, 1970.

SILVESTRI, Gaetano. *Lo stato senza principe.* Torino: Giappichelli, 2005.

SLAUGHTER, Anne-Marie. *A New World Order.* Princeton: Princeton University Press, 2004.

SOMMERVILLE, John P. *Thomas Hobbes: Political Ideas in Historical Context.* New York: St. Martin's Press, 1992.

SOROS, George. *Open Society: Reforming Global Capitalism.* New York: Public Affairs, 2000.

STIGLER, George. "Theory of Regulation", in *Bell Journal of Economics*, primavera 1971, pp. 3-21.

STIGLITZ, Joseph. *The Economic Role of the State.* Oxford: Blackwell, 1989, trad. it. *Il ruolo economico dello Stato.* Bologna: Il Mulino, 2006.

———. *Globalization and its Discontents.* New York: W.W. Norman & Company, 2002, trad. it. *La globalizzazione e i suoi oppositori.* Torino: Einaudi, 2003.

STIGLITZ, Joseph. *In un mondo imperfetto: Stato, mercato e democrazia nell'era della globalizzazione*. Roma: Donzelli, 2001.
——. *Making Globalization Work*. New York/London: Norton & Company, 2006.
SUGANAMI, Hidemi. *The Domestic Analogy and World Order Proposals*. Cambridge: Cambridge University Press, 1989.
TARELLO, Giovanni. *Storia della cultura giuridica moderna*. Bologna: Il Mulino, 1976.
TATE, Neal; VALLINDER, Torbjörn. (orgs.). *The Global Expansion of Judicial Power*. New York: New York University Press, 1995.
TEDESCO, Francesco Maria. *Diritti umani e relativismo*. Roma/Bari: Laterza, 2009.
TEIXEIRA, Anderson Vichinkeski; OLIVEIRA, Elton Somensi de (orgs.). *Correntes contemporâneas do pensamento jurídico*. São Paulo: Manole, 2009.
——. "Globalização, soberania relativizada e desconstitucionalização do Direito", *in id.*; LONGO, Luis Antônio (orgs.). *A constitucionalização do direito*. Porto Alegre: Fabris Editor, 2008.
——. "Aporias do global constitutionalism de Richard Falk", *in Revista Direitos Fundamentais e Justiça*, 3 (2008), pp. 201-14.
——. *Estado de nações: Hobbes e as relações internacionais no século XXI*. Porto Alegre: Fabris Editor, 2007.
TEUBNER, Günther (org.). *Diritto policontesturale: prospettive giuridiche della pluralizzazione dei mondi sociali*. Napoli: La Città del Sole, 1999.
——. *Global Law without a State*. Dartmouth: Aldershot, 1996.
TOCQUEVILLE, Alexis de. *De la Démocratie en Amerique*. Paris, 1835, trad. it. *Democrazia in America*. Milano: Biblioteca Universale Rizzoli, 1992.
TORODOV, Tzvetan. *Nous et les autres. La refléxion française sur la diversité humaine*. Paris: Seuil, 1989.
TRIEPEL, Heinrich. *Volkerrecht und Landesrecht*. Leipzig: Hirschfeld, 1899, trad. it. *Diritto Internazionale e Diritto Interno*. Torino: Utet, 1923.
VATTEL, Emmer de. *Law of Nations or Principles of the Law of Nature Applied to the Conduct and Affairs of Nations and Sovereigns*. Washington: Carnegie Institute of Washington, 1916.
WALKER, Neil (org.). *Sovereignty in Transition*. Oxford: Oxford University Press, 2003.

WALZER, Michael. *Just and Unjust Wars*. New York: Basic Books, 1977.
——. *Arguing about War*. New Haven: Yale University Press, 2005.
WATSON, Adam. "Systems of States", *in Review of International Studies*, 16 (1990), 2, pp. 99-109.
——. "Hedley Bull, States Systems and International Societies", *in Review of International Studies*, 13 (1987), 2, pp. 147-53.
WHITE, Stephen. *Sovereign Virtue*. Los Angeles: Stanford University Press, 1992.
WIGHT, Martin. *Systems of States*. Leicester: Leicester University Press, 1977.
——. *International Theory: Three Traditions*. London: Leicester University Press, 1991.
——. *Power Politics*. New York: Penguin Books, 1986.
WOLFF, Christian. *Jus gentium methodo scientifica pertractatum* (1749). Oxford: Clarendon Press, 1934.
WRIGHT, Quincy. "The Armisticies", *in The American Political Science Review*, 13 (1919), 1, pp. 128-32.
——. "International Law and the Balance of Power", *in American Journal of International Law*, 37 (1943), 1, pp. 97-103.
——. "The Nuremberg Trial", *in Annals of the American Academy of Political and Social Science*, 246 (1946), pp. 72-80.
——. "The Law of the Nuremberg Trial", *in American Journal of International Law*, 41 (1947), 1, pp. 38-72.
——. "Towards a Universal Law for Mankind", *in Columbia Law Review*, 63 (1963), 3, pp. 435-58.
ZAGREBELSKY, Gustavo. *Il diritto mite*. Torino: Einaudi, 1992.
ZARKA, Yvez-Charles. *Difficile tolérance*. Paris: PUF, 2007.
——. *Un détail nazi dans la pensée de Carl Schmitt*. Paris: PUF, 2005.
——; LESSAY, Franck; ROGERS, John. *Les fondements philosophiques de la tolérance*. 3 vols. Paris: PUF, 2002.
——. *Hobbes et la pensée politique moderne*. Paris: PUF, 2001.
——. *L'autre voie de la subjectivité*. Paris: Beauchesne, 2000.
——. *Figures du pouvoir*. Paris: PUF, 2001.
ZOLO, Danilo. *Terrorismo umanitario. Dalla guerra del golfo alla strage di Gaza*. Reggio Emilia: Diabasis, 2009.
——. "The re-emerging notion of Empire and the influence of Carl Schmitt's thought", *in* ODYSSEOS, Louiza; PETITO, Fabio (orgs.). *The International Political Thought of Carl Schmitt*. London: Routledge, 2007.

ZOLO, Danilo. *La giustizia dei vincitori*. Roma/Bari: Laterza, 2006.

——. *Globalizzazione. Una mappa dei problemi*. Roma/Bari: Laterza, 2004 [trad. bras. *Globalização. Um mapa dos problemas*. Florianópolis: Conceito Editorial, 2010].

——. "Usi contemporanei di impero", *in Filosofia politica*, 18 (2004), 2, pp. 183-98.

——. *Cosmopolis*. Milano: Feltrinelli, 2001.

——. *Chi dice l'umanità*. Torino: Einaudi, 2000.

——. "A Cosmopolitan Philosophy of International Law? A Realist Approach", *in Ratio Juris*, 12 (1999), 4, pp. 429-44.

——. "A proposito dell'espansione globale' del potere dei giudici", *in Iride*, 11 (1998), 25, pp. 445-56.

——. *I signori della pace*. Roma: Carocci, 1998.

——. "La profezia della guerra globale" (Prefácio), *in* LAS CASAS, Bartolomé de. *De Regia Potestate* (org. Giuseppe Tosi). Roma/Bari: Laterza, 2007, p. XXI [trad. bras. "Carl Schmitt: a profecia da guerra global", *in Revista Direitos Fundamentais e Justiça*, 5 (2008), pp. 68-85].

——; CASSANO, Franco (orgs.). *L'alternativa mediterranea*. Milano: Feltrinelli, 2007.

Impressão e acabamento
Imprensa da Fé